レジリエンスと経営戦略

レジリエンス研究の系譜と経営学的意義

水野由香里 著
Yukari Mizuno

はしがき

「水野さんほど打たれ強い人は，知らない」
　ある学会の懇親会の場で，私にこうコメントしたのは，一橋大学大学院の恩師の１人であった。大学院生時代，私は決して「恵まれた」状況ではなかった。しかし，それが「不幸」でもなかった。なぜなら，手を差し伸べてくれた方々がいてくれたからである。それは，大学院生時代に限らない。また，「不条理」やさまざまな「圧力」に直面し，それを自分の力に変えて強くなってきた人は，私の周りにもたくさんいる。
　友人の１人は，さまざまな困難や逆境を乗り越えて，自分らしさを形成していくことを「スタイル」と表現する。本書でインタビューイーの１人として登場する森松工業の西村今日子さんは，同社の中国での事業を軌道に乗せてきた１人で，現地では，さまざまな困難に直面して，文字通り歯を食いしばって耐え忍び，現地での事業を展開させてグローバル企業としての地位を確立した立役者である。西村さんは，（彼女の多趣味には驚かされるのであるが）ある時，空中ブランコに挑戦して実感したことを筆者に語った。「空中ブランコに挑戦している時，動いている時は重力がかかっている。この時に，いくら力を振り絞って動こうとしても人間は無力である。しかし，そこから解放される時が一瞬だけ訪れる。空中ブランコでいうと，相手側のブランコに飛び移る一瞬のタイミングで，このタイミングをしっかりと捉えて飛び移る。これは人生ととてもよく似ている。人生の中では，自分の力ではどうしようもない逆境に直面する。しかし，この重圧から解放される一瞬の時が，どのタイミングなのかはわからないけれど，その時は必ずどこかで訪れる。だから，この瞬間を待つことも時には重要。このタイミングを確実につかむことが物事を必勝に導くコツ」であると。
　世の中を見渡すと，このような状況に立ち向かって成長や「次」につなげることができる人や組織と，そうではない人や組織が存在する。困難や逆境に直面して，敵前逃亡する人や組織もあれば，どん底を味わって歯を食いしばって（結果的に）成長を遂げる人や組織もある。この分かれ目はどこにあるのだろうか。また，これまでの筆者の研究においても，制約や逆境に直面

してその状況を克服したたからこそ，後から振り返ってみると結果的に合理的であったという「事後的合理性」（藤本，1997）の達成や，事前には想定していなかったものの結果的に正の結果に結びついたという「意図せざる結果」（沼上，2000）の実現という現象を多数確認している（水野，2015；2018a）。すなわち，制約や逆境が直接的な転機となって，事態を打開するプロセスで，結果的に組織を強くしているという現象は珍しくはない。

　このようなことを考えていた時，筆者が目にした単語が *Academy of Management Journal* のエディターらが着目したレジリエンスである（van der Vegt, Essens, Wahlstorm and George, 2015）。そのエディトリアルの中で，2013年のOECDのワーキング・ペーパーが引用されている。それは「レジリエンスとは，雪の重さに耐えて春を待つ日本の竹のようなものだ」と。この頃から，キーワードとしての「レジリエンス」を明確に意識するようになり，研究としてのアウトプットをどうしたら出せるのかを考えるようになっていた。

　2016年4月，私は現在の本務校，国士舘大学に異動した。異動してから半年ほど経って，この研究を進めるきっかけを得た。それは，2017年4月に本務校が日本経営学会の関東部会を開催する幹事校になることが決まり，幹事校枠で研究発表をしてほしいという依頼を受けたことであった。新たな研究テーマで取り組もうとしたのが本書の原点となった。

　まずは，2016年の夏から文献整理をしてみて，レジリエンスという研究テーマで発表することができるかどうかを探ってみた。この文献整理は，本務校経営学部（国士舘大学経営学会）が発行する研究紀要である『経営論叢』（水野，2017）としてとりまとめた。この文献整理をたたき台として，2017年4月に発表したところ，幸いにも日本経営学会の全国大会で発表する推薦を受けたため，9月の全国大会（主催校：岡山大学）にもまた報告の機会を得ることになった。そして，この報告を聞きに来てくださっていた白桃書房の代表取締役社長である大矢栄一郎氏にお声がけをいただき，本書の執筆に結びついたのである。

　本書が上梓できたのも，このようなご縁が次から次へとつながってきたこと，そして，逆境に直面しながらも，それに対峙して社会で活躍している友人・知人の存在が大きい。友人・知人1人ひとりの名前を挙げることはここでは差し控えるが，著者が多くの方々に支えられてきたからこそ，本書がある。

また，本書は，さまざまな研究助成を受けて行った調査研究の成果の一部でもある。本書を執筆するためにこれまで受けてきた，そして，受けている研究助成は次の通りである。

1. 科学研究費補助金若手研究（B）研究課題番号：25780240「組織間関係の視点から検証するオープン・イノベーションの研究」（研究代表者：水野由香里）2013年度～2014年度
2. 科学研究費補助金基盤研究（C）研究課題番号：25380554「産学連携の生態系研究　資源動員正当化とダイナミックケイパビリティの総合的分析」（研究代表者：高梨千賀子）2013年度～2015年度
3. 国士舘大学経営研究所　中期事業計画・プロジェクト研究　2016年度
4. 国士舘大学経営研究所　中期事業計画・プロジェクト研究　2017年度
5. 科学研究費補助金基盤研究（C）研究課題番号：18K01849「既存技術を活用した新事業領域の探索と既存事業領域の知を活用した新技術の探索」（研究代表者：水野由香里）2018年度～2020年度（予定）

　さらに，この本の執筆にあたって，筆者のインタビュー調査に応じてくださった方々やインタビュー調査実施のためにご尽力くださった方々に改めてお礼を申し上げたい。第4章の気仙沼地域や復興屋台村気仙沼横丁のインタビュー調査の実施に関しては，阿部高大氏（株式会社紅彦　会長）と阿部有美氏（株式会社紅彦 代表取締役）のご夫妻に多大なご尽力を賜った。インタビュー調査に関しては，守屋守武氏（宮城県議会議員），小野寺雄志氏（一般社団法人気仙沼地域戦略 理事），臼井壮太朗氏（株式会社臼福本店 代表取締役社長／気仙沼の魚を学校給食に普及させる会 代表），小野寺靖忠氏（株式会社オノデラコーポレーション 専務取締役），小野寺紀子氏（株式会社オノデラコーポレーション 常務取締役），小野寺亮子氏（株式会社気仙沼波止場 代表取締役社長）に多大なご協力を賜った。また，気仙沼でおうかがいしたマグロの遠洋漁業や学校給食に関する臼井氏の示唆的で白熱したお話の内容には筆者も圧倒されたものの，同氏のインタビュー内容については，機会を改めて発表したいと考えている。森松工業のインタビュー調査の実施に関しては，小竹暢隆先生（名古屋工業大学 教授）や伊藤克恵氏（有限会社アイ・ティー・オー 代表取締役社長）にご尽力を賜った。インタビュー調査に関しては，松久晃基氏（森松工業株式会社 代表取締役社長）や西村今日子氏（森

松工業株式会社 取締役），松井嘉弘氏（森松工業株式会社 取締役），土谷輝男氏（総務部人事課 課長）にご協力を賜った。石渡商店のインタビュー調査の実施に関しても，阿部高大氏と阿部有美氏のご夫妻にご尽力を賜った。インタビュー調査に関しては，石渡久師氏（株式会社石渡商店 代表取締役専務）にご協力を賜った。第5章のHILLTOPのインタビュー調査に関しては，山本昌作氏（HILLTOP株式会社 代表取締役副社長）にご協力を賜った。山本氏は，筆者が大学院生時代からインタビュー調査のご協力をいただき続けている。また，山本氏からご恵贈いただいた山本（2018）は，本書を執筆する上で非常に参考にさせていただいている。守谷刃物研究所のインタビュー調査実施に関しては，太田敬二氏（安来市政策推進部商工観光課）にご尽力を賜った。太田氏には，公益財団法人しまね産業振興財団への出向時から，同財団が中心となって運営する特殊加工技術を中核に航空機関連の共同受注を行う企業グループ「SUSANOO」のメンバー企業を中心に筆者に紹介してくださっている。守谷刃物研究所のインタビュー調査に関しては，守谷光広氏（株式会社守谷刃物研究所 代表取締役社長）と守谷吉弘氏（株式会社守谷刃物研究所 取締役）にご協力を賜った。伸和コントロールズのインタビュー調査実施に関しては，山本拓司氏（伸和コントロールズ株式会社 取締役執行役員）と向山優樹氏（伸和コントロールズ株式会社経営企画本部 部長）にご尽力を賜った。伸和コントロールズのインタビュー調査に関しては，幸島宏邦氏（伸和コントロールズ株式会社 代表取締役社長）にご協力を賜った。このように，多くの方々のご尽力とご協力があったからこそ本書が完成した。

　最後に，毎回，そして，私事で恐縮ではあるが，本書の執筆を側面から支えてくれ，いつも母親の研究に対して理解を示してくれている2人の息子，歩夢と光樹に感謝の気持ちを表したい。

2019年4月吉日

水野由香里

レジリエンスと経営戦略
レジリエンス研究の系譜と経営学的意義

はしがき i

序章 レジリエンスについて考える ― 本書の目的 ― 1

1. レジリエンスの起源 1
2. 本書の目的 1
3. 本書の構成 3

第1部 理論編

第1章 レジリエンス研究の系譜
― 研究領域と現象の側面から ― 8

1-1 レジリエンス研究の検索方法 8
1-2 特定の研究領域におけるレジリエンス 9
 1-2-1 物理学および工学研究 9
 1-2-2 医学研究 11
 1-2-3 日本における素材関連のレジリエンス研究 12
 1-2-4 興味深いレジリエンス研究 13
 1-2-5 1900年代前半までのレジリエンス研究とそれ以降の特徴 14
 1-2-6 人を対象としたレジリエンス研究 14
 1-2-7 生態学研究 15
 1-2-8 コンピュータ・サイエンス研究 18
 1-2-9 その他の領域におけるレジリエンス研究 20
1-3 レジリエンスの分析対象となっている現象 21
 1-3-1 環境を対象にした研究 22
 1-3-2 地域(ある特定の地理)やコミュニティーを対象にした研究 27
 1-3-3 組織を対象にした研究 29
 1-3-4 個人を対象にした研究 32

1-4　一連のレジリエンス研究から明らかになったこと
　　　──本章のまとめ── 43

第2章　経営学におけるレジリエンス研究 45

2-1　社会生態学の系譜 45
2-2　AOMとSMSの主要ジャーナルに採択されたレジリエンス研究 .. 48
2-3　経営学におけるレジリエンス研究とは何か？
　　　──本章のまとめ── 64

第3章　経営学で乱立するキー・コンセプトの整理 70

3-1　資源ベースの視点 71
3-2　コア・コンピタンス（Core Competence） 73
3-3　組織能力（Organizational Capability） 75
3-4　吸収能力（Absorptive Capacity） 77
3-5　ダイナミック・ケイパビリティ（Dynamic Capability） 82
3-6　経営学のキー・コンセプトの概念整理 85
　　　3-6-1　コア・コンピタンスと組織能力 85
　　　3-6-2　吸収能力とダイナミック・ケイパビリティ 86
　　　3-6-3　鍵概念の整理 87
3-7　経営学におけるキー・コンセプトとレジリエンス研究
　　　──本章のまとめ── 89

第2部　事例編

第4章　環境とレジリエンス ……………………………………… 94
- 4-1　復興屋台村 気仙沼横丁 ……………………………………… 94
- 4-2　森松工業 ……………………………………………………… 100
- 4-3　石渡商店 ……………………………………………………… 107
- 4-4　「環境とレジリエンス」の事例の共通点とは？
  　　　―本章のまとめ― ………………………………………… 113

第5章　組織とレジリエンス ……………………………………… 118
- 5-1　HILLTOP ……………………………………………………… 118
- 5-2　守谷刃物研究所 ……………………………………………… 130
- 5-3　伸和コントロールズ ………………………………………… 137
- 5-4　「組織とレジリエンス」の事例の共通点とは？
  　　　―本章のまとめ― ………………………………………… 144

第6章　個人とレジリエンス ……………………………………… 148
- 6-1　避難所（階上中学校）のリーダーとしての守屋守武氏 … 148
- 6-2　森松工業取締役の西村今日子氏 …………………………… 150
- 6-3　石渡商店専務の石渡久師氏 ………………………………… 152
- 6-4　HILLTOP副社長の山本昌作氏 ……………………………… 154
- 6-5　守谷刃物研究所社長の守谷光広氏 ………………………… 159
- 6-6　伸和コントロールズ社長の幸島邦弘氏 …………………… 160
- 6-7　「個人とレジリエンス」の事例の共通点とは？
  　　　―本章のまとめ― ………………………………………… 163

第3部 理論と事例の融合編

第7章 経営学における鍵概念間の論理構造 ... 172

7-1 新たな均衡までの3つの段階 ... 172
7-1-1 備えの段階 ... 172
7-1-2 転機の段階 ... 173
7-1-3 新たな均衡の段階 ... 176
7-2 鍵概念間の論理構造 ... 180

終章 経営学におけるレジリエンスとは？
―結論とインプリケーション― ... 184

1. 本書のまとめ ... 184
2. 本書の結論 ... 186
3. 本書のインプリケーション ... 188

参考文献 191
索引 208

序章
レジリエンスについて考える
— 本書の目的 —

1. レジリエンスの起源

 「レジリエンス」という用語は，多様な学問領域で研究されてきた。第1章で示すように，レジリエンスの研究を遡ると，筆者が確認した限り，Young (1814) まで遡ることができる。この当時のレジリエンス研究は，主に物理学で確認されている。素材の性質や状態が元に戻る，すなわち，素材に何らかの力を加えた後でも，もともとあった当初の性質や形状に立ち戻る文脈でレジリエンス研究が行われてきたという歴史がある。
 しかし，その後，レジリエンスの研究は，さまざまな学問領域に援用され，その言葉の持つ意味も大きく変貌を遂げていく。物理学や工学，医学の研究では，レジリエンスが元に戻る，あるいは，復元するという意味を持つのに対して，社会科学の研究領域では，「乗り越える」や「耐え忍ぶ」という文脈で利用されることが少なくない。その典型的な事例が，OECDのワーキング・ペーパーでレジリエンスのニュアンスが紹介されている（Mitchell, 2013）。それは，レジリエンスを「日本の竹のように，雪の重さに耐えて春を待っている」と形容しているのである。

2. 本書の目的

 そこで，本書では，まず，「レジリエンス」について時系列で整理し，社会科学領域にまで拡大したレジリエンス研究の系譜を追った上で，まだ夜明け前である経営学におけるレジリエンス研究を洞察することを第1の目的としている。
 第2の目的は，これまでの筆者の一連の研究成果と関係している。水野

(2015) では，しばしば資源量の制約に直面する小規模組織がイノベーションを実現するためには，保有する資源をいかに有効に活用するのかに焦点を当てた研究を行った。その際，単一組織でイノベーションの実現を目指すパターンと，複数企業間の関係性を構築して独自のイノベーションの実現を目指すパターンに分類してその論理を明らかにした。同書の重要な結論は，小規模組織が単独でイノベーションを実現するためには，まず，組織づくりが先にあり，イノベーションに取り組む基本的姿勢を醸成する必要があること，そして，組織外部の「筋が良いステークホルダー」とつながることが極めて重要であることが明らかとなった。また，複数企業間で長期的な関係性を構築してイノベーションを実現しようとするためには，その目的が共有されて，関係性が機能する仕組みづくりが必要不可欠であることが明らかとなった。しかし，このような仕組みづくりを埋め込むことは容易ではない。ただし，これを実現することができれば，単独で取り組むよりも，また，単独では得ることが難しいより大きな効果を得ることができることも同時に明らかとなった。さらに，同書では，制約や危機，逆境が企業成長のきっかけとなっており，企業が保有する有形無形のさまざまな資源や資産を十全に活用していることを確認することができたのである。これらの視点は，Penrose (1959) やBarney (1991) らが主張する資源ベースの立場が根底にあり，それゆえ，新たに発生した状況や制約条件に適応するプロセスで，事前には意図していなかった結果がもたらされた，すなわち，組織が柔軟に適応プロセスを経て結果的に成功した，あるいは，結果的に合理的であったというこれまでの日本的な経営研究（例えば，藤本，1997；2003；2004；伊丹，1980；2012；伊丹・軽部，2004；沼上，2000など）の主張を支持しているのである（水野，2018a）。このような戦略は，組織学習の重要性が指摘されていること，また，現場で指揮を執るミドルのイニシアディブを重要視していること（沼上，2009）が強調され，Mintzberg, Ahlstrand and Lampel (1998) で提示されている戦略学派では創発戦略（emergent strategy）として位置付けられている。しかし，いつの間にか，このような創発戦略が日本企業で機能しなくなったと指摘する研究（三枝，1991；1994；三品2002；2004；2007；沼上他，2007；軽部，2017）が散見されるようになる。その一方で，依然として，限られた資源戦略や逆境下において資源ベースの立場での創発戦略を実践して市場競争力を発揮している組織が確認されている（水野，2018a）。水野（2018a）の研究を通して，直面した危機や逆境，制約を転機にしてうまく

マネジメントしている組織とそうではない組織を確認することができるのである。すなわち、前者のように逆境や制約に耐えるのみならず、この状況を1つの機会として、耐え忍びながらも組織の力や成長に転換することができる組織が少なからず存在するのである。

筆者は、この点に着目して科学技術研究費を申請し、研究テーマ「既存技術を活用した新事業領域の探索と既存事業領域の知を活用した新技術の探索」（研究課題番号：18K01849）が採択されたのである。この研究テーマのサブテーマには、「『きっかけ』や『転機』をつかむマネジメントが、直面した状況や制約、逆境に対応するプロセスで現れることが少なくない。そこで、創発戦略を実践する中で引き起こされる意図せざる結果や事後的進化能力をもたらす『きっかけ』や『転機』をどのようにしてマネジメントするのかを考えること」が含まれている。そのため、逆境や制約を「きっかけ」や「転機」にして、組織の成長に結びつけるマネジメントを考える必要がある。これこそが、本書の第2の目的なのである。その背景には、逆境をうまく捉えて、解釈して組織をマネジメントすることが組織のレジリエンスが高い組織であると判断できるのではなかろうかという仮説がある。

3. 本書の構成

本書は3部から構成される。それらは「理論編」「事例編」「理論と事例の融合編」である。

まず、第1部の理論編では、レジリエンス研究の系譜をたどり（第1章）、進化論的視点をベースにした社会科学領域、あるいは、経営学においてのレジリエンス研究をレビューする（第2章）。経営学におけるレジリエンス研究は、経営学における2つの世界的に有名な学会であるAcademy of ManagementとStrategic Management Societyのトップジャーナルに掲載された論文のレビューを行う。結論を先取りすると、これまでの経営学のトップジャーナルで掲載されたレジリエンス研究の論文をレビューすると、どうやら、レジリエンスをこれまで経営学で提唱されてきた別の概念に置き換えて解釈しても成立し得る鍵概念が確認されるのである。これは、経営学における鍵概念が一見、乱立している印象を与える。したがって、第3章では、経営学における鍵概念を整理するためにも、また、経営学におけるレジリエンス研究を考えるためにも、経営学における概念間の「交通整理」を試みる。

第2部の事例編では，大きく3つの側面から事例を取り上げる。それは，極めて大きな変化となる環境要因を強く受けた組織が，どのようにその逆境を克服したのかに焦点を当てた事例（第4章「環境とレジリエンス」）と，外部環境の変化やニーズを捉えて，自らが率先して判断して対応したことを中核に据えている組織の事例（第5章「組織とレジリエンス」），そして，それぞれの事例において主体となって逆境をマネジメントして乗り越えるリーダーシップを取ってきた個人に焦点を当てた事例（第6章「個人とレジリエンス」）である。個人に焦点を当てる際，対象となる個人がそれまでどのような経験を積んできたのかという「個性」の視点と，「転機をマネジメントするリーダー」としての視点に分けて議論する。

　事例の選定にあたっては，水野（2015）と水野（2018a）で行った調査研究[1]に加え，その後，国士舘大学経営研究所の「優良中堅・中小企業研究」プロジェクトの助成や科学技術研究費（基盤研究（C））を受けて筆者が追跡調査したインタビュー調査，およびこれに関連して筆者が参加した本務校の学内講演会[2]から抽出している。なお，抽出した組織に関するこれまでのインタビュー調査実施日時やインタビューイーをまとめたものが図表0-1である。

　限られた調査量から事例対象組織を抽出しているものの，これらの組織は決して「異端」ではなく，組織が直面した危機や逆境を克服して組織の成長や力に結びつける経験を有する一般的にしばしば確認される事例として表すことができると筆者は判断している。これらの事例の記述を通して，危機感や逆境を克服することのできる組織の共通点を導き出すことができるであろ

1　水野（2015）の調査研究は，「1998年11月から2014年9月にかけて行ってきた中小企業に対する105回のインタビュー調査（複数の中小企業が参加するグループインタビューを含む）と6回の講演会，そして，それらの中小企業と取引のある特定大企業に対する14回のインタビュー調査と3回の講演会，および，中小企業支援機関への25回のインタビュー調査」（水野，2015：64）である。また，水野（2018a）の調査研究については，同書第2章4節「事例研究の対象となる企業について」（pp.73-76）を参照されたい。

2　国士舘大学経営学部には，「優良中堅・中小企業研究」という科目がある。この授業は2部構成になっている。1つは，経営研究所のプロジェクトでの活動やインタビュー調査で得た知見や分析を受講生に解説する授業である。もう1つは，ある特定の市場や事業領域でトップシェアを握る中堅・中小企業の経営トップや経営幹部に講演してもらう授業である。筆者は，2016年度から2018年度までこの後者の授業運営にもかかわり，多くは1時間程度の講演の後，20分程度の対談の時間を取り質疑応答を行い，残りの時間で受講生からの質疑応答を受けるという形で進めてきている。2016年度から2018年度にかけて行われた中堅・中小企業の経営トップや経営幹部による講演の回数は，計26回に及ぶ（2018年11月14日現在）。

図表0-1 インタビュー調査実施概要

節	事例	インタビュー実施日	時間	所属等（インタビュー実施時）	インタビューイー（敬称略）
4-1	復興屋台村気仙沼横丁	2018/2/21	16:00-17:00	紅彦 会長	阿部高大
				紅彦 代表取締役	阿部有美
		2018/2/22	13:00-15:10	紅彦 会長	阿部高大
				紅彦 代表取締役	阿部有美
		2018/8/20	9:45-11:35	宮城県議会議員	守屋守武
		2018/8/21	15:00-18:30	臼福本店 代表取締役社長／気仙沼の魚を学校給食に普及させる会 代表	臼井壯太朗
		2018/8/21	19:00-19:30	オノデラコーポレーション 専務取締役	小野寺靖忠
				オノデラコーポレーション 常務取締役	小野寺紀子
		2018/8/22	11:30-11:45	一般社団法人気仙沼地域戦略 理事	小野寺雄志
		2018/8/22	12:25-12:45	一般社団法人気仙沼地域戦略 理事	小野寺雄志
				気仙沼波止場 代表取締役社長	小野寺亮子
4-2	森松工業	2018/3/5	9:30-15:00	森松工業 取締役	西村今日子
				森松工業 総務部人事課課長	土谷輝男
		2018/8/6	13:00-15:30	森松工業 代表取締役社長	松久晃基
			15:30-16:45	森松工業 取締役	松井嘉弘
			16:45-17:45	森松工業 取締役	西村今日子
		2018/4/13	16:00-17:00	森松工業 取締役	西村今日子
4-3	石渡商店	2018/8/24	13:10-14:40	石渡商店 代表取締役専務	石渡久師
5-1	HILLTOP	1999/3/3	14:00-17:30	山本精工（現 HILLTOP）常務取締役	山本昌作
		2010/10/25	15:50-17:50	山本精工（現 HILLTOP）代表取締役副社長	山本昌作
		2018/8/30	10:00-15:45	HILLTOP 代表取締役副社長	山本昌作
5-2	守谷刃物研究所	2018/3/14	13:00-14:30	安来商工会議所 産業振興アドバイザー／SUSANOO 事務局長	川崎徳幸
		2018/3/15	14:35-16:00	秦精工 代表取締役副社長	秦友宏
		2018/3/16	16:05-18:15	守谷刃物研究所 代表取締役社長	守谷光広
				守谷刃物研究所 取締役研究開発部部長	守谷吉弘
		2018/3/15	9:00-10:20	出雲造機 常務取締役	北垣年英
		2018/3/16	10:30-11:45	ナカサ 生産本部開発室長	稲田聡
		2018/8/23	14:00-16:30	守谷刃物研究所 代表取締役社長	守谷光広
				守谷刃物研究所 取締役研究開発部部長	守谷吉弘
5-3	伸和コントロールズ	2016/4/20[3]	12:25-12:45	伸和コントロールズ 代表取締役社長	幸島宏邦
		2017/6/20[4]	12:25-12:45	伸和コントロールズ 代表取締役社長	幸島宏邦
		2018/6/10[5]	12:25-12:45	伸和コントロールズ 代表取締役社長	幸島宏邦
		2018/9/6	14:00-16:30	伸和コントロールズ 代表取締役社長	幸島宏邦

3　国士舘大学経営学部の授業「優良中堅・中小企業研究」内での講演。
4　同上。
5　同上。

う。そして，組織が制約の中で，危機や逆境にどのように適応するのか，あるいは，組織自らが選択した転機をつかみ対応するのかの解を明らかにしていく。

　第3部の理論と事例の融合編では，先行研究と事例研究を踏まえて，経営学における鍵概念の論理構造を明らかにして，鍵概念の整理と統合を試みる。そして，最後に，経営学におけるレジリエンス研究の蓄積に向けたインプリケーションを示すこととする。

第1部
理論編

　第1部は理論編として，第1章から第3章で構成される。レジリエンス研究を遡り，基本的に時系列で，どのようなレジリエンス研究が行われてきたのか，どのような学問領域に広がっていったのかを確認する。また，経営学の学問領域で，いかなるレジリエンス研究が確認できるのかを探っていく。

　また，経営学の学問領域でレジリエンスに関する研究をレビューすると，興味深い発見に直面する。それは，レジリエンス研究の主張と，従来から経営学で主張されてきた鍵概念とに類似する主張が確認されることである。そこで，第3章では，経営学で主張されてきた鍵概念を改めて整理して，経営学におけるレジリエンス研究の展開可能性を探り，理論的構造を整理している。

第1章 レジリエンス研究の系譜
── 研究領域と現象の側面から ──

1-1 レジリエンス研究の検索方法

　レジリエンスに関する文献を整理するために，筆者は２期に分けて文献検索を行ってきた。第１文献検索は，2016年11月に行った文献検索である。国士舘大学の図書館・情報メディアセンターで利用可能であった（2016年11月17日現在）OCLC WorldCat Discovery Services[1]を活用し，西暦1600年から1980年にかけてキーワードを入力して検索を開始した。その結果，1,195件が該当した[2]。一方で，期間を1980年から2017年に設定して検索すると，2017年１月10日現在，その数は228,038件に飛躍的に増加している。この検索数の増大からも，レジリエンスに関する研究が，多くの研究領域に蓄積されていることを確認することができる。

　第２期文献検索は，2018年７月に行っている。検索エンジンは，第１期と同様にOCLC WorldCat Discovery Servicesを利用した。キーワード検索をすると，膨大な数になるため，このタイミングでは，タイトルおよびアブストラクト（要約）のみという制限をかけて検索した[3]。すると，2018年７月23日現在，91,656件が該当した。

　また，第２期文献検索では，OCLC WorldCat Discovery ServicesのほかにOxford AcademicとSpringer Link，JSTOR，Wiley Online Library，Cambridge Core，ScienceDirectにおいても同様に検索を行った。OCLC WorldCat Discovery Servicesでは，論文および書籍タイトル，また，アブス

1　各種データベースを複合的に検索できる世界最大の図書館をつなぐ検索サービスである。検索は，https://www.worldcat.org/default.jsp から行うことができる。
2　1980年で検索期間を区切った理由は，それ以降のレジリエンス研究が急増するためである。そのため，便宜的に1980年を区切りにしたという経緯がある。
3　この検索では，期間指定はしていない。

トラクトに限定してレジリエンスを検索したのに対して、これらの検索サイトでは、レジリエンスがキーワードとして利用されている論文も含めて検索している。それぞれの学術的な専門領域でレジリエンスがどのような文脈と論理で利用されているのかを確認するためである。Oxford Academic[4]は、人文・社会科学系の雑誌を中心に、Oxford University Pressが取り扱っている約250タイトルの論文を閲覧できる検索サイトである。また、Springer Link[5]は、科学・技術・医療系の雑誌を中心に、Springerが取り扱っている約1,600タイトルの論文を閲覧できる検索サイトとなっている。JSTORは、人文社会学系の電子ジャーナルアーカイブで、本務校ではBusiness I Collectionのバックナンバーのみ検索できるようになっている。Wiley Online Libraryは、社会科学系の雑誌が中心ではあるものの、自然科学系雑誌も一部収録されていて、本務校では2015年までに出版された約60タイトルの雑誌を検索することができる。Cambridge Coreは、Cambridge University Pressが取り扱う約390タイトルを検索することができる。ScienceDirectは、Elsevierが発行する科学・技術・医学・社会科学分野の雑誌約30タイトルを検索することができる。

第1期および第2期文献検索結果をもとに、それぞれの研究領域において、どのようなレジリエンス研究がなされているのかを確認することで、レジリエンス研究の系譜を明らかにしようとしたのである。

1-2 特定の研究領域におけるレジリエンス[6]

1-2-1 物理学および工学研究

第1期および第2期文献検索結果について、「出版日（古い順）」で出力したところ、最も古いタイミングで論文にレジリエンスの言葉が使われたのは、1814年にまで遡ることができた。それが、Young (1814) である。Young (1814) は、イギリスの海軍本部の所有する船に影響を与えるさまざまな要素

---

4 また、当初、論文のタイトルやアブストラクトに限定して検索してみたものの、該当論文が少なかったという経緯もある。
5 Oxford Academicも含めた以下の検索サイトの説明については、国士舘大学ホームページ内の図書館・情報メディアセンターの電子資料の説明を参考にしている (http://www.kokushikan.ac.jp/education/library/ebook_linklist.html)。
6 本節の記述は、水野 (2017) を参考にしている。

や条件，力学を１つひとつ提示したり[7]，船に使用する素材や乗組員，船そのものなどの安全性について要件を１つひとつ検討している。同論文の中では，船の部品（10枚もの同じプレートから構成されるcoach spring）が外部の力の影響を受けて曲がっても元に戻る性質を表す言葉としてレジリエンスが用いられている。ここから，Young（1814）では，レジリエンス研究というのではなく，一般的な用語，あるいは，キーワードの１つとしてレジリエンスが使われているだけであるということが確認された。

　レジリエンスが研究の用語として利用されるようになるのは，1818年のことである。論文のタイトルにレジリエンスを確認することができ，物理学において，素材の物性を表す用語として用いられていた。それが，Tredgold（1818a；1818b）である。それぞれタイトルが「木材の断面の強度と弾性（On the transverse strength and resilience of timber）」「素材の弾性に関する実証研究（On the resilience of materials; with experiments）」となっている。これらの論文では，素材の弾性，あるいは，素材に力や圧力を加えた後に元に戻る力のことをレジリエンスという専門用語として登場する。

　その次に確認されたのが，Duke（1819）である。同論文もやはり物理学研究のもので，大木から作られた木材の弾性についての論文となっている。Duke（1819）以降も，物質や素材の弾性を表す用語としてのレジリエンスの研究を確認することができる。これらの物理学研究で共通しているのは，素材の「弾性」を測定するという意味から，レジリエンスは弾力・弾性（elasticity）とセットで使われる傾向が高いということである。

　物理学から始まったと判断されるレジリエンス研究は，その後，Thurston（1874）で確認されるように，掲載されたジャーナルのタイトル（*Journal of Franklin Institute*）[8]から，レジリエンス研究が工学領域に拡大していることが確認される。こうして，物理学の素材の特性に関する研究や工学研究を中心に，素材の弾性を表すレジリエンスの研究が蓄積されていったようである。

　物理学や工学領域におけるレジリエンス研究を確認すると，１つの基本的立場が明らかになる。それは，レジリエンスが外部から力や圧力をかけられた後

---

[7]　例えば，船の重量とそこにかかる圧力や，船の長さが船に与える圧力，波が船に与える力などを試算している。

[8]　同ジャーナルは，工学および応用数学の専門ジャーナルで，2017年のインパクト・ファクターは3.576（https://www.journals.elsevier.com/journal-of-the-franklin-institute/より。2018年11月15日検索）を示している。このことからも，工学および応用数学の分野ではメジャーな学術雑誌であることがうかがえる。

に元の安定した状態に戻ることを表した専門用語になっているということである。すなわち，レジリエンスは，最初の安定的な均衡（stable equilibrium）に戻ることを意味しているのである。この点についての指摘は，Folke（2006）においても確認することができる。

その後，1900年代に入って，物理学から派生した工学領域においてレジリエンスに関する論文を多数確認することができる（例えば，Schlink [1919] や Rennie [1920]）。1900年代に入ってからの工学領域レジリエンスの研究で確認される1つの新たな特徴は，（それまで木材と鉄・鉄鋼などの金属素材がレジリエンス研究の中心であったが）1933年以降，研究の対象となる素材が加工物である繊維に拡大している（Schiefer, 1933）ことである。そして，繊維関連のレジリエンスについての研究では，1940年代半ばから1960年代後半にかけて，レジリエンスをタイトルにした論文が増えていく。後述するように，この頃，日本においても，繊維関連のレジリエンス研究を確認することができる。[9]

海外の文献を検索すると，その後も，ガラス繊維素材（Mathes and Stewart, 1939）やゴム素材（Fielding, 1937; Clark, Kabler, Blanker and Ball, 1940; Clark, Kabler, Blaker and Ball, 1941; Bulgin, 1944），プラスチック素材（Emsley, 1943），ステンレス素材（Williams, von Fraunhofer and Davies, 1975）など，物理学や工学領域において，レジリエンスの研究対象となる素材が拡大していく。

1-2-2　医学研究

1820年になると，医学領域でレジリエンスというキーワードが確認された。それは，Carson（1820）で，"Resilience of the lungs" というフレーズを確認することができる。これは，すなわち，肺の再生機能をレジリエンスという専門用語で説明しているのである。そこでは次のように記されている。「筆者が数年前に血液の動きと呼吸の仕組みについて発表した論文では，生理学者がこれらの機能の実行に不可欠な原因を見過ごしている点を指摘した。生理学者が見過ごしたこれこそが肺の弾力性あるいはレジリエンスである（the elasticity or resilience of the lungs）。この肺の弾力性は，（その後）すべての解剖学者および生理学者によって認められることになる。講義では，肺の

9　この点に関しては，本章の1-2-3項で取り上げる。

一部を切り取って引き延ばしたら、その力から解放された時には、元の大きさに戻ると一般的に説明されていることである」。また、Philip（1831）でも、肺の再生機能について言及している。同論文では、肺の再生機能と心臓、そして、静脈といった血液の流れとの関係が説明されている。

しかし、その後、医学領域で、肺の再生機能のみならず、血管（動脈）壁の弾性という意味でレジリエンスという専門用語が利用されているのが確認される。それがWelles and Hill（1913）やHill and Flack（1913）である。これらはいずれも、プロシーディングではあるものの[10]、医学領域において、レジリエンス研究が定着していることを表しているといえよう。

医学領域でレジリエンスについて取り上げている当初の研究では、肺の再生機能や血管の弾性といった生体の機能に対してレジリエンスという用語が用いられていたものの、その後の医学領域の研究において、機能ではなく、分析の対象を人そのものとした研究が確認されるようになる（例えば、Audric [1948] が挙げられる）。このように特定の学問領域1つ挙げても、レジリエンスの対象となる現象が、時代の流れとともに拡大していくという傾向が確認される。

1-2-3　日本における素材関連のレジリエンス研究

1950年代になると、海外において1940年代半ばから繊維研究でレジリエンスが説明されてきたのを受けて、日本の繊維研究においてもレジリエンスについて言及され始めるようになる。キーワードとして「レジリエンス」を使った研究として確認することができたのは、占部（1952）が該当する。しかし、「その他これらの性質と関連[11]して最近では緩和時間、回復率、レジリエンス等の研究も進められて来た」（p.93）と言及しているに過ぎず、レジリエンスの研究として位置付けるには十分ではないと判断される。日本で確認される論文のタイトルに「レジリエンス」の表記が使われた研究は大澤（1954）である（英語タイトルは"On the torsional resilience stored in spun yards (A basic study of twistsetting)"となっている）。「レジリエンスは、その撚から徐々に解撚してゆき抵抗モーメントがなくなるまでエネルギーを放出せしめて算出できる」（p.352）との記述を確認することができるのである。この論文以降、繊維学会誌では、その後もレジリエンスをテーマにした論文（レ

10　プロシーディングとは、学会等で発表する内容や要旨をまとめたものである。
11　「関連」の文字は、引用元では旧字体になっている。

ジリエンスをタイトルに採用した論文）を複数確認することができる（例えば，白樫・石川・石橋，1958；松島・松尾，1960；松尾，1960）。

　そして，ゴム素材関連の研究においても，レジリエンスの用語が用いられるようになる。レジリエンスという単語は1950年代半ばから『日本ゴム協会誌』に確認されるようになる。最も早いタイミングでゴム関連素材のレジリエンスに目を向けた研究は武井（1954）である。ただし，当初の表記は「リジリエンス」となっている。また，この加硫ゴムのレジリエンスの研究は実験ごとにシリーズ化されており，論文は「第2報」（武井・阿部・藤本，1955）というように続いていく。そのほかに確認されるのが，Dunlop Trlpsometerのレジリエンスについてである（飛石・松井・藤本，1957）。この研究も，その後，実験ごとにシリーズ化されている（飛石・藤本・山本，1957）。興味深い点は，基本的にこれらの化学物質は，双方とも日本語では加硫ゴムという素材の研究で，論文のタイトルを英語表記と日本語表記とを区別することで差別化しているに過ぎず，この点を鑑みると学閥競争をしていたようであることが推測できることである。

　その後，ポリエチレンのレジリエンス（藤本，1961a）やフッ素樹脂のレジリエンス（藤本，1961b）など，日本でも次々に化学素材のレジリエンス研究が発表されるようになっていく。

1-2-4　興味深いレジリエンス研究

　筆者が確認した興味深いレジリエンス研究として，運搬のしやすい果物の事例としてすいかを取り上げ，すいかの運搬のしやすさを測定するのに，物理的な外的力（physical stress）に対するすいかの外皮（および外皮の細胞）の頑健性と柔軟性を実験した研究が確認されたことである（Ivanoff, 1954）。Ivanoff（1954）の頑健性とは，2つの重要かつ独立した構成要素があると主張している。それは，「硬さ」と「レジリエンシー」である。この「レジリエンシー」という用語は，同論文の別の文章では，細胞の硬さと細胞の弾力性あるいは柔軟性（both hardness and elasitocity of tissues）と表記されている（いずれもp.157の表記）。いずれの用語にせよ，この主張は，頑健性という用語に関する1つの重要な示唆を与えている。それは，硬いという性質だけでは衝撃吸収に十分ではなく，受けた衝撃を往なすという性質も必要であるという点である。この点は，レジリエンスを読み解く上で重要な指摘であると思われる。

Ivanoff (1954) は，果物の外皮という（細胞）組織の特性を捉えた研究であるものの「素材」としての強さ，また，外部からの衝撃に対して元に戻る性質についての研究であることがわかる。

1-2-5　1900年代前半までのレジリエンス研究とそれ以降の特徴

1900年代前半まで，物理学や工学，医学，繊維研究に共通していたことは，素材であれ生体であれ，外的な力および外部のエネルギーを受けた後，現状に回復する力や復元する性質という物理的特性や機能を表す言葉としてレジリエンスが用いられてきた。そのため，これらの研究ではしばしば，弾性を表しているレジリエンスとともに弾力性（elasticity）が研究の対象となっていた。

しかし，1900年代半ば以降になると，レジリエンス研究が物質の特性や機能を表すのみならず，能力や資質，素質そのものを表す用語としても理解されるようになっていく。このような傾向が確認されるようになる1つの原因は，レジリエンスの分析対象が素材や物質の物理現象を説明することから，人そのものに拡大したことがある。筆者がそれを確認することができた最初の論文はAudric (1948) であった。同論文は，分析対象が人の中でも子どもに焦点が当てられている。

レジリエンス研究が，物質の特性や機能を表す用語から能力や資質，素質を表す用語として使用されることで，レジリエンスという言葉の持つ意味に，1つの大きな変化をもたらすことになる。それは，レジリエンスの言葉の意味が「元に戻る」「回復する」「復元する」というある特定の元の均衡点に戻ることから，新たな均衡点にたどり着くというニュアンスを持つようになることにある。それとともに，社会科学領域でのレジリエンス研究が拡大していくことになる。こうして，レジリエンス研究が心理的要素や教育的要素を含むようになり，心理学などの認知科学や教育学などの研究領域に拡大することになるのである。

1-2-6　人を対象としたレジリエンス研究

1950年代になると，レジリエンスに関する研究が心理学に関するジャーナルに掲載されるようになるのを確認することができる（Clarke and Clarke, 1958）。心理学領域におけるレジリエンス研究で特徴的な点は，レジリエンスの性質を特定し，数値化して測定していることである。Windle, Bennett and Noyes (2011) によると，心理学領域では，15の測定手法が開発されており，

主な測定手法としては"Connr-Davidson Resilience Scale"と"Resilience Scale for Adults","Brief Resilience Scale"が定着しているという。

また，心理学にとどまらず，精神医学の領域でも，レジリエンス研究を確認することができる。Flach (1980) や Bebbington, Sturt, Tennant and Hurry (1984) などはその例である。この領域において，ある特定の時期や現象に焦点を当てた研究には，思春期にフォーカスした論文であるHauser, Vieyra, Jacobson and Wertlieb (1985) や，幼児にフォーカスした論文であるCrittenden (1985) などが確認された。

さらに，教育学の領域でも研究が確認されるようになる。筆者が確認したのは，1963年からである（Hunter, 1963）。教育学の領域からさらに広がり，Mayer (1974) のように，教育学と心理学の両方の要素を含んだ研究も確認されるようになる。人や個人を分析対象にしたレジリエンス研究の詳細については，後述する。[12]

1-2-7 生態学研究[13]

1960年代以降は，生物学上の「人間」のみならず，生物全般および生物を取り巻く生態系を分析対象としたレジリエンス研究が多数，確認されるようになる。生態学研究で最初にレジリエンス研究として確認されるのは，Boccardy and Cooper (1961) である。また，Folke (2006) によると，Holling (1961) も生態学研究の見地からレジリエンスを取り上げているという。

しかし，Holling (1973a) でも指摘されているように，生態学はもともと物理学や応用物理学に起源があり，定性的研究ではなく定量的研究によって検証することが避けられない学問領域として発展してきた歴史がある。物理学や応用物理学の影響を色濃く受けた生態学のレジリエンス研究は，Clark (1974) や Walter (1983)，Westman and O'Leary (1986) などからも確認することができる。Clark (1974) は，魚の乱獲 (predation) が魚数・魚の生態系に大きな負の影響を与えることを主張している。そして，生存を減少させる現象 (depensation) を引き起こすとして，その物理学的モデルを構築して検証しているのである。また，Walter (1983) は，生態系の食物連鎖の物

---

12 この点に関しては，本章の1-3-4項で取り上げる。
13 生態学におけるレジリエンス研究は，1-3-1の①項でも取り上げている。後述する生態学におけるレジリエンス研究の項では，分析対象（分析する現象）の側面から研究に着目しているという違いがある。

理学的モデルを作成し，検証している。Westman and O'Leary（1986）では，ある地域で発生した火災から復活した地域の復活の程度をレジリエンスと定義して，その測定を試みた論文である。測定項目として，"elasticity（弾性）""amplitude（振幅）""malleability（展延性）""damaging（減衰性）"を挙げて，化学要素（化学記号）の数値履歴を追って測定し，物理学モデルを構築しているのである。

　Holling（1973a）は物理学や応用物理学に起源があった生態学研究において，定性的な研究をすることの重要性を指摘したみならず，生態学においてレジリエンスの概念を定着化させるきっかけとなった論文として，広く知られるようになった（ピースマインド・イープ株式会社，2014）。より具体的には，Holling（1973a）では，一般均衡論のような静的な均衡モデルを否定し，生態学では動的視点で分析する必要性を強調して，環境の変化が起きた時に，環境システムや生態系はどのように適応，あるいは，収束していくのかをレジリエンスの概念を用いてモデル化したのである。すなわち，Holling（1996）では，科学としての生態学（ecological science）が生物科学（biological sciences）として理論的に昇華されてきているのに対して，環境科学（environmental science）は物理学（physical sciences）や工学（engineering）として理論的発展を遂げたがゆえに，両者の理論的対立や見解の相違が発生しているとの問題認識を持ち[14]，両者を俯瞰したエコシステムの構造と機能を整理した。その上で，レジリエンスには，生態学的レジリエンス（ecological resilience）と工学的レジリエンス（engineering resilience）があると分類している。そして，前者がより動態的に適応し，時にはシステムそのものを変態する力であるとしたのに対して，後者を経済学理論のような均衡の概念で示されるようにシステムの中で体制を戻す力であると明確に区別している。そして，これら異なる2つのレジリエンスをマネジメントする必要性を強調しているのである。

　Peterson et al.（1998）は，このHolling（1996）の基本的主張を踏襲して，種の多様性と生態学的機能の関係から，生態学的レジリエンスのモデルを構築している。そして，種が多様であるほど，生態学的レジリエンスが高いことを理論的に証明している。さらに，この生態学的レジリエンス研究は，単に生態学という学問領域にとどまらず，グローバルな変化に対する人類とい

---

[14] このような両者の認識の相違は，特にエコシステムの科学を研究する時に対立関係に陥りやすいとHolling（1996）では警告している。

う文脈においても援用することが可能であると言及している。この点に鑑みると、生態学研究が、その後、社会生態学研究へと進化を遂げることになる過程にあったことが改めて確認される。[15]

それとともに、ここで注目すべき点は、同研究が、アメリカ航空宇宙局（NASA）の研究支援を受けているということである[16]。このような論調からも、生態学が生態学という学問領域にとどまらず、社会生態学へと展開していく礎となっていることを理解することができるのである。そして、また、このような研究をアメリカが国の政策としても支援しようとしていたことをうかがい知ることができるのである。

Elmqvist, et al.（2003）では、それまでの生態学および生態学的レジリエンス研究の論調を踏襲している点には変わりがないものの、同研究は、より社会生態学への展開を示唆するものとなっている。なぜなら、論文中に「我々はエコシステムの一部で、ダイナミックに変化する部分として位置付けられている」と明確に言及していることから理解することができる。同研究の1つの特徴は、多様性の議論に焦点が当てられていることにある。多様性を機能的多様性（functional diversity）と反応的多様性（response diversity）に区別しているのである。前者が相互補完的に活動することで現在における地球全体の最適化、すなわち、現在の状況下での地球のパフォーマンスを最大化するための多様性であると定義している。それに対して後者は、強いストレスや非常事態に直面してもコミュニティーを維持して成果を出し続けることが可能であるような多様性であると定義している。その上で、反応的多様性が高いほど、エコシステムの中でのレジリエンスが高いことを検証し、不確実の状況下においては反応的多様性をマネジメントすることが、エコシステムを効率的にマネジメントする上で極めて重要であることを強調している。

また、同研究は、生態系の変化は人類の存続に大きな影響を与えること、そして、エコシステムにおける生物学的多様性の法則から社会および経済的発展の方法を学ぶことができると強調している。これは、人や人の集団（社会）がいかにしてエコシステムのマネジメントを行うのか、そして、国という単位で政策的にどのようにエコシステムのマネジメントを進めていくのかが1つのテーマとして扱われようとしていることを示唆している。Hughes, et al.（2005）においても、この点が強調されている。

---

15 この点については、第2章の2-1項で改めて確認することとする。
16 論文のヘッダーには、"This article is a U.S. government work."と注記されている。

以上から，生態学の研究は，ここにとどまらず，環境および社会環境をいかにマネジメントするのかという知見に活かされようとしていることを確認することができるのである。そこで，本章の1-3-1の②③項では，国連やOECDの公的な国際機関が，実際に，どのように環境および社会環境のマネジメントを考慮しているのかを整理する。

　生態学のレジリエンス研究で（物理学領域のレジリエンス研究と比較して）特徴的かつ重要な点は，ある分析対象に力や圧力が加えられた後の均衡点に戻に戻る力のことを表すのではなく，分析対象が再構築される，あるいは，それまでの均衡点とは異なる新たな均衡点が実現されることである。すなわち，Holling（1973a）が指摘しているように，分析対象に動的な視点を付加しダイナミックに新たな均衡点を生み出すことを示していることである。そのため，生態学におけるレジリエンス研究のキーワードとしてしばしば確認される用語には，「再生（renewal）」「再組織化（re-organization）」「安定した均衡から複雑系へ（from stable equilibrium to complexity）」「エコシステム（ecosystem）」などが挙げられる。

　生態学研究において，動的視点がレジリエンス研究で示されたことが後押しとなり，以後，このような基本的立場を前提とする社会科学領域でのレジリエンス研究が定着することになる。この点では，生態学研究がもたらしたレジリエンス研究に対する貢献は極めて大きいといえよう。また，このような基本的立場を前提とするがゆえに，生態学におけるレジリエンス研究は，2000年頃から社会生態学へと展開していくことになる。

1-2-8　コンピュータ・サイエンス研究

　1970年代後半になると，レジリエンスの研究領域が急激に拡大していく。この時代において，新たな学問領域においてレジリエンス研究が確認されていくことになる。その1つが，コンピュータ・サイエンス，および，コンピュータ・セキュリティの分野である。筆者が確認したところ，最初にコンピュータ・サイエンスにレジリエンスの概念を導入したのは，Dearnley（1976）であった。Dearnely（1976）では，レジリエンスについて，次のように説明している。「通常の英語の使用では，レジリエンスとは，圧力がかかった後に元の形状に戻る力を意味する。しかし，データベースをマネジメントする文脈においては，データベースの復元力ということで，その状態を変化させた何らかの事象または動作の発生後に，元あった状態に復元する能力であると

定義される」。(p.117)「したがって，データベースのレジリエンスとは，データベースへの不正な変更によるセキュリティ違反から，元のデータベースに復元するための整合性を維持する能力が含まれているのである」(p.117) と説明している。

　コンピュータ・サイエンスの領域にレジリエンス研究が確認されるようになったといっても，1980年代までは，Branscomb and Gazis (1977) や Saboo, Morari and Colberg (1987) や Colberg, Morari and Townsend (1989) のように，*Computers & Chemical Engineering* などの分野融合的な学際的ジャーナルに掲載されていることがわかる。この頃のレジリエンス研究は，コンピュータ・サイエンスの学問領域の研究というよりも，どちらかというと化学工学的研究 (chemical engineering) の要素の方が大きい。このような背景から，また，Dearnely (1976) の定義からも明らかであるように，コンピュータ・サイエンスの領域では，物理学や工学におけるレジリエンス研究と同様，元の均衡点に到達することをレジリエンスであると考えていることを確認することができる。

　よりコンピュータ・サイエンスの領域に近い「安全なソフトウエアの開発」という文脈でレジリエンス研究が導入されている論文が Snodgrass and Shannon (1990) である。また，コンピュータ・ネットワークの信頼性（耐久性）を失わないための測定について取り上げている論文が Najjar and Gaudiot (1990) である。

　その後，コンピュータ・サイエンス領域のレジリエンス研究が大きく展開するようになるのが2000年代半ば以降のことである。[17] サイバー・セキュリティを含む領域に，レジリエンス研究が急速に拡大することとなる。筆者が確認した第1のきっかけは，2006年，欧州連合の枠組みである「欧州重要インフラ防護プログラム（EPCIP）」が発足したことである。このプログラムを受けて，欧州のネットワーク情報セキュリティ庁（ENISA／European Network and Information Security Agency）は，2009年に「レジリエンスのための欧州官民連携（EP3R）」を設立したのである（内閣官房内閣サイバーセキュリティセンター，2015）。[18] こうして，サイバー・セキュリティを強化する文脈

---

[17] 2000年代半ば以降のコンピュータ・サイエンスのレジリエンス研究の記述は，水野（2017）を参考にしている。
[18] 同報告書は，http://www.nisc.go.jp/conference/cs/ciip/dai01/pdf/01sankoushiryou03.pdf からダウンロードすることができる（2017年1月9日検索）。

にレジリエンスという言葉が散見されるようになる。

　この傾向に拍車をかけることになったきっかけは，2013年2月12日のアメリカ合衆国のオバマ大統領（当時）の一般教書演説であった。オバマ大統領（当時）は，その中でサイバー攻撃による脅威が急速に拡大していることに触れ，サイバー・セキュリティ強化のための大統領令に同日署名したことに言及した。この大統領令は「米国の重要インフラのセキュリティとレジリエンスを高め，安全，セキュリティ，企業機密，プライバシー，および市民の自由を守ると同時に効率性，イノベーション，および経済繁栄を促進するサイバー環境を維持するための我が国のポリシーである」と規定されている（米国国立標準技術研究所，2014）[19]。こうして，「セキュリティ・レジリエンス」という言葉が急速に定着していくこととなったのである。

1-2-9　その他の領域におけるレジリエンス研究

　本項では，レジリエンスの研究領域が急激に拡大した1970年代後半以降で，確認されるその他の学問領域におけるレジリエンス研究を挙げていく。まず，1970年代の政策に関するレジリエンス研究としては，Holling and Chambers（1973）やPercy（1977），Harwood（1978）が挙げられる。Holling and Chambers（1973）は，科学者と政策担当者が一連のワークショップの技術を利用して，説明可能なモデルの開発と示唆的な政策を開発するプロセスを検証している。Percy（1977）では，1970年代のエネルギー危機に直面した際に国家的レジリエンスとして米国の新しいエネルギー政策の必要性を強調している。また，上院においては，米国が膨大なエネルギーを浪費しているために，省エネルギー化に向けて強く取り組む必要があると主張している。Harwood（1978）では，増えすぎた灰色アザラシの生息数を政策で効果的にコントロールしたことを検証する論文で，生態系保全のための政策を施行することの重要性を強調している。1980年代になると，政策によって民族問題の解決および統合を図ることを強調する論文も確認される（Morrison, 1983）。

　地政学領域では，ある特定の地域の再起力を検証した論文を確認することができる（Adams, 1978）。また，Lee（1980）は，オーストラリアのタスマニア島のホバートにおいて，橋が崩壊したことで，社会での物理的アクセスが3年間も分断された事例をもとに，社会的ネットワークのレジリエンスに

---

[19]　同レポートは，https://www.ipa.go.jp/files/000038957.pdf からダウンロードすることができる（2017年1月9日検索）。

ついて検証している。Colson（1980）は，トンガの母系社会が近代化とともにどのように環境の変化に適応してきたのかのプロセスに焦点を当てている。

教育システムにおいても，レジリエンス研究を確認することができた。Shattock（1979）は，アメリカの高等教育制度とイギリスの高等教育制度の比較を行い，イギリスの高等教育制度の方がレジリエンスが弱いという結論を導き出している。大学の財政基盤の再建という意味でレジリエンスを定義している論文も確認されている（Frances, 1982）。再建という文脈では，産業の再建について焦点を当てた論文も存在する（Anthony, 1982）。

水資源の循環を作り出すことで，地域の再起力を高める議論を行っている論文がFiering（1982a；1982b；1982c）である。これらの論文は，*Journal of Hydrology*に特集として所収されている。Fiering（1982a）では，都市の社会経済の発展のための柔軟性のある水供給システム（Resilient water supply system）の重要性が強調されている。これらの論文以降，*Journal of Hydrology*でレジリエンスに関する議論がしばしば取り上げられるようになっていった。同ジャーナルに掲載されるレジリエンスに関する論文は，傾向として，生態学系の論文と同様，物理学系の特徴を受け継いでいることが確認される。そのため，自然エネルギーの供給や気候について物理学モデルを構築して（資源量や構成要素，天気情報などを物理学モデルを使って）検証しているという特徴を持っていることが少なくない（Rouhani and Fiering, 1986；Zhao, Gao, Kao, Vosin and Naz, 2018）。

経済学の領域では，Healey（1985）やHill, Wial and Wolman（2008），Aiginger（2009）が，政治学の領域では，Holling（1973b）やFurukawa（1999）が，また，国際関係論の領域では，Inbar（2005）が，レジリエンスに関する論文として確認することができた。

以上のように，さまざまな研究領域にレジリエンス研究が展開，そして，定着するようになってきたのである。

1-3　レジリエンスの分析対象となっている現象

本節では，レジリエンスの分析対象を（事例研究の準備として）「環境」「地域」「組織」「個人」に分類して，それぞれの分析対象でどのような議論が展開されているのかを確認していくこととする。また，環境を対象にした研究に関しては，大きく2つの議論の展開，すなわち，環境をシステムとし

て解釈して理論やモデルを展開する生態学の議論と，国際機関である国連やOECDが環境に対していかなるレジリエンスに関する解釈および主張をしているのかの議論について整理する。

1-3-1 環境を対象にした研究[20]
① 環境および社会環境の変化への適応

環境をシステムとして認識した上で，システム全体を研究の対象として研究を蓄積してきたのが生態学領域におけるレジリエンス研究である。この学問領域において，分析の対象となるのは，ダイナミックな関係を捉えた生物や生物間の食物連鎖，生物の多様性，あるいは，エコシステムとなることが増える。（先述したように）筆者が確認した生態学領域で最も早いタイミングに該当する研究は，Boccardy and Cooper（1961）であった。同研究は，川に住む魚の生態系を分析対象としている。また，Holling（1961）も同時期に生態学研究にレジリエンスの概念を導入している。自然界における昆虫の捕食を生態系の基本として，動物の食物連鎖を分析の対象として捉えた研究であった。

それ以降，分析対象となっている生態系としては，湖に生息する藻やプランクトンを対象にしている研究（Angeler, Trigal, Drakare, Johnson and Goedkoop, 2010）や海洋のエコシステムそのものを対象にしている研究（Levin and Lubchenco, 2008），生物の多様性に焦点を当てた研究（Petchey and Gaston, 2009），グレートバリアリーフ南部における天候の変化に対するさんご礁の生態系の変化と環境適応を対象にした研究（Maynard, Marshall, Johnson and Harman, 2010）などが挙げられる。

さらに，より生態学の理論的見地からレジリエンス研究を行っている研究として，また，Holling（1973a）の生態学における動的視点を表すためにレジリエンスの概念を用いてモデル化した研究を深めた研究として，Holling（1996）やPeterson, Allen and Holling（1998），Elmquvist, Folke, Nystrom, Perterson, Bengtsson, Walker and Norberg（2003），Hughes, Bellwood, Folke, Steneck and Widson（2005）が挙げられる。

（1-2-7でも指摘したように）生態学研究において，動的視点がレジリエンス研究で示されたことが後押しとなり，以後，このような基本的立場を前提と

20　本項の記述は，水野（2017）を参考にし，加筆修正している。

する社会科学領域でのレジリエンス研究が定着することになる。このような基本的立場を前提するがゆえに，生態学におけるレジリエンス研究は，2000年頃から社会生態学へと展開していくことになるのである。この点は，第2章2-1で取り上げることとする。

② 環境・防災という観点からの国連およびUNISDRの基本的論調

国際機関でレジリエンスという単語がどのタイミングで使われるようになったのかを遡ると，国連機関の1つである国連国際防災戦略事務局（正式名称はUnited Nations International Strategy for Disaster Reductionである。本稿では以下，UNISDRと略す）[21]にたどり着いた。明示的に表記されることになるのは，"The Hyogo Framework for Acton 2005-2015: Building the Resilience of Nations and Communities to Disaster"においてである。このアジェンダは，2005年1月18日から22日にかけて阪神淡路大震災の災禍を経験した地の兵庫県で開催された自然災害への防災に関する国際カンファレンスにおいて制定されたものである。このアジェンダには，地方自治体関係者らが日常的な防災に対する効果的な政策と施行が行えるような支援を行うという目的があった。阪神淡路大震災で起きた災禍を二度と繰り返さないために国際機関で何ができるのか，そして，国際的に防災に取り組んでいくというメッセージを込めたアジェンダである。

このアジェンダの中では，都市および地域の持続的な発展を遂げるために防災投資を促し，災害などの都市リスクを減らすためのマネジメントをすること，そして，実際に発生した自然災害の危機から立ち直る力およびシステムをレジリエンスと表している。すなわち，自然災害に対して防災によって都市リスクを軽減するための都市の能力という文脈でレジリエンスが用いられている。そして，このアジェンダでは，防災において，安全かつレジリエントな文化を構築する（意識を醸成する）ことが重要であるとし，国際的レベルで蓄積した知識やイノベーション，教育をあらゆるレベルで活かすことの重要性と必要性を強調している。

この国際カンファレンスに引き続き，2015年，UNISDRの国際カンファレンスは宮城県仙台市で開催されている。やはり，東日本大震災から復興を遂

---

[21] 国連国際防災戦略事務局は，国際的な自然災害を削減するための戦略を立案し，実施する機関として，1990年に設立された（UNISDRのHP https://www.unisdr.org/who-we-are より）。

げた仙台において，国際的に重要課題である防災に関する議論を行うためである。国際カンファレンスでは，"The Sendai Framework for Disaster Risk Reduction 2015-2030"（通称"Sendai Framework"）が制定され，引き続き防災意識を高め対策していく方針が国際的に共有されている。

以上から，国連においては，自然災害に対する防災対策，および，自然災害による災禍から立ち直るシステムの構築という文脈でレジリエンスが強調されるようになり，以後，"disaster risk and resilience"という考え方が定着するようになった。[22]

③ 環境・防災という観点からのOECDの基本的論調

OECDにおいてレジリエンスが大々的に取り上げられたのは，OECDを代表してDr. Andrew Mitchellがとりまとめたワーキング・ペーパーであるMitchell（2013）である。このワーキング・ペーパーのタイトルは"Risk and Resilience: From Good Idea to Good Practice"となっているが，ここで表している"risk"とは，国連が指摘する自然災害というよりも，より具体的には，2008年の金融危機（いわゆる，リーマン・ショック）に端を発した経済危機のことを指している。資本主義の暗の部分がはっきりと現れた2008年の金融危機に対して，OECDでは，2011年，Development and Humanitarian Communitiesで議論されたことが発端になっているという。同ワーキング・ペーパーでは，その背景も含めて記述されている。レジリエンスは新たな概念ではなく，歴史的に工学，生態学，心理学の用語として用いられてきたことを指摘した上で，近年（ワーキング・ペーパーには「ここ3年」と記述されている），災害からのリスク回避，天候不順，都市計画，エコシステムマネジメント，平和構築，食糧安定供給などというhuman and developmentの議論で用いられるようになってきたと言及している。すなわち，OECDの文脈では，レジリエンスの対象がもともとの研究領域であった工学や生態学，心理学から，自然災害や政治的現象，経済的現象を扱う研究領域にまで分析の対象が拡大したことを国際機関として明示することになったのである。

Mitchell（2013）を受け継いで，翌2014年にはOECDは，レジリエンス

---

22 "Hyogo Framework 2005-2015"の後も，国連として国際的に引き続き防災に取り組む必要性を議論するために，国連ではタスクチームが組まれている。その結果，2012年5月にUN System Task Team on The Post-2015 UN Developmet Agendaが制定されている。このアジェンダのサブタイトルは"Disaster risk and resilience"となっていることも，このフレーズが国連の議論で定着するようになったことを示している。

に対するガイドライン"Guidelines for Resilience Systems Analysis"を示している。サブタイトルは，"How to analyse risk and build a roadmap to resilience"である。同ガイドラインでは，レジリエンスを「家族やコミュニティー，国が災害や治安，自然から受けるショックから立ち直る力（ability）」であると定義している。そして，この「ショック」は，家族やコミュニティー，国に対して，長期的ストレスや大きな変化，不確実性をもたらすほどの大きなショックであると付け加えている。このような「ショック」に打ち勝つことをOECDでは，"resilience boosting"と呼んでいる。これは，将来のリスクや変化，不確実性およびショックによるインパクトを吸収して打ち勝つようマネジメントすることを指している。そして，さまざまな危機に打ち勝つためには3つの能力（capacity）が重要であると提言している。その3つの能力とは，安定性を創出するための吸収能力（absorptive capacity）と，柔軟性を創出するための適応能力（adaptive capacity），変化を自ら創出して状況に適応するための変態能力（transformative capacity）[23]である。すなわち，OECDが認識するレジリエンスとは，これらの3つの能力（吸収能力，適応能力，変態能力）から構成されていることを表している。それは，同ガイドラインの概念的フレームワーク（ガイドラインのp.4）や3つの能力の関係性の構図（ガイドラインのp.7）からも理解することができる。このようにして，OECDは，世界的にさまざまな「危機」への対応能力を醸成する必要性を指摘し，また，それに対する助言を行ってきている。

④ 公的機関の取り組みに関する特徴的な点とそこから得られる示唆

当初から，発生した自然災害から復興する，そして，被災した地域の経験を防災対策に活かすという視点でレジリエンスを議論していたのが国連やUNISDRであった。それは，地域が自律的かつ持続的な発展を遂げるために不可欠であるという認識が前提となっている。一方で，OECDにおいては，リーマンショックという金融危機がきっかけとなって，この経験をもとに，社会が直面する多様な危機に打ち勝つための能力を醸成することの重要性を指摘している。危機が起きた後には，確かに大きな衝撃を受けるのだが，これらの衝撃を吸収して乗り越えるための能力を備えておくことこそが，最大の防御であるというメッセージが含まれている。

23　組織論（進化組織論）の「変異」と置き換えることもできよう。

これらの論調と主張から，大きな示唆を得ることができる。それは，危機への対応に際して3つの段階に区別して理解して考える，そして，対応することの妥当性である。第1段階は，自然災害や危機が起こる前段階，すなわち，予防（防災）や備える段階である。国連やUNISDRもOECDにおいても，この点を強く意識している。国連やUNISDRでは都市や地域の防災について強調している一方で，OECDでは自然災害や危機が起きた時に対処できる能力を醸成しておくことを強調しているためである。

　第2段階は，実際に自然災害や危機が起きた時の段階である。すなわち，危機が"on going"の状態である。国連やUNISDRは，この段階におけるマネジメントを自然災害や危機が起きた経験に学ぶという立場をとることで対処しようとしていると理解することができる。その傍証となるのが，国際カンファレンスを，阪神淡路大震災や東日本大震災の被災地で開催していることである。自然災害や危機が起きた時，何が起こるのか，どのような困難に直面するのか，どのように対処すべきなのかの知識を共有して，いつ起きるかわからない危機に対して備えるためである。換言すると，国連やUNISDRは，第2段階の実際の危機の経験を第1段階の予防に活かすという立場で取り組んでいることがわかる。一方で，OECDでは，第2段階を克服するための能力やガイドラインを提示している。すなわち，OECDでは，第2段階に直面した時にいかにして危機をマネジメントするのかに焦点を当てた議論を展開していると理解することができるのである。

　第3段階は，第2段階を乗り越えて克服した段階である。これまでのレジリエンス研究で確認してきたように，第3段階には大きく2つのパターンが考えられる。それは，物理学や工学領域で主張されてきたような元の均衡に戻るというパターンと生態学領域で主張されてきたような新たな均衡にたどり着くというパターンである。しかし，自然災害や危機に対してどう対処するかを考えると，また，これらが社会科学の現象であることに鑑みると，第3段階は，元の均衡に戻るという議論よりも，主体者らが新たな均衡を導き出すという議論の妥当性が高いと判断されよう。

　第4章以降で記述される事例研究においても，これらの危機に対応する3段階を意識して取り上げていく。

1-3-2　地域（ある特定の地理）やコミュニティーを対象にした研究[24]

　特定地域や国をレジリエンスの分析対象とした研究も確認される。特定地域や国そのものを分析対象としている研究のみならず，特定地域や国を研究対象としていても，具体的分析対象がある特定の属性や地域住民，地域コミュニティーといった人間（人間集団）に当てられている研究や，地域の環境および環境の変化への適応そのものに焦点が当てられている研究も確認される。

　特定地域や国そのものを分析対象としている研究としては，まず，国際社会から政治的にも経済的にも孤立しているキューバの適応を，民族植物学的視点からホームガーデンを分析することで，いかにキューバ国民が政治的変化や経済危機に対して適応してきたのかを社会的生態学系システムの枠組み（論文中では「社会生態学系レジリエンス」とも表記されている）で検証しているBuchmann（2009）が挙げられる。ホームガーデンを分析の対象として選定した理由として，Buchmann（2009）は，（その規模や面積が小さかったとしても）生態学の視点と文化的な視点の両方を含む現象であり，人間と自然（生態系）とを統合した概念を反映しているとして，社会生態学系システムを捉えることができるためであると指摘している。調査研究は，キューバの中心的な都市に住みホームガーデンを耕作している25名に対するセミ・ストラクチャード方式によるインタビュー調査と参与観察によって進められている。ホームガーデンで生育するものとして，食料や薬用植物，観賞用植物が挙げられている。食料や薬用植物の生育は，キューバが配給社会であることと無縁ではない。その意味でも，キューバ国民が，そして，これらの商品を売買する行為者のネットワークが，経済的に厳しい生活の中で生き抜こうとする社会生態学的レジリエンスの対象となることを如実に表している。このような相互依存するコミュニティーを同論文では，"community for the defence of the revolution（CDR）"と名付けている。このコミュニティーは，キューバに経済危機が起きた時のための実質的な備えとなっていることを確認することができるのである。一方で，観賞用植物の生育は，観光客にオーナメントとして販売し，現金収入を得るための手段となっている。

　また，特定地域としてアメリカのニューオリンズに視点が当てられ，2005年8月に同地域を襲ったハリケーン「カトリーナ」から地域住民がどのよう

24　本項の記述は，水野（2017）を参考にし，大幅に加筆修正している。

な被害を被りどのようにして乗り越えたのかを、緻密なインタビュー調査を重ねて記録したものがWooten（2012）である。同書の序文には「カトリーナ後のニューオリンズを見ると、目的を持って組織作りや計画作り、他の組織との提携を行えば、地域社会でも被災後の自分たちの運命を自ら決められることがわかる」（邦訳，p.14）と記述されている通り、時には混乱に乗じた詐欺や修理・修繕資金の持ち逃げという被害に直面しながらも、都市や地域の再建を果たした記録が克明に描かれている。同書における重要な洞察（および筆者によるメッセージ）の1つは、「復興や都市計画のビジョンは、外部の人間ではなく、住民自身から出されたものでなければならない。その方が地域のニーズがよりよく反映され、住民自身、計画を最後までやり通そうという気持ちになる。このように住民が自ら深くかかわることは重要だ。というのも、復興に弾みがつくかどうかは住民の態度と大いに関係があるからだ」（邦訳，p.235）との記述と、レイクビュー地区（ニューオリンズ内の1つの地区）市民生活向上協会の会長の発言「復興というのは、いったん道筋ができたら、後は自分たちの力で何とかやっていかなければならないものです」（邦訳，p.315）から、うかがい知ることができる。すなわち、自然災害からの地域の復興においては、地域住民主導で、地域住民自らが自立した生活を送れる復興計画と行動が必要不可欠なのである。[25]

　特定の地域を分析対象にしながらも、その視点は人間（地域住民）に当てられている研究を確認することができる。例えば、Brown and Goodman（1980）は、17世紀のイタリアのフィレンツェ地域における経済の変化と女性の役割の変化をレジリエンスとの関連性から分析しているし、Greenhill, King, Lane and McDougall（2009）は、オーストラリア南部で農業を営む農家が自然災害（この論文では水不足）にどう立ち向かうのかについて調査し、レジリエンスの特性を特定している。また、Busapathumrong（2013）では、タイの洪水被害から復興する国民のレジリエンスに焦点が当てられている。

　一方、特定の地域環境に分析対象が当てられている研究として、例えば、Garcia-Romeo, Oropeza-Orozco and Galicia-Sarmiento（2004）は、メキシコ

---

[25] したがって、ニューオリンズの教会神父の発言「カトリーナで被災した初日から私たちを悩ませたのは、外から来た大手団体が、『皆さんのためにやっているんですからね』とか、『これが皆さんに必要なことです』とか言いながら、これ見よがしな態度をとることでした」（邦訳，p.357）からも理解できるように、外部からの支援は、地域復興の側面支援および地域住民のニーズに基づいた行動でなければならないということを再確認することができる。

の熱帯雨林を分析対象に，30年にわたる地形の変化をレジリエンス研究として報告しているし，Bee, Kunstler and Coomes（2007）は，ニュージーランドの森林において，12種類の木の特性を特定し，成長の早い木の特徴をレジリエンスの観点から分析しているものもある。ほかにも，Ibelings et al.（2007）は，オランダの湖の富栄養化を事例にどのように浄化されていくのかという視点でレジリエンス研究を報告しているし，Carlson, Jr., Yarbro, Kaufman and Mattson（2010）は，カリフォルニア西海岸の自然災害（台風や暴風）から海草がどのように環境適応したのかという視点でレジリエンス研究を報告している。さらには，オーストラリア南東部に位置する5つの地域に生息する鳥のコミュニティーのレジリエンスを対象にしている研究（Fischer, Lindenmayer, Blomberg, Montague-Drake, Felton and Stein, 2007）や，オーストラリアのクイーンズランド地域を襲った歴史的被害をもたらした洪水から町がどのようにこの災禍に立ち向かい再生したのかという文脈でレジリエンスを捉えた研究（Keogh, Apan, Mushtaq, King and Thomas, 2011）などもある。

　これらの研究は，特定地域や国を研究対象とした数多くの蓄積されてきた研究のごくごく一部に過ぎない。しかし，一般的な傾向として確認されるのは，国連やOECDの文脈，あるいは社会科学での文脈でレジリエンスがリスク（risk）とセットで捉えられる傾向があるのに対して，特定の地域環境や自然災害に分析の主軸が当てられている研究においては，特に，レジリエンスは脆弱性（vulnerability）とセットで捉えられる傾向が高いことが確認されている点である。

1-3-3　組織を対象にした研究

　経営学における組織やチームを対象にした研究は，第2章で改めて確認するものの，組織やチームを対象にした研究を確認すると，（個人を対象にした研究と同様に）一般書の記述を多く目にするようになる。そこで，本項では，まず，安全工学やシステム工学の学問領域で「レジリエンスエンジニアリング」と呼ばれる組織を対象としたレジリエンス研究について確認した後，一般書でどのような組織を対象とした議論が展開されているのかを確認する。

① 「レジリエンスエンジニアリング」

　安全工学，システム工学の学問領域で「レジリエンスエンジニアリング」という視点を持った研究が確認される。レジリエンスエンジニアリングとは，

突発的な事故や環境の変化が起こった時に，組織（および組織をマネジメントするために構築した内部システム）が柔軟に対応する能力のことを指している。組織の安全性を担保する上でこのような視点を持つことが重要であるという考え方が根底にある。

　レジリエンスエンジニアリングという考え方は，もともとは，David Woodsが2000年にアメリカ航空宇宙局（NASA）で行った講演が原点となっている（Hollnagel, Woods and Leveson, 2006）。Woodsが講演を行ったその当時，NASAは「成果要求は強化される一方でリソースは削減されるという環境の変化に対応しなければならなかったことが特記されている。ここでいうリソースの削減に際しては，打ち上げコストの切り下げ，（訓練／筆者加筆）時間を短くしないようをより挑戦的にしたミッション日程の受け入れ，職員へ新しい組織構成の下で役割を変え新たなパートナーと働くことの要求，などがなされた。この新しい組織構成方針の結果，職員の経験やスキルのレベル低下がもたらされている。加えて，これらの変化は市民や議会の関心が高まって宇宙開発計画そのものの実施可能性が脅かされるという背景によってもたらされていた」（邦訳，p.25）状況下に置かれていたと記述されている。

　Woodsの講演後，制度のシステム化や組織のシステムにおいて，「安全に対する既存のアプローチに対する貴重な補完的考え方として急速に認められている。産業分野，学術分野，いずれにおいても，レジリエンスエンジニアリングは困難な課題すなわち複雑性，相互結合性，システムの集団からなるシステム，超高信頼性などの問題に立ち向かう独自性の高い価値を提供していることが知られてきた」（邦訳，p. iii「日本語版に寄せて」）とされている。

　レジリエンスエンジニアリングの議論で注目すべきことは，「レジリエンスエンジニアリングは，システムが「予見されていた条件に加えて予見されていない条件下でも，求められている動作を継続する」能力を重視している（邦訳，p. v「日本語版に寄せて」）」と記されているように，予測できない危機や全く想定外の状況が起きた際に，システム全体として柔軟に対応することの1つの解を提供しているところである。すなわち，レジリエンスエンジニアリングは，インシデント（人為的ミスや事件）とは異なり，想定外の事態も含めたシステムのリスクマネジメントの在り方を説いているのである。

　レジリエンスエンジニアリングについては専門書が3冊出版されている。レジリエンスエンジニアリングの概念や考え方について説明されている書籍（Hollnagel, Woods and Leveson, 2006）のほかに，事例集の2冊が存在す

る（Hollnagel, Paries, Woods and Wreathall, 2010；Nemeth and Hollnagel, 2014）[26]。安全工学やシステム工学を学術的基盤にしているこれらの事例には, これまで発生した想定外の状況に, 安全工学やシステム工学の面からどのように組織的に対処してきたのか, また, その対処モデルが記述されている。それらの例には, 宇宙開発の事例（NASA）や航空機の事例（ハドソン川の奇跡）, 鉄道の事例（トンネルの設計や鉄道土木工事計画立案）, 金融の事例（リーマンショック前後の2007年から2009年にかけての金融サービスシステム）, 医療の事例（産科病棟のシステム）も挙げられている。また, 医療現場における安全工学やシステム工学を真正面から取り上げている研究としては, Hollnagel, Braithwaite and Wears（2013）がある。

② 一般書における「組織のレジリエンス」

Zolli and Healy（2012）は, ジャーナリストによって執筆されたものであるが, 同書では, 学術研究を引用しながら「生態学と社会学の分野から表現を借用し, レジリエンスを『システム, 企業, 個人が極度の状況変化に直面した時, 基本的な目的と健全性を維持する能力』と定義する」（邦訳, p.10）として, 組織やコミュニティー, 社会が混乱による衝撃を吸収し, 状況の変化に対してしなやかに適応する組織や機関, システムを構築する, 場合によっては構築しなおす処方箋を読者に提供することを目的としている。

同書で興味深い点は, 取材を通して「不思議なほど一貫して認められる発見があった」（邦訳, p.319）と振り返り, 第1に, 優れたレジリエンスを発揮するコミュニティーに存在するそれを支える特定のタイプのリーダーが存在することを指摘している。そのリーダーの特徴を次のように記述している。「逆境から力強く立ち直る力を発揮したコミュニティーには, 年齢や性別, 経済的な豊かさなどは違っても, 共通すると特徴を備えたリーダーが必ず存在した。彼らは人々を結びつける卓越した能力を持って, 政治的, 経済的, 社会的立場の異なるさまざまな組織の間に協力関係を築き, 相互の交流の橋渡しをしている」（邦訳, p.319）ことを挙げている。また, 第2に, いくつか

---

26 Hollnagel, Paries, Woods and Wreathall（2010）の日本語版の帯には「レジリエンスを実装する安全への手引書」との記載を確認することができる。また, Nemeth and Hollnagel（2014）は, 英語版ではVolume 2となっており, Hollnagel, Paries, Woods and Wreathall（2010）の続編として位置付けられている。また, 同書（続編）の日本語版の帯には, 「レジリエンスエンジニアリングの現場での実践例と応用への指針」と記載されている。

の要素が共通しているとして,「適切なシステムと構造,優れた技術,タイムリーな情報,コミュニティーへの権限移譲,そして健全な価値観と心の習慣」(邦訳,p.368) を挙げている。

また,そのほかの組織を分析対象とした一般書に,ピーダーセン (2015) を確認することができる。同書の目的は,「柔軟な適応力としなやかな強さを備えたレジリエント・カンパニーの行動原則を探究し,10年後,20年後も勝ち残る会社になるための具体的なヒントを,世界的企業の事例の中に見つけ出すことである」(p.3) として,主に企業の適応能力に焦点を当てた議論を展開している。また,同書では,柔軟な適応力としなやかな強さを備えたというレジリエント・カンパニーを,「危機に直面した時の回復力が高く,事業環境の変化に柔軟に対応し,そのストレスや不確実性の中から,次なる発展のきっかけを見出し,社会全体の健全な営みに資する行動をとる企業」(p.38) と定義して,3つの特徴を導出している。それは,①信頼関係に基づいた共通の目標を追求するというアンカリングができていること (Anchoring),②事業環境の変化を察知して機敏に行動することができる自己変革力が高いこと (Adaptiveness),③社会の方向性と企業戦略のベクトルが合致しているという社会性を追求していること (Alignment) であるという。これを「トリプルA」と名付け,事例を分析している。

組織を分析対象としたレジリエンス研究を確認してみると,安全工学やシステム工学で指摘された組織の仕組みや組織として共有する特徴(ピーダーセン[2015]でいう「トリプルA」),そして,特定のタイプのリーダーに着目することの必要性が示唆されたように思われる。これらの点を踏まえて,第4章以降の事例研究でも確認してみたい。

1-3-4　個人を対象にした研究
①　学術研究
　個人を対象にしたレジリエンス研究を確認すると,精神病理学や心理学,教育学の研究領域に多い。個人を対象にしたレジリエンス研究で幅広く知られている研究者として,GarmezyやWerner,Bonanno,Seeryが挙げられる。
　Garmezyは,1961年にデューク大学からミネソタ大学の心理学部に異動し,Grarmezy (1971；1990) のような研究を進める中で,特に子どもを対象とした病理心理学の発展に寄与した (Masten and Cicchetti, 2012)。また,ミネ

ソタ大学では，精神学部や幼児発達学部とも交流を持って，自身の研究結果をもとに，家庭環境による心理的・精神的リスクや発達問題を抱える個人や子どものための機関の創設に携わるなど，研究対象の教育の充実に関する陣頭指揮を執って，同僚を巻き込んで尽力した（Masten and Cicchetti, 2012）研究者である。

Garmezy（1971）では，統合失調症の親を持つ子どもを対象に調査を実施している。一般的には，統合失調症は遺伝学的，そして，環境依存的に親の影響を強く受け，子どもの発症割合は高いと考えられていたが，調査結果からは興味深い事実が明らかとなった。それは，おおよそ9割の子どもが発症することなく，友達と友好な関係を構築して，学業で成果を上げ，将来の目標を持って活動していることが明らかとなったのである。

また，Garmezy（1990）では，それまでに蓄積された子どもの発達段階のレジリエンス，すなわち，幼い頃から逆境に直面し，成長のためのリスク要因を抱える子どもが，それを所与としながらも良い成果を残し，ストレスを抱える状況と戦いながら現状を（暴れて崩壊させることなく）維持し，自身を取り巻くダメージやさまざまな干渉から発生する逆境から復活する力について，整理してまとめている。慢性的に逆境に直面した状況を克服することができた成功体験を持つ子どもの共通点には，(a) 安定した良い治療を第三者から受けることができたこと，あるいは，青年期に差し掛かる子どもの場合，有能な大人とプラスの良い関係性を構築していたこと，(b) 子どもたち自らが良い学習者であり，問題解決能力が優れていること，(c) 人とのかかわりを持ち，幼児期から大人の介護者が関与していること，青年と向き合う大人が存在すること，(d) 子どもたちがコンピタンスや自己効力感を持つ部分があり，そのことに対して子どもたち自身のみならず社会からもその点を評価していること（それが学術面であれ運動面であれ，美術面であれ，機械面であれ）を確認することができた。また，逆境を克服する知識や課題解決のスキルを育み，生きるモチベーションや個人の社会的経済的機会を見出すことのできる教育や，このような子どもたちの心のよりどころとなる教会の重要性が強調されている。

Werner（1989）もまた，分析対象を子どもにおいた研究を行っている。同論文では，精神疾患を抱える家庭で育った子どもたちの潜在的リスクを30年にわたって調査している。幼児期から困難に直面していた子どもが青年・成人期を迎えると，3分の2が精神疾患を抱えていたり犯罪に手を染めたりという深刻

な状況に直面していることが判明したものの，3分の1は，そのような問題とは無縁で充実した生活を送っていることが明らかとなった。後者の子どもの共通点は，自分の人生や運命を自分自身でコントロールしているという強い意志を持ち，ネガティブな出来事を挑戦の機会と捉えていることであった。

　Bonnano (2004 ; 2005) やBonanno, Rennicke and Dekel (2005), Bonanno, Galea, Bucciarelli and Vlahov (2006) は，いずれも，不幸な出来事が成人を襲った後に人々に訪れるトラウマやPTSDなどの障害をどれほどの人が克服することができるのかについて調査した研究である。Bonannoの基本的な主張は，人は思っているほど弱くなく，直面するさまざまな障害から立ち直ることができるということにある。そのため，社会で起きたさまざまな不幸な現象を取り上げ，回復したのか調査している。一連のBonannoの研究では，レジリエンスを0回あるいは1回のPTSDから回復すること，そして，トラウマからの回復を2回あるいは2回以上のPTSDから回復することと定義して調査している。

　Bonanno, Rennicke and Dekel (2005) と Bonanno, Galea, Bucciarelli and Vlahov (2006) では，2001年9月11日に起こったワールドトレードセンターでのテロ事件から6か月後に，アメリカのニューヨークに住む2,752人を対象にした調査を実施している。その結果，テロ事件時に事件現場に居合わせた人のPTSDの発症率は，テロ事件を目撃していた人と比べて2倍であったにもかかわらず，65.1%の人（1,672人）にレジリエンスがあること，そして，（どのような障害であるにせよ）PTSDの割合が3分の1を超えることはないことが確認されている[27]。また，それらの人々がレジリエンスを持つようになる（すなわち，トラウマから解放される）割合は，3分の1以下に下がることはないことを突き止めている。そして，レジリエンスは，人の充実感や社会的な責任感と如実に結びついており，肯定的な感情や活発な経験を持つ能力とも結びついていると強調している（Bonanno, 2005 ; Bonanno, Rennicke and Dekel, 2005）。

　また，Bonanno (2005) では，健康を促進することが成人のレジリエンスを育むことや，柔軟に適応する能力を高めることと自尊心を高めて働く意欲

27　トータルサンプルは2,752人であるが，回答者の被害内容によって集計を分けている。被害内容については，ワールドトレードセンターの外から事件を目撃した人や内部にいた人，友人や親せきを失った人，保有物を消失した人，物理的な怪我をした人，救助された人，従業員を失った人，事件を目撃して救助された人，事件を目撃して友人や親せきを亡くした人に分類されている。

や高揚感を得ること（self-enhancement）も健康を促進する作用を生むと強調している。

　Seery, Holman and Silver（2010）は、逆境に直面してそれを克服した経験が人にどのような影響を与えるかについて定量的に実証した研究を行っている。その結果、1）逆境に直面したことがない（逆境に直面する前に、それを回避するシェルターが与えられた）人は、タフさ（toughness）や成熟度（mastery）を発展させるチャンスを逃してしまい、ストレスをマネジメントすることができないこと[28]、2）高い（高すぎる）レベルの逆境はかえってストレスをマネジメントする個人の能力を阻害してしまうこと（逆境の積み重ねはトラウマを生んでしまうこと）、3）低いレベルで適度の逆境、あるいは、ゼロではない多少の逆境がタフさや成熟度を促進するよう作用すること、を確認している。したがって、既存研究で指摘されてきたように、逆境の大きさ・レベルが人の成長に及ぼす程度は、2次元のU字モデルの関係となることを改めて確認している。より具体的には、逆境がゼロの時と逆境が大きすぎる時には、タフさや成熟度が低下するのに対して、適度の逆境に直面した時にタフさや成熟度を高めるという研究結果が導出されている[29]。

　個人を対象にしたレジリエンス研究といっても、その分析対象は多様である。そのため、以下では、どのような個人を分析対象として研究が行われているのか、簡単に紹介することとする[30]。

　年齢だけで見ても、子ども（child or adolescence）の発育や成長過程で直面するストレスを分析対象とする研究（Luthar, 1991; Von Eye and Schuster, 2000; Edomond, Auslander, Elze and Bowland, 2006; Clinton, 2008; Philips, 2008）や、若者の生活を分析対象とする研究（Stein, 2008; Tiet and Huizinga, 2010; Allan, McKeena and Dominey, 2014）、高齢者の生活を分析対象とする研究（Kane and Green, 2009; Perna and Mielck, 2012）などが確認される。また、特殊な職種を分析対象とする研究も確認される。例えば、戦争を経験し

28　「かわいい子には旅をさせよ」「獅子の子落とし」とはよく言ったものである。早いタイミングにおいてたくさんの大変な経験をさせて、逆境に強い子どもを作ることは、本当であったことを示すエビデンスとなっていると言えよう。
29　この研究結果で興味深い点は、これらの調査で1つの指標として、「人生の満足度」も測定していることに起因するものである。苦悩や困難に直面する逆境がゼロの時と大きすぎる程度の時には「人生の満足度」の指標が低くなっているのに対して、適度の逆境に直面している時は「人生の満足度」の指標が高くなっているのである。
30　この記述に際しては、水野（2017）を参考にしている。

た軍人（およびその家族）のレジリエンスを分析対象とした研究（Saltzman, Lester, Breardslee, Layne, Woodward and Nash, 2011; Masten, 2013）や，警察官が職務でうけたトラウマとの対峙を分析対象とした研究（Arnetz and Nevedal, 2009），イタリアの都市警察が直面する職務を分析対象とした研究（Prati and Pietrantoni, 2010），キャリア初期の教師のレジリエンスを分析対象とした研究（Peters and Pearce, 2012）などが挙げられる。さらに，特殊な家庭環境や特性を分析対象とした研究も確認される。例えば，家庭内暴力を経験した家族（および妻や子ども）のレジリエンスを分析対象とした研究（McClure and Chavez, 2008; Martinez-Torteya, Bogat, Von Eye and Levendosky, 2009）や，移民や難民を分析対象とした研究（Murphy, 1951; Lee, Brown, Mitchell and Schiraldi, 2008; Sossou, Craig, Orgen and Schnak, 2008; Jordan and Graham, 2012; Ahmad, Rai, Petrovic, Erickson,and Stewart, 2013），低所得者層を分析対象とした研究（Yoo, Slack and Holl, 2010），再婚家族を分析対象とした研究（Greeff and Du Toit, 2009），あるいはその逆で離婚した家族を分析対象とした研究（Greeff and Van der Merwe, 2004）などが挙げられる。そのほかにも，性別の異なる二卵性双生児のレジリエンスの違いを分析対象とした研究（Boardman, Blalock and Button, 2008）や，自殺未遂者はレジリエンスの測定値が低いことを定性的調査によって検証した研究[31]（Roy, Sarchiapone and Carli, 2007），そして，マイノリティーのレジリエンスを分析対象とした研究（Bowleg, Huang, Brooks, Black and Burkholder, 2003; Balsam, 2008; Young and Green, 2008; Herrmann, Scherg, Verres, Von Hagens, Strowitzki and Wishcmann, 2011; Schrier, Amital, Aronson, Rubinow, Altaman, Nissenabaum and Amital, 2012），などが確認されている。

② 学術雑誌『Harvard Business Review』から

『Harvard Business Review』のメインターゲットは，（学者ではなく）実務家である。したがって，実務家に向けたメッセージが強調されている。入山(2015)においてもこの点が指摘されている。出版元であるHarvard Business Review Pressは，テーマごとに編集したムックのシリーズを出版している。そのシリーズの1つに"HBS Emotional Intelligence Series"があり，その中にレジリエンスも取り上げられている。そこで，以下では，ムックに所収さ

---

[31] 心理学のresilience研究の主な測定手法の1つである"Connor-Davidson Resilience Scale"を用いて測定している。

れている論文を確認する。

　最初に所収されている論文が，Coutu（2002）である。レジリエンスは新たなbuzzwordと言われかねない側面があることを指摘した上で，レジリエンスの３つの基礎的な要素（building blocks）を提示している。それは，「現実を直視する（facing down reality）」「意義を見出す／意味付けする（the search for meaning）」「工夫することを儀式にする（ritualized ingenuity）」である。レジリエントな人々は，現実を直視して，今直面している困難に意義を見出して，良い将来の構築へとつながる架け橋にすることができ，また，レジリエントな企業はトラブルに見舞われる時期を自社の土台にすることができると主張している。そして，工夫することを儀式にすることは，ブリコラージュ（bricolage）と呼ばれているスキルを身につけていることでもあると言及している。ブリコラージュとは，（現代的な意味では）ある種の独創性を持ち，道具や材料がなくても問題の解決策を即座に考えることができる能力であると説明している。

　Goleman（2016）は，個人がレジリエンスを高めるための処方箋を示している。それは，落ち着けるプライベート空間を持つこと，背筋を伸ばしながらもリラックスして快適性を保って座ること，呼吸に意識を集中すること，その呼吸に対して良し悪しを判断しないこと，気になるものがあったら見てもいいけれどその後は呼吸に集中することであり，このようなマインドフルネスを続けることを推奨している。

　Kopans（2016）は，自身の起業家としての成功体験をもとに，ビジネス組織としての企業のレジリエンスを高める５つの手法を提示している。それは，ポジティブな仮想通貨を作ることと，（評価するための）記録を取り続けること，上昇している市場を創出すること，ポートフォリオを形成すること，定期的に報告することである。このような企業行動を習慣化することで，企業のレジリエンスを高めることができると主張している。

　Heen and Stone（2014）は，フィードバックの重要性を指摘している。フィードバックを高めるために６つのステップを示している。同論文は，レジリエンスそのものを捉えた論文ではない。おそらく，フィードバックすることがレジリエンスを高めるための１つの手法であるという意味で所収されているのであろう。

　Sonnenfeld and Ward（2007）は，一度失脚して復活したCEOの聞き取り調査をもとに，要因分析を行っている。その調査から，５つの鍵となる復活のステップを導出している。それは，どのように復活するのかを決め（decide how to fight back），手助けしてくれる仲間を探し（recruit others into battle），かつてのヒーローとしてのステータスを取り戻し（recover your heroic status），気概・信念を証明し（prove your mettle），新たな自身のミッションを見つけ出す（rediscover your heroic mission）ことであると主張している。

　Achor and Gielan（2016）は，レジリエンスを高めるためには，まず休んで，脳を休めなければならない点を指摘している。また，仕事でレジリエンスを構築するためには，業務時間内に修復する期間と業務時間外で修復する期間が必要であると主張している。

　いずれの論文も，研究というより，レジリエンスを高めるための手法や留意点を示していることが確認された。

③　一般書における「個人のレジリエンス」

　個人を対象にしたレジリエンスに関する研究は，一般書でも確認することができる。これらの一般書は，大きく2つのタイプに分類することができる。それは，学術研究結果を引用しながらレジリエンスそのものについて理解しようとしている書籍と，レジリエンスという言葉は使っていないものの，議論の内容は本質的にレジリエンスに極めて近い書籍である。本項では，前者を紹介した後に，後者を紹介することとする。

　Tisseron（2007）は，精神科医の著者が自身の臨床経験に基づいて（ティスロン，2016）レジリエンスを整理したものである。同書では，レジリエンスの語源（ラテン語のresilire）に立ち返り，跳躍する（salire）という動詞に接頭辞である"re"がつけられていることから，「振り返って跳躍することによって契約を撤回する，放免される」（邦訳，p.19）という意味を持っていたという。その後，17世紀に英語に取り入れられると，跳躍という意味を留めつつ，衝撃後の反応，すなわち，"rebound"の跳ね返るという意味も取り込まれたと説明している。また，もともとの語源である"resilire"は，「トラウマの自身への影響をほどく，解き放つ」（邦訳，p.21）という意味も示唆しており，このようなことから，同書の筆者は「レジリエンスとは，すべてに抵抗する力ではなくて，衝撃の後に再構築する能力のことを指している。臨床実践では，これら2つの意味合いが並立する場面にしばしば遭遇する。すなわち，レジリアンス[32]とは，トラウマに耐える，抵抗する能力であると同時

---

[32] この表記は，誤植ではない。レジリアンスやレジリエンス等の細かな同書の筆者の言葉の使い分けについては，Tisseron（2007）あるいは，邦訳版であるティスロン（2016）

に，トラウマ後に再構築される能力である」（邦訳，p.21）と主張している。

このように，Tisseron（2007）では，個人に焦点を置いたレジリエンスの議論を展開している。そして，個人がレジリエンスを高めるためには，思考や行動面でのトレーニングが必要であると強調する。その根拠は，医学的見地から説明されている。同書では，「実際に，我々が自らに課す行動という側面から脳血流領域を活性化させれば，それに該当する神経回路網が一層強化されることが明らかにされている。換言すれば，トラウマやストレスへの適応を促す精神的・肉体的な習慣を導入したり展開させることで，誰もがレジリエンスのレベルを高めることができるということだ」（邦訳，p.41）と記述されている。

そして，レジリエンスは我々の社会における4つの傾向と一致していることを指摘している。それは，「人間生活への懸念」「自らの過去よりも，むしろ現在や将来的計画によって自己規定する」「否定面よりも肯定面に関心を持つ」「治るのに『心の専門家』はいらない」[33]ことである。

さらに，Tisseron（2007）では，「ひとたびリソースの役割がはっきりすると——もしくは「レジリエンス」がすでに容認された観察事実として好まれるようになると——言葉の意味合いは変化する点である。レジリエンスという用語は，「トラウマに抵抗して，トラウマ後に自ら再構築する能力」を説明付けていたはずが，いつの間にか予測の意味まで付け加わるようになる」（邦訳，p.130）と指摘している[34]。

Sandberg and Grant（2017）もまた，学術研究を引用しながらレジリエンスについて議論している。ただし，同書の特徴的な点は，突然の事故で配偶者を亡くした著者の1人であるサンドバーグが，自身の体験を通してどのように乗り越えたのかが克明に記されているところにある。同書では，レジリエンスについて「レジリエンスとは，逆境が襲いかかってきた時にどれだけ力強く，すばやく立ち直れるかを決める力であり，自分で鍛えることができる。それはめげない，へこたれないといった，精神論ではない。精神を支える力を育むことなのだ」（邦訳，pp.12-13）と強調している。ここでも，Tisseron（2007）と同様に，レジリエンスを鍛えるという視点が示されている。そして，サンドバーグは，グラントとの執筆作業を通して「トラウマの後の成長」に

を参照のこと。
33 精神科医である同書の筆者が，このような立場をとっていることは非常に興味深いことである。
34 同書の筆者自身は，このことが問題であるという認識を示している。

着目している。それは,「人間としての強さを自覚する」「感謝を深める」「他者との関係を深める」「人生により多くの意味を見出す」「新たな可能性を見出す」である。そして,そのためには,辛い出来事を別の視点から理解・解釈しなおす「リフレーミング」の重要性を強調している。

次に,レジリエンスという言葉は使っていないものの,議論の内容は本質的にレジリエンスに極めて近い書籍を確認することとする。そのような書籍の例として,Collins（2001）や中竹（2008）,McGonigal（2015）,Duckworth（2016）が挙げられる。

McGonigal（2015）の著者の専門は健康心理学であるが,その研究は医学の知見や実験をもとに議論を展開していること,ストレスをマネジメントすることによって過去の辛い経験や逆境を乗り越えるという文脈を持っていることに同書の特徴がある。前者に関しては,各所にそのような記述を確認することができる。例えば,「（ストレスホルモンである）コルチゾールもDHEAも,どちらも身体に必要なストレスホルモンであり,それ自体は良くも悪くもありません。しかし,この2つのホルモンのどちらが多いかによって,長期的なストレスの場合,特に慢性のストレスの場合には影響が出ます。コルチゾールの割合が高くなると,免疫機能の低下やうつ病などの症状が現れる可能性があります。逆に,DHEAの割合が高くなると,不安症,うつ病,心臓病,神経変性など,ストレスに関するさまざまな病気のリスクが低下する傾向が見られます」（邦訳,p.45）という記述は,著者が精神科医のTisseron（2007）も,根拠としている医学データは異なるものの,同様の見解を示している。

後者に関しては,ストレスをマネジメントするプロセスが,個人のレジリエンスをどう高めるのかの議論に極めて似通った議論となっている。例えば,「『ストレスに強くなる』というのは,ストレスを避けることではなく,ストレスを体験する中で自分自身を積極的に変えていくことなのです」（邦訳,p.175）という記述や「『誰の人生にもつらいことはある』と思っている人は,幸せを感じやすく,レジリエンスが高く,人生に対する満足度も高い傾向にあります」（邦訳,p.257）という記述,そのほかにも「慢性の痛みや病気がある人でも,苦しみの中にも良い面を見出せる人たちは,身体機能が徐々に回復する傾向があることがわかりました」（邦訳,p.305）という記述からも明らかである。

また,同書の重要なメッセージの1つは,個人が逆境に立たされた状況下で,「良い面を見つける」（邦訳,p.315）ことで,個人の対処の仕方が変わる

と主張していることである。それを，同書では「いわば，典型的なマインドセット効果です」（邦訳，p.306）と表現している。そして，「問題はストレスではなかったのです。健康に害を及ぼすのは，ストレス自体ではなく，ストレスについてのそのような『考え方』であることが研究によって明らかになりました。さらに，ストレスについての考え方しだいで，人々の健康や寿命，幸福感，人生に対する満足度が左右されることがわかったのです」（邦訳，p.340）との結論を導出している。

　逆境に直面した時の個人の態度に関して，Tisseron（2007）やMcGonigal（2015），Sandberg and Grant（2017）と同様の主張を展開している書籍は中竹（2008）である。同書では，早稲田大学ラグビー蹴球部の監督（当時）であった著者が，その指導経験を通して実感したことがまとめられている。同書の中には「結局は，他人のせいにしてみても，誰かの慰めや助けを待っていても，その状況を打破することはできませんでした。しかし，本当はそのことも頭ではわかっていても，なかなか行動に移すことができないのが現状です。そんな時こそ，鳥の目になって，苦境をきちんと受け止め，挫折を味わう。そして，放っておくと必ず襲ってくるであろうもっと大きな恐怖を自分にきちんと教えてあげる。そうすれば，人は挑戦せざるを得なくなります」（pp.34-35）という記述や，「僕は挫折すると『この挫折があったからこそ』と思うようにしています。今はつらいけれど，振り返った時に『ああ，この経験があったから，今の成功があったんだ』と言えるように」（p.44）という記述，「物理的に起きてしまった事実は，変えることはできません。しかし，起きてしまった事実に対する解釈は，変えることができるのです。過去の失敗という事実は変わらないけれど，その失敗を『おかげ』にするか『せい』にするかは，のちの解釈＝捉え方によるということです」（pp.61-62）という記述，さらには，「最高の挑戦ストーリーを描く上で最も重要なのは，挫折を成功のきっかけに塗り替えるための想像力です。成功している未来の自分に会って対話できる想像力があれば，逆境にこそ光を見出すことができます」（p.62）という記述を確認することができるのである。

　Collins（2001）の中にも，同様の記述を確認することができる。邦訳の第4章「最後には必ず勝つ」には，同書の筆者がインタビューを行ったストックデールのエピソードが紹介されており，この記述がまさにそれを表してい

35　ストックデールは，最高位のアメリカ軍人の将軍で，ベトナム戦争中には捕虜となって囚われていた。捕虜生活期間は8年間におよび20回以上にわたって拷問を受けたと

るのである。「人生は公平ではない。時には有利な状況に恵まれ，時には不利な状況に追い込まれる。人は誰でも人生のどこかで失望を味わい，絶望的な事態にぶつかる。納得できる『理由』もなく，責任を追求できる相手もいない挫折を味わう」（邦訳，p.136）記述や「違いをもたらすのは，困難にぶつかるかぶつからないかではない。人生の中で必ずぶつかる困難にどう対応するかだ。これがストックデールから学んだ点だ。厳しい状況にぶつかった時，最後には必ず勝つという確信を失ってはならず，同時に，自分が置かれている現実の中で最も厳しい事実を直視しなければならない。このストックデールの逆説は，困難を経て弱くなるのではなく強くなるための強力な武器になった」（邦訳，p.137）と記述されているのである。

　Duckworth（2016）においても，さまざまな困難や逆境を克服した個人に関して，類似のメッセージを受け取ることができる。それは，「要するに，どんな分野であれ，成功を収めた人たちには断固たる強い決意があり，それが2つの形となって表れていた。第1に，このような模範となる人たちは，並外れて粘り強く，努力家だった。第2に，自分が何を求めているのかをよく理解していた。決意だけでなく，方向性も定まっていたということだ」（邦訳，p.22）という記述である。また，同書は，固定思考を挫折の経験が自分には能力がない証拠だと解釈すること，そして，成長思考を挫折に直面しても努力すればきっとうまくできると信じていることであると定義した上で，「私がこれまでに示したエビデンスは，すべて次のことを示している。能力を『固定思考』で捉えていると，逆境を悲観的に受け止めるようになる。そのせいで，困難なことはあきらめてしまうだけでなく，やがて最初から遠ざけるようになる。それとは逆に，『成長思考』でいると，逆境を楽観的に受け止められるようになり，そのおかげで粘り強くなれる。新しい試練が訪れても臆せずに立ち向かうため，さらなる強さが培われる」（邦訳，p.253）と結論付けている。

　さらに，一般書の中には，「ストレスに押しつぶされない（ストレスを味方にする）」「逆境を乗り越える」「失敗から学ぶ・成長する」「マイナス思考に打ち勝つ」「思考の罠を回避する（マイナス思考の袋小路に陥らない）」などのトレーニングやマインド・コントロールの方法を提示するノウハウ本も数多く確認することができる。久世（2014）やピースマインド・イープ株式会社

されている。Collins（2001）では，ストックデールとのインタビューの内容について触れられている。

(2014), Reivich and Shatte (2002), Gratton (2014) などである。Reivich and Shatte (2002) や Gratton (2014) は，日本語にも翻訳されており，このようなノウハウ本の需要は，日本のみならず，原著が出版されたアメリカにおいても，読者ニーズが高いことを示す1つの傍証となっている。

1-4 一連のレジリエンス研究から明らかになったこと
―本章のまとめ―

　本章では，1814年に遡って，レジリエンス研究の系譜を研究領域と現象（分析対象）に分類して整理してきた。研究領域レベルにおいては，1800年代には物理学や工学領域でレジリエンスの研究が行われてきていた。また，その特徴は，レジリエンスが物理的機能を表す言葉として使われ，元あった状態に戻る物理現象や復元することを表していた。その後，1900年代半ばになると，レジリエンス研究が人や生態系の議論に援用されるようになっていく。それに伴い，レジリエンスが（物質の機能を表す言葉から）能力や資質，素質そのものを表す言葉としても理解されるようになっていく。

　このような研究領域ベースでレジリエンス研究の系譜や変遷を確認すると，大きく2つのことが明らかとなった。それは，第1に，レジリエンス研究がある特定の研究領域から学際的研究に移行していくことで，新たな研究領域にレジリエンス研究が確認されるようになっていくことである。レジリエンス研究が当初は物理学研究領域で確認された後，生態系研究に援用されるようになっていったり，また，コンピュータ・サイエンスに展開していくようになっていったりしたのも学際的研究がきっかけとなっていた。それとともに，重要なことは，学際的研究がレジリエンスの表す言葉の意味や定義も変容を遂げるきっかけになっていることである。これが第2に明らかになったことである。すなわち，当初の物理学や工学の研究領域でのレジリエンス研究が，物理現象が元あった状態に戻ることや復元することを意味していた，すなわち，元の均衡点に戻ることを意味していたものの，生態学や心理学，精神医学などの個人や生物体系を対象とした研究領域においては，動的視点が重視され，（元の均衡点に収束するのではなく）新たな均衡点にたどり着くことを意味するようになるのである。

　一方で，現象（分析対象）ベースでレジリエンス研究を確認すると，いくつかの興味深いことが明らかになった。まず，環境を分析対象にした研究に

おいて，やはり生態学研究が動的視点を重視していること，そして，国連やUNISDR，OECDなどの国際機関は，環境の危機に対して3つの段階に区別して対応する必要があることが確認されたことであった．それは，予防（防災）の段階と，実際に起きている危機をマネジメントする段階，その段階を乗り越えて克服した段階である．すなわち，レジリエンス現象レベルで理解するためには，段階（ステージ）にわけて整理する必要があることを示唆しているのである．そのため，事例研究においては，この3段階を意識し，また区別して事例を記述することとする．

　地域やコミュニティーを分析対象にした研究においても，重要な示唆が得られた．それは，地域やコミュニティーが危機に直面した際には，外部からの援助というより，まず，地域住民自らが主体となって主導権を握って事態の収拾にあたることが極めて重要であるということであった．

　組織を分析対象にした研究においては，2つの大きく異なる研究が確認された．それは，安全工学やシステム工学で取り組まれている，予見されていない条件下でも，求められている動作を継続するシステムを作り上げるという「レジリエンスエンジニアリング」の研究と，組織の構造や構成員を中核に据えて組織そのものをマネジメントするという組織論的な視点で捉えた研究である．しかし，後者については，本章では，学術研究に基づく一般書から導き出されたアウトプットしか取り上げていない．なぜなら経営学そのものに関する研究の詳細に関しては，第2章で整理するためである．しかし，本章において後者に少々触れたことから明らかとなった点は，組織の仕組みや組織として共有する特徴，すなわち，組織特性を考慮する必要があるということと，組織内部の特定のタイプのリーダーに着目することの必要性があるということであった．

　個人を対象にした研究においては，学術研究と学術雑誌，一般書に分別して確認した．いずれにおいても，精神病理学や心理学，教育学をベースにして研究や議論が展開されていることを確認することができた．また，学術雑誌や学術研究をベースにした一般書で顕著に確認された傾向は，逆境や困難に対する意味付けや解釈を変えることでその事態を克服する原動力となり，この能力のことをレジリエンスと理解していたことである．その点では，個人レベルでレジリエンスを考える際には，逆境や困難に意義を見出し，自分なりの肯定的な解釈・捉え方をすることが極めて重要であるということを指摘していたのである．

第2章
経営学における
レジリエンス研究

　本章の目的は，経営学の研究領域に限定して，レジリエンス研究の系譜を確認することである。本章では，大きく2つに焦点を当てた研究を確認することとする。それは，進化論的視点を有する生態学研究から発展していった社会生態学である。その理由は，国際機関がこの視点で議論を進めていることが背景にある。もう1つは，経営学における主要な2つの学会であるAcademy of ManagementとStrategic Management Societyでの議論である。両学会が発行する雑誌をレビューすることで，これまで，世界的に名高い経営学の学会でいかなるレジリエンス研究が行われ，蓄積されてきているのかを確認するためである。

2-1　社会生態学の系譜[1]

　1990年代後半から，生態学の学問領域におけるレジリエンス研究では，基本的な論調に変化が少しずつ生じていた。それは，そもそもダーウィンの進化論（Darwin, 1859）に端を発する純粋な生物学の進化論という観点からの生態学から展開して，地域や社会，人類の観点から生態学を位置付けなおすという変化である。2000年頃になると，その傾向はより顕著となり，生態学の学問領域でのレジリエンス研究と，地域や社会における人間を捉えた研究を融合する研究も現れ，新たな学問体系に発展した。それが，社会生態学，すなわち，Socio-Ecological System（SES）と呼ばれるようになった領域が徐々に確立していくことになる。また，生態学に軸足を置いていた研究者らが，その軸足を少しずつ社会生態学にも向けていった軌跡も刊行された論文

1　本節の記述は，水野（2017）を参考に，加筆修正を加えたものである。

図表2-1 生態学に関する代表的な研究の整理

出版年	著者	学問領域
1961年	Boccardy and Cooper	生態学
	Holling	生態学
1973年	Holling（1973a）	生態学
1996年	Holling	生態学
1998年	Peterson, Allen and Holling	生態学
2000年	Adger	社会生態学
2002年	Folke, Carpenter, Elmqvist, Gunderson, Holling and Walker	社会生態学
2003年	Elmqvist, Folke, Nystrom, Peterson, Bengtsson, Walker and Norberg	生態学
2004年	Walker, Holling, Carpenter and Kinzing	社会生態学
2005年	Hughes, Bellwood, Folke, Steneck and Widson	生態学
2005年	Adger, Hughes, Folke, Carpenter and Rockstrom	社会生態学
2006年	Folke	社会生態学

出所：筆者作成。

を追うことで確認することができる（図表2-1）。

　社会生態学の初期の代表的な研究として，Adger（2000）を挙げることができる。同研究では，生物学的レジリエンスと社会学的レジリエンス[2]がコミュニティーのエコシステムや経済的活動を基盤としていることや，人類が環境（生態系）の資源に依存していることから接続性があるという着想をしている。その立場のもと，生態学と生態学的経済，および都市社会学との（学問的）接続性のレビューを試みた上で，ベトナム北部のマングローブの森の事例を検証している。自由市場での取引（生態学的視点から見た経済活動）とマングローブの保全（生態系やエコシステムの循環）という観点から，エコシステムを崩壊させかねない危機をどのように乗り越えるのかという意味

---

[2] 同論文で興味深い点は，レジリエンスが多義的に捉えられてきたことに言及した上で，それまで蓄積されてきたレジリエンス研究が，何らかの変化に適応した結果，システムそのものが変わったのか，あるいは，安定的状態になったのかの議論が行われていることである。なぜなら，この議論はその後の研究成果として刊行される Walker, et al.（2004）や Folke, et al.（2010），また，OECD のガイドラインにおける「適応能力」（adaptability と transformability）いうシステムの安定および均衡か，あるいは，異なるシステムの再構築かという研究の議論に結びついていると容易に推測されることである。

で社会的レジリエンスを考察しようとしたのである[3]。

　また，マングローブの保全に関しては，政府が政策を施行したことによって自然の変化に歯止めをかけることができたこと，すなわち，政策立案によって社会的レジリエンスを高めることが可能になったことにも注目しており，生態系の安定性とレジリエンスを考える上で，政策面の果たす役割が大きいことを指摘している[4]。この点を鑑みると，生態学研究から社会生態学研究に変貌を遂げた研究は，第1章の1-3-1の②③④でも指摘したように，その後，国連が進めたUNISDRのような防災の活動や，OECDが提示するレジリエンスのガイドラインなどといった国際的かつ政治的な活動に大きな影響を与えたことが推測される。

　さらに，このような論調を展開するAdger（2000）などの研究に対して，アメリカ政府やイギリス政府が研究助成をしているということも，政府や国際機関がこの論調を支持していることを傍証している。このような経緯とそれらの期間の成果物の論調を鑑みると，政府や国際機関におけるレジリエンスに関する立脚点は，社会生態学にあるといっても過言ではないことがわかる。

　こうして，Adger（2000）以降，後のUNISDRやOECDの基本的立場に大きく影響を与えることになる社会生態学におけるレジリエンス研究が蓄積されていき，社会生態学関係者らが主張する論理の構造が一層明確になっていく。それは，Walker, Holling, Carpenter and Kinzing（2004）やAdger, Hughes, Folke, Carpenter and Rockstrom（2005），Folke（2006），Folke, Carpenter, Walker, Scheffer, Chapin and Rockstrom（2010）などの一連の研究からもうかがい知ることができる。

　これらの研究では，社会生態学の構成要素（視点）として，レジリエンス（resilience）と適応能力（adaptability），そして変態能力（transformability）を挙げている。レジリエンスは危機や外部環境の激変のショックを吸収し，継続的に組織を再編・適応することができる能力と定義されている。すなわち，社会生態学研究におけるレジリエンスは，組織そのものを組み替える（変革

---

[3] より具体的には，生態学的レジリエンスは環境のエコシステムの循環（再生機能）を表しているのに対して，マングローブの森周辺住民にとっては，外部環境の圧力やストレス（事例に即して表現すると，自然環境の変化）からコミュニティーの安定性を維持するという意味で社会学的レジリエンスであるとし，この2つは相互に関連性があると主張している。

[4] この研究もまた，イギリス政府の研究助成を受けて行われているということを注記しておくこととする。

する)という視点を前提としていることがわかる。そして，適応能力はレジリエンスの一部であるとして，組織の外部や内部の変化に対して構成員が対応する能力と定義されている。そして，変態能力は新たな状況に適合できる根本的に新たなるシステムを作り出す力と定義されている。すなわち，社会生態学研究では，社会そのものを分析の単位として，社会システム自体までをも変革することまで念頭に置いていることがわかる。このような研究に対する基本的立場は，社会生態学研究を支持する主体が国際機関であるからこそであるといえよう。また，これらの論文では，3つの力(能力)を社会的に醸成する必要があることを強調していることが共通の見解となっている。[5]

2-2 AOMとSMSの主要ジャーナルに採択された　　レジリエンス研究

　経営学においても，少しずつレジリエンスに関する研究が確認されるようになってきている。Academy of Management Journalのエディターらは，エディトリアルにおいて「リスクを逆境として捉え，これらは予測できないにもかかわらず瞬時の判断が求められる。我々が直面する時代そのものである。このような環境下で，長期的ストレスや変化，不確実性にめげずにショックを吸収し，修復する力，および，修復するシステムを構築すること」(van der Vegt, Essens, Wahlstrom and George, 2015)とレジリエンスを定義して，経営学においてもレジリエンス研究を蓄積することの重要性を指摘している。このエディトリアルで強調されているのは，組織の側面とマネジメントの側面でレジリエンスの研究を進めることである。より具体的には，前者は組織間関係の視点でレジリエンス研究を蓄積することの重要性であり，後者は構成要素や構成要素間の可能性，それぞれの軌跡を緻密に記録して記述することの重要性である。

　また，特に，マネジメントの側面からレジリエンス研究を進める場合には，構成要素や構成要素間の関係，それぞれの軌跡を1つひとつ丁寧に記録し記述すること，そして，それらの測定方法に十分留意しなければならないことを指摘している。さらに，このような研究を進める際には，時系列で整理して

---

[5] しかし，その後，レジリエンスが明記されたOECDの解釈では，3つの能力が吸収能力(absorptive capacity)と適応能力(adaptive capacity)，そして，変態能力(transformative capacity)と表記されるようになっている。

解釈することも有効であるとの見解を示している。以上から，本書では，組織を分析の単位とした経営学におけるレジリエンスの研究を追求することとする。

そこで，経営学の領域にどのようなレジリエンス研究を確認することができるのか，国際的に著名な2つの学会が発行する9つのジャーナルで検索した結果（2018年7月14日現在）[6]が図表2-2である。図表2-2では，"resilience"の単語が論文中に使われている数と，タイトルに"resilience"が含まれている数，要約に"resilience"が含まれている数を示している。[7] 空欄（スラッシュ表記）は，検索結果が確認できなかったものである。図表2-2の数字から興味深い事実が明らかとなる。それは，年に1回（主にアメリカで）開催される Academy of Management の場で発表するために提出する原稿が掲載される Academy of Management Proceedings のタイトルに，レジリエンスの言葉を多く確認することができるという点に起因することである。すなわち，レジリエンスに関する研究の多くは，まだ主要なジャーナルに受理されてはいないということである。これは，これからレジリエンス研究が増えてくることを予測させる。この意味で，2018年7月の段階では，経営学におけるレジリエンス研究が「夜明け前」であることをうかがい知ることができる。

また，文献レビューに関して，Academy of Management Global Proceedings と Academy of Management Proceedings は，学会発表のためのプロシーディングスであるために省略する。さらに，検索結果には現れるものの，何らかの理由でダウンロードができない，そして，インターネット上で検索する上で論文を特定するために不可欠な情報が欠如しているものが3本あることを断っておく。それは，Academy of Management Annals の2本（Kossek and Perrigino, 2016; Williams, Gruber, Sutcliffe, Shepherd and Zhao, 2017）[8] と Academy of Management Learnig and Education (Gonzalez-Lopez, Perez-

---

6　経営学の論文で比較的引用される Organizational Behavior と Administrative Science Quarterly についても，参考のために検索してみた（2018年7月14日現在）。すると，Organizational Behavior は，125の論文で用語が使われ，タイトル数は1論文，要約に至っては，0本となっている。また，Administrative Science Quarterly については，54の論文で用語が使われ，タイトル数は1本，要約は2本となっていた。しかし，タイトルについて調べてみたところ，書籍のレビューであって論文ではないため，正確には，Administrative Science Quarterly に掲載されたレジリエンス研究はないということになる。

7　検索は，"resilience"と入力したものの，検索結果には，resilienceのみならず，resiliencyやresilientも含めた単語が含まれている（2018年7月14日現在）。

8　両論文については，掲載ページを確認することができなかった（2018年7月14日現在）。

図表2-2　主要ジャーナルでのレジリエンス研究

ジャーナルタイトル	単語	タイトル	要約
Academy of Management Journal	87	5	1
Academy of Management Review	111	1	4
Academy of Management Annals	32	2	0
Academy of Learning and Education	41	1	1
Academy of Management Discoveries	14	0	0
Academy of Management Perspective	56	0	0
Academy of Management Global Proceedings	3	1	0
Academy of Management Preceedings		88	424
Strategic Management Journal	49	2	2

注：2018年7月14日現在。
出所：筆者作成。

Lopez and Rodriguez-Ariza)[9]の1本である。

　以上を踏まえた上で，改めて図表2-2を確認すると，2018年7月14日現在，経営学の研究領域における論文のタイトルや要約を見る限り，査読付き主要ジャーナルのレジリエンス研究は，それほど多くはないことが確認される。本書のこれまでの文献レビューの経験を踏まえると，タイトルや要約にレジリエンスという言葉が出てくる場合には，レジリエンスを単なる用語として利用している可能性は低く，レジリエンス研究そのものである確率が高いと判断して1つひとつレビュー確認してみることとする。その際，（個人を研究の単位にするのではなく）第一義的には組織という単位を議論の中心に据えて考えていくことにする。

　まず，要約にレジリエンスという単語が登場するジャーナルを確認することとする。*Academy of Managent Journal*の要約にレジリエンスが登場する論文は，Reay, Goodrick, Waldorff and Casebeer（2017）である。

　Reay, Goodrick, Waldorff and Casebeer（2017）には，要約も含めて11回のレジリエンシーを含めたレジリエンスが登場する。同論文では，一般的には医師のような専門家に求められる役割に派生する医師としてのアイデンティティー（professional role identity）は，社会的そして制度的に定められているため，聖書のエレミア書（エレミアの予言）のように，本質的資質は変

9　同論文については，掲載年も掲載ページも確認することができなかった。

わらない（Can the leopard change its spots ?）と思われている「常識」に，カナダのヘルスケアシステムの定性的調査を通して一石を投じた論文である。

同論文の定性的調査では，セミ・ストラクチャード・インタビューを行った上で2段階のコーディングを行って論理を導出している。マネジャーや看護師とのインタラクションや多様な視点やバックグランドを持ったチームの活動によって，4つの要因が医師の役割に派生する医師としてのアイデンティティーを変化させるとの結論を導き出した。医師としてのアイデンティティーを変化させる要因としては，背後のロジックの影響が明らかとなる，すなわち，暗黙知が形式知化されることを表していること（revealing the influence of a hidden logic），チームに建設的なコンフリクトが起こること（reinforcing the conflict between logics），発生した出来事やロジックの意味をリフレーミングすること（reframing the meaning of dominant logic），ロジックを新たな文脈で捉えなおして改めて埋め込みを行うこと（re-embedding new arrangement of logics），が挙げられている。

以上から，同論文は，医師のアイデンティティーを形成する性格・要素のことをレジリエンシーと表現しているに過ぎず，組織を分析の対象にしたレジリエンスそのものの研究であると判断することはできないといえよう。

*Academy of Management Review*の要約にレジリエンスの用語が登場する論文は，London（1983）とLawrence and Maitlis（2012），Kahn, Barton and Fellows（2013），Vough and Caza（2017）である。

London（1983）には，要約も含めてレジリエンスが19回登場する。同論文は，従業員のキャリアに対するアイデンティティーに大きな影響を与えるキャリア・モチベーションのモデルを構築した研究である。キャリア・モチベーションを左右する決定要因として，「キャリア上の意思決定やこれまでの行動」「個人の特性」「状況依存性」の3つが挙げられている。そして，「個人の特性」に関連する要素（ドメイン）として，「自身のキャリア・アイデンティティー（career identity）」「自身のキャリアに対する現実的な理解（career insight）」「自身のキャリアで起こりうるさまざまな状況に対応する力（career resilience）」が挙げられている。以上から，同論文は個人の特性の1つとしてキーワードであるレジリエンス（能力）を挙げているに過ぎず，組織を分析の対象にしたレジリエンスに関する研究ではないことが明らかとなった。

Lawrence and Maitlis（2012）は，要約も含めてレジリエンスが29回登場する。同論文は，組織における倫理的・道徳的な配慮（ethic of care）につ

いての研究である。理論の検証がないコンセプト・ペーパーとして位置付けられている。理論的フレームワークに関しては，倫理的・道徳的な配慮がある組織は，より組織のチームのレジリエンスが高まり，組織の繁栄をもたらすと主張している。同論文もまた，レジリエンスに関する研究というよりも，「組織のチームのレジリエンス」を組織のチームの強さを表すキーワードとしてレジリエンスを挙げているに過ぎないと判断されるのである。

Kahn, Barton and Fellows（2013）では，要約も含めて13回のレジリエンスが登場する。同論文は，危機に対するマネジメントの理論に関する研究である。同論文は理論の実証がないコンセプト・ペーパーである。ただし，組織が直面する危機への対応やマネジメントにおいて，関係性が重要であり，その対応プロセスを通じて，組織がレジリエントになる（＝組織が強くなる）ことを主張している。同論文は，レジリエンスに関する研究というよりも，組織の危機マネジメントの重要性を主張することにのみ焦点が当てられており，組織が強くなることにレジリエンスという表現を使っているに過ぎないと判断されるのである。

Vough and Caza（2017）では，要約も含めてレジリエンスが34回登場する。個人を分析の対象とした，キャリア（昇進）についての研究である。キャリア・アイデンティティーに基づいてキャリア志向の個人がなぜ昇進を断るのかの理由をモデル化している。同論文も理論の実証がないコンセプト・ペーパーにとどまっている。同論文も，キャリア志向の個人の逆境や過去の挫折に耐える力としてレジリエンスという表現を使っているに過ぎないと判断される。

Strategic Management Journal の要約にレジリエンスが登場する論文は，Dai, Eden and Beamish（2017）とGao, Zuzul, James and Khanna（2017）である。

Dai, Eden and Beamish（2017）には，要約も含めて50回以上のレジリエンスが登場している。海外に進出している多国籍企業が，進出先の現地で内紛や戦争などの外部の脅威が発生した際に，どのような企業行動を選択するのかに焦点が当てられている。そして，同論文の特徴的な点は，政治的リスクの観点ではなく，資源ベースの視点に基づいた理論とリアルオプションの理論の両面から，企業の外部環境の変化に対して企業が選択する企業行動を分析しているところである。

より具体的には，外部環境の脅威が発生した際に多国籍企業がとる選択肢

を，危険に身をさらす選択（expose）と，リスクに対する資源を準備する選択（at-risk resources），発生している事態に対処しようとする能力であるレジリエンスで対応する選択（resilience）の3つの側面から明らかにしようとしている。すなわち，多国籍企業が，脅威に対して真正面から対応するのか，あるいは，リスクとして回避するのか，さらには，抵抗するのかを，多国籍調査の定量的調査をもとに数理モデルを導出して検証している。以上から，同論文は，レジリエンスに関する研究というよりも，外部のストレスや困難に対してどのように対処するのかの選択肢としてレジリエンスという用語が用いられているため，レジリエンスの研究と判断することはできないといえよう。

　Gao, Zuzul, James and Khanna（2017）では，要約も含めて17回のレジリエンスが登場している。同論文は，新興国市場のような制度が未整備な環境下において，事業を展開する際に重要な要素について，南アメリカやアフリカ，南アジア，中東地域に事業を展開した69名の起業家や企業のリーダーに対して行った定性的調査をもとに検証している。定性的調査分析を通して明らかとなったのは，制度が未整備な環境下においては，評判が極めて重要な指標となっており，評判が取引の信頼性に結びつくことを主張している。ここでいう評判を構成する要素は，卓越していること（prominence），本質を見抜く力があること（perceived quality），ストレス耐性を有していること（resilience）である。

　また，企業の評判が高いと取引に関する信頼性も高くなるので，危機に直面した時には防御メカニズム（脅威に対して緩衝すること）を機能させることができるようになる一方，機会が訪れた時には積極的メカニズム（新たな機会をつかむこと）を機能させることができるようにもなり，取引の質も高まるという論理を主張している。このようなメカニズムが機能することで，新興国市場に進出した企業にとっての外部環境に衝撃が起こった際にも，その激変に耐えることができる組織となることを強調している。これらの点から，同論文は，評判を構成する要素として，現地で発生した出来事に対してそれをしなやかに受け止めて対処する表現としてレジリエンスという用語が当てられており，レジリエンスの研究と判断することはできないといえよう。

　以上から，ジャーナルの要約にレジリエンスという単語が登場していたとしても，レジリエンスに関する研究，あるいは組織を分析の対象としたレジリエンス研究としてどれも位置付けられていないことを確認することができ

たのである。それでは，次に，ジャーナルのタイトルにレジリエンスという単語が使われている論文をレビューしてみることとする。

*Academy of Management Journal*には，5本の論文のタイトルにレジリエンスが登場している。しかし，そのうちの1本は先述したエディトリアル（van der Vegt, Essens, Wahlstrom and George, 2015）であるために，実質的には4本の論文にレジリエンスが用いられていることになる。それは，Shin, Taylor and Seo（2012）と Williams and Shepherd（2016），Rao and Greve（2017），Stuart and Moore（2017）である。

Shin, Taylor and Seo（2012）では，従業員の組織に対する誘因と従業員自身の心理面のレジリエンスに着目し，この2つの要素が組織の直面する変化を克服する際に重要であることを定量分析で測定して検証している。そもそも，従業員は組織的変化が起こった際には，マイナスの反応を示すことが多い。なぜなら，組織的変化が起こる前までに従業員個人が築き上げてきた重要な資源が脅かされるという心理的抵抗が生じるためである。これをどのようにして克服しているのか，そして，また，組織の構成員が変化にどのようにコミットメントし続け，このプロセスで従業員がどのような影響を受けるのかについて，韓国のIT企業を事例に検証しようとしたのである（ただし，変化の激しいIT業界に身を置く組織であるというバイアスの偏りが大きいことについては，否定することはできない。この点は，同論文の筆者らも研究の限界として認めている）。

まず，組織的変化に際しては，従業員の2つの要因（資源），すなわち，組織に対する誘因（文脈的な要素）と従業員の心理的レジリエンス（個人的な要素）が重要であるとした上で，組織的変化に対応するためには，両方が高いことが望ましいということである。また，同論文では，2つの法則が働いていることを突き止めている。それは，1）従業員が組織的変化に対してマイナスの拒否反応を示すことなくコミットし続けるためには，変化が組織にプラスの効果をもたらすことを宣言して従業員に変化に対する理解を求めることと，2）この変化への対応プロセスを通じて，組織と従業員の間に社会的交換，すなわち，相互信頼や，組織的変化に対応する従業員に対する組織の恩義があるからこそ，従業員による組織への誘因に結びつき，組織的変化に対する従業員のコミットメントが得られること，である。ただし，この際，従業員のコミットメントを左右するのが，従業員の心理的なレジリエンスのレベルであって，それまで個々の従業員が人生においてどの程度の変化をマネ

ジメントしてきたのかが重要なポイントとなる。したがって，組織構成員の心理的レジリエンスのレベルが高ければ，困難や発生した物事に対するストレスに対して肯定的に捉えて対応することが容易となる。また，その際，組織的変化に対応する間，従業員がプラスの心理状態を保つ経験を持つことがコミットメントを（維持して）強めるポイントとなる。やはり，従業員の心理的なレジリエンスが高ければ，組織的変化の間，自らの経験に照らし合わせてプラスの心理状態でいられるために，組織の変化に対して強くコミットすることができるという論理が導出されることを強調している。

同論文で指摘されている興味深い点の1つは（著者らもこの点を最も大きいインプリケーションとして強調しているが），定量分析を通して従業員のコミットメントを規範的なものと感情的なものに区別しており，組織的変化に対する規範的なコミットメントは，（感情的なコミットメントよりも）これから従業員がどのような行為を取るのかかなり的確に予測することが可能であると主張していることである。特に，組織的変化に対する従業員の規範的なコミットメントは，従業員の行為的そして創造的な支持があるとプラスの関係として確認され，このような組織においては離職者が少ないことにも結びついていることが明らかとなっている。それに対して，従業員の感情的なコミットメントに対しては，この限りではないことが明らかになっている点を強調している。

同論文は，分析の単位を単一組織に充ててはいるものの，その論点は組織内の従業員の心理的ストレス耐性と従業員が働く組織に対する誘因に当てられており，組織の変態や組織による新たな均衡点への到達の議論ではないことが確認される。したがって，同論文は，組織のレジリエンスというよりも，構成員の心理的レジリエンスとして捉えている論文であるため，組織を第一義的な単位として捉えたレジリエンスの研究とは言いにくいと判断することができよう。[10]

Williams and Shepherd（2016）は，災害時のマネジメントに焦点を当てた論文である。同論文では，2010年1月12日に発生したハイチでの地震をうけて組織化された地元の起業家（起業団体）が地域の被災により被った被害を軽減するために，どのような復興のための事業を立ち上げ，再起をかけたのかを丁寧な聞き取り調査（定性的なセミ・ストラクチャード・インタビ

---

10 確かに，構成員の心理的レジリエンスが結果的に組織のパフォーマンスを高めるという点に鑑みると組織的レジリエンスと言えなくもないという判断も可能ではあろう。

ュー）をもとに6つの起業団体を大きく2つのタイプに分けて分析を加えている。ハイチのこの地震は，Inter-American Development Bankが「これまでにどの国も経験したことのない壊滅的な被害をもたらした悲惨な地震」と表現するほどの被災に見舞われた。同論文では，地震後に何が起こったのかの軌跡（プロセス）を分析しているのである。調査対象とされた起業団体は，1）被災者の逼迫した状況に直接的に対処するために発生した（組織化された）グループであること，2）地震が起きた数時間あるいは数日後に発生した（組織化された）グループであること，3）ルールや取引を自然発生的に含んでいる認識された組織化を遂げていること，4）災害によって被災した地域で創設されて業務を行っていること，を条件として選定している。第1の起業団体は，現状維持型ベンチャー（sustaining venture）で，人としての基本的な生活の支援や生きるためのニーズを満たすことを活動方針としている団体である。より具体的な支援内容としては，食糧や水の提供や避難場所の確保などが含まれている。第2の起業団体は，生活変態型ベンチャー（transforming venture）で，発足当初の数か月は被災者の基本的な生活の支援を行うものの，長期的には，被災した個人が自立できるよう支援して自己レジリエンスを高めて，被災者自身が自立的生活を送れるよう支援する団体である。そのため，このタイプの起業団体は，被災者に対して，自立を促すという観点から，職業訓練の場や再教育の場を提供するなどの支援も行っている。

　これらの2つの団体を，創立者のみならず，従業員や顧客も含めたセミ・ストラクチャード・インタビューを行い，2段階のコーディングを行って，理論的なコードを解析し，理論的なフレームワークを導出している。2つの団体に対してコーディングの結果から導き出された5つの要素（Alleviation of suffering, Potential opportunities to alleviate suffering：POTAS, Social resources, Founding mindset, Resourcefulness）を比較検討するとともに，地域および地域住民が災害から復興するプロセスを検証している。これらの復興の経路を明らかにして，災害から再起するベンチャー・モデルを提示している。被災した状況で地域の再起をかけて何とかしなければならないという両タイプの起業家のマインドセットと，（NGOなどの）外部の協力者を得て集められた社会的資源をもとに地域の再生・再建に取り組み，悲惨な被災状況を軽減させる機会に結びついている。また，それによって，前者の団体は「現状維持」，後者の団体は「被災者の人生の変態（自立）」を促し，新たな社会的資源の獲得につなげるフィードバックループを成立させているという被

災地のレジリエンス（被災地復興）をもたらすベンチャー・モデル，すなわち，復興のためのステップを示している。前者の団体は，ハイチならではの歴史を引きずったタイプの団体であるがゆえの支援のタイプであるとの記述がそえられているが，被災地および被災者の長期的な自立や地域の再建を考えると後者の団体の方が，自律性を高め，自己のレジリエンスを高める手段としては有効的であると結論付けている。

同論文は，分析の単位をハイチという国（地域）として，特に生活変態型ベンチャーの活動を通してハイチの地域住民が自立的生活を送れるようになったこと，かつ，地域住民が自活することのできる仕事を得ることで自己レジリエンスを強化することができたことから，地域の新たな均衡点に到達するプロセスが（コーディングの結果明らかとなった5つの要素を踏まえて）明らかになったと判断することができよう。また，新たな地域の均衡にたどり着いたという観点からは，地域のレジリエンスについての研究であると判断することができるであろう。

Rao and Greve（2017）では，1918年から1919年にノルウェーで感染病の1つであるスペイン風邪が流行した現象を事例にして，コミュニティーに与えた影響を定量データをもとに分析し，2つのメカニズムを提示している。それは，災害を原因とした（地域の循環および再生の）フレームワークに基づくコミュニティーメンバーに与えるレジリエントなコミュニティーのメカニズムと，非営利組織のコミュニティーにおける市民能力（civic capacity）に関するメカニズムである。

ここではコミュニティーの事例として，流通協同組合を挙げている。流通協同組合の活動とは，地域住民が協調することの重要性を基本的に認識した上で組織された一般的日用品を扱う店舗の運営であり，また，地域住民による互助精神とコミュニティーのリスクを相互に担保する仕組みでもある。[11] コミュニティーのメカニズムに関しては，感染症が蔓延し，死亡率が高まった時，コミュニティーや地域住民はどのような行動を取るのか，そして，コミュニティー内部の信頼関係や相互関係は機能するのか，コミュニティーの絆はどう変化するのかを検証している。一方で，コミュニティーを構成する市民能力に関するメカニズムに対しては，感染症が蔓延し，死亡率が高まった時において，市民能力に支えられた地域コミュニティーは，組織の能力や組織の

11　日本の事例で例えるとすれば，生活協同組合（生協）のような組織であるといえよう。

再生に対して，短期的のみならず長期的にもコミュニティーにどのような影響を与えるのかを検証している。その結果，明らかとなったのは，災害発生時には他のコミュニティーのメンバーに対しての協力関係が薄くなり，疑念や不信を抱きやすくなること，そして，長期的な組織を構築する意識が低くなることが明らかとなっている。

その一方で，災害が起きた時，これまで育成されてきた協同体は運命共同体としての本質を喚起する行動をとっていることが明らかとなり，このような発見は，災害が単に心理的な影響を与えるのみならず，社会的な構築を伴う現象ともなっていることが明らかとなった。したがって，市民能力に関する研究においても，社会的能力を高めるようなコミュニティーが互助的であり，レジリエントであることが確認されている。

また，ノルウェーにおいてスペイン風邪の流行により死亡率が増加した際，流通協同組合の編成が短期的のみならず長期的に見ても減少する一方で，組織化されてから長い協同組合では，信頼と強い社会的つながりに基づく協調関係が発揮されることも定量データの検証で明らかとなっている。コミュニティーの中には，この時期に赤字を出した組織があり，この協同組合は，ノルウェー的なコミュニティーの能力が低下し，スペイン風邪に襲われてから25年後に新たなコミュニティーとして再建された事例もあった。したがって，感染病の急激な拡大は（地域への短期的な影響のみならず），コミュニティーの組織の活力に対しても長期にわたって地域に影響を与え続けることが確認されている。

以上から，同論文では，分析の単位をノルウェーで発生したスペイン風邪により影響を受けた地域のコミュニティー（組織）に設定して，外部環境で発生した急激なマイナスの現象に対してコミュニティー（組織）がどのような影響を受けるのかについて定量的に分析していることが確認された。このことから，地域内のコミュニティーを分析対象にしており，組織のレジリエンスをダイレクトに捉えた研究であるといえよう。

Stuart and Moore（2017）は，レジリエンスを「（チームが逆境に対してパフォーマンスを維持する）チームの強さ」「チームの再起力」という用語として用いており，論文の詳細を確認すると組織が，レジリエンスそのものに関する研究とはいいがたいが，興味深い現象をテーマとして扱っている。プロのホッケー（ナショナルチーム）を事例に，公式的なルールを破って不正で乱暴なプレーをする選手がチームに与える影響を定量的に分析している。カ

ナダの放送局がオフィシャルに公開しているウェブサイトに記載されている選手の負傷に関するデータを用いて，チームのパフォーマンスにどのような影響を与えているのかを検証しているのである。

　不正なプレーをする選手については，選手自身がその行動に対して高いリスクを負っているがために代替することが難しいことや，このような（負の）知識を他のチームメンバーに移転することも容易ではないため，独特の特性があると指摘している。一般的に，チームのレジリエンスとは，長期にわたってチームの成績の後退や逆境に直面した時に確実にその状況から立ち直り，チームのパフォーマンスを高める能力を示しているが，不正なプレーをする選手の存在がチームのパフォーマンスを発揮するための頑健性（の基盤）が脆弱になることを確認している。より具体的には，不正なプレーをする選手が，チームのパフォーマンスをぶち壊す存在となってしまうこと，不正なプレーをする選手が去った後のチームの更生・再生のスピードを遅らせてしまうことを表している。すなわち，不正なプレーをする選手の存在は，チームにとって，確かに泥臭いアンフェアな戦いによって一時はチームに勝利をもたらす存在となり，代替が難しい存在となり得るが，長期的にチームのパフォーマンスを発揮することやチームとしての公正性を維持することの側面からは，不正なプレーをする選手は，チームにとって「禁断の果実」であることを如実に表している研究であるといえよう。[12]

　また，同研究でもう1つ重要な指摘は，不正なプレーをする選手は，選手生命が短いという点である。この論文のタイトルの中にレジリエンスを確認することができるものの，レジリエンスの論理を追究したものではないため，本節での分析の対象からは外れる研究となっている。

　Academy of Management Review には，1本の論文のタイトルにレジリエンスが登場している。それが，Kahn, Fisher, Heaphy, Reid and Rouse（2018）である。同論文は，分析の単位を組織として，組織内部に焦点を当てたレジリエンス研究である。ただし，コンセプト・ペーパーにとどまっている。[13] 組織のレジリエンスを，逆境に直面しながらも緊張を吸収し，組織内部のそれぞれの機能を統合（改善）させる能力であると定義している。組織が逆境に直

12　著者らは，この研究テーマはビジネス界においても同様のことであるとして，企業に対しても警鐘を鳴らしている。
13　これは，*Academy of Management Review* にアクセプトされた論文であることの特性も大きい。

面すると緊張が生じたり，知らぬ間に組織に緊張がもたらされたりする。この組織にもたらされる緊張のことを「緊張の地図（geography of strain）」と呼び，この組織の緊張をいかにして組織の中核的な部分（focal part）に統合し，組織全体の統合に結びつけていくのかが議論されている。そのプロセスには３つの経路（pathway）があるという。それが「統合（integration）」「否認（disavowal）」「再生（reclamation）」であると主張している。「統合」とは，組織の中核的な部分にシンクロさせることで，全体としてのレジリエンスを高める経路である。「否認」とは，組織の中核に接続していない（辺境）部分が抱える緊張の断片を組織から区別する（取り除く）ことである。このプロセスが組織的レジリエンスを高めるために必要な作業となる（この存在を無視することで，組織的レジリエンスは弱くなるとも主張している）。「再生」は，組織の（辺境）部分を中核的部分へと距離を近付けたり統合したりする経路である。これらの３つの経路を経て，組織的レジリエンスが形作られる，すなわち，組織に生じた緊張を吸収する能力を醸成することになると主張している。

　組織が危機に直面すると，組織のどこかに緊張が忍び寄る。組織全体としてその事態に対して適応しようとするものの，逆境に対して組織に跳ね返る力が発生してしまう[14]。この忍び寄る緊張こそが組織的レジリエンスの原点となっている。そして，この緊張によって組織にもたらされる歪みが組織を分解させてしまうため，この緊張を吸収する必要があるとの立場を強調する。

　同論文の貢献としては，緊張の組織地図という概念を示したこと，そして，組織的レジリエンスの醸成の過程を時間軸（経路）で示したことである。ただし，時間軸を考える上では，緊張が組織に包含されていくタイミングも重要であることから，この点に対しては，実証研究を待ちたいと思うと結論付けている。しかし，同論文は，組織的レジリエンスと言いながらも，論点は組織内部だけに当てられている上に，組織内部の逸脱した勢力をどのように中核に引き寄せるのかの議論に着目して論理が展開されている。これは，すなわち，「統合」「否認」「再生」がすべて組織の内部だけの議論にとどまっていることを意味している。以上から，同論文では，組織の外部や環境との相互作用が全く考慮されておらず，組織そのもののレジリエンスに焦点を当てた研究ではないと判断することができよう。

14　しかしながら，多くの学者はこのことに対して着目していないとして，警鐘を鳴らしている。

図表2-3　掌握の戦略と統治の戦略のマトリクス

「掌握の戦略」	＜不安定なレジリエンス＞ 特徴：早い成長に焦点・組織内部の非効率性と脆弱性を内包 主要戦術：孤立化による弱体化・前哨戦	＜優位性を持つレジリエンス＞ 特徴：バランスのとれた成長・複雑性や拡大に対する脆弱性 主要戦術：省力化・強みの発揮・孤立化による弱体化・前哨戦
有		
無	＜持続不可能なレジリエンス＞ 特徴：焦点が不明確・内部闘争の勃発と外部からの脅威に直面 主要戦術：戦略なき戦術	＜縮小化を通じたレジリエンス＞ 特徴：有機的成長・拡大や人数拡張に対する脆弱性 主要戦術：強みの発揮
	無　　　　「統治の戦略」　　　　有	

出所：Carmeli and Markman（2011）を筆者が一部修正。

Strategic Management Journal には，2本の論文のタイトルにレジリエンスが登場している。それは，Carmeli and Markman（2011）と Ortiz-De-Mandojana and Bansal（2016）である。

Carmeli and Markman（2011）では，古代ローマが周辺諸国の脅威に直面しながらも長きにわたって覇権を握り続けた，すなわち，組織的レジリエンスを維持することができたのは，掌握の戦略と統治の戦略の両方を同時に満たしたことと，4つの戦術（統治の省力化による戦力と国力の維持，強みを発揮する態勢の構築，統合した植民地を孤立化させて結託させない，前哨地点を継続的に進める方針）を実行していたことにあると主張している。同論文で興味深い点は，組織における掌握の戦略と統治の戦略の有無をマトリックスにしてレジリエンスのタイプを提示していることである（図表2-3）。

このマトリックスから，「持続不可能なレジリエンス」は戦略なき組織であって衰退するしかないこと，「不安定なレジリエンス」だけでは拡大路線を取っていけるとしても組織の内部崩壊を招きかねないこと，「縮小化を通じたレジリエンス」は積極性のない戦略であり組織の内向き志向を高めるだけであること，「優位性を持つレジリエンス」こそが生き抜き持続的成長を遂げることができる組織となることを確認することができる。

古代ローマは，「優位性を持つレジリエンス」に位置付けられていたから

こそ，そして，このレジリエンスの蓄積が古代ローマをより強くしたからこそ，長期にわたって持続可能な組織であり続けたと結論付けているのである。そして，このマトリックスは，今日的企業の戦略にも適合的であると主張している。

　この論文では，1,000年以上にわたり，古代ローマという国が組織として存続したことをレジリエンスが高いとしている。外部環境の脅威にさらされながらも，また，時には支配力が低迷する時期がありながらも，2つの戦略と4つの戦術を実践して組織を持続させてきた。すなわち，同論文は，外部環境の変化に対しても適応し持続的な成長を遂げることができる組織について，古代ローマの戦略の事例を通して理解しようとしているのである。

　このように考えると，同論文は，単一組織を分析の対象として，外部環境や外部主体の影響を受けながら生存と発展を遂げるために適応し続けた組織を分析していることになる。組織そのものの変貌や再生，組織の新たな均衡点への到達に焦点を当てた論文ではないことがわかる。

　Ortiz-De-Mandojana and Bansal（2016）については，社会的・環境的実践（social and environmental practices）を多く積んだ企業が，長期的には財務的不安定性が低く，成長率も高く，生存率も高いことを定量的調査から導出し，その理由を，社会的環境的実践の蓄積が，組織的レジリエンスを高めるためであると結論付けている。同論文で意味している組織的レジリエンスとは，組織が環境に対して予測し，適応する知識の蓄積であると定義して，（静的な属性ではなく）経路依存的で，事前には意図していなかった最悪の事態に対しても組織として認知し，対応することのできる非可視的能力であると定義している。そのため，組織が過去にどのような体験を積んで学習してきたのかが組織的レジリエンスの決定要因となっているという基本的立場をとっており，社会的・環境的実践を積んだ企業は，そのプロセスで見えざる資産（intangible resources）や能力を蓄積していることを強調している。そのため，（同論文の特徴的な点として挙げることもできる）時系列で経路依存的な学習プロセスに着目していることが確認されるのである。[15]

　したがって，社会的・環境的実践を積んだ組織的レジリエンスが高い企業こそが長期的利益を実現することができることを強調し，証券市場の動向や株価に結びつくだけの短期的利益を追求する企業の姿勢や経済的潮流を批判している。そのため，資源面の制約から，短期的利益と長期的なレジリエン

15　同論文では，SEPsの議論は組織能力の議論と類似しているものの，組織能力の議論との違いはこの点にこそあると強調している。

シー（レジリエンスの醸成）はトレードオフの関係を生むことを強調している。こうして，時として，短期的な利益を減らしてでも，長期的なレジリエンスを優先する必要があると警鐘を鳴らしているのである。

また，この組織的レジリエンスは2つの能力（環境が変化するシグナルに迅速に気づいて対応する能力と，幅広く変態することができる柔軟な資源に転換することができる能力）から構成されるとして，それゆえ，長期にわたって危機を克服することができる企業であると強調している。ただし，この組織的レジリエンスはリスクマネジメントとは大きく異なる点を強調している。なぜなら，リスクマネジメントは危機を想定して対策を取ったり，危機を回避したりする行動を選択する（したがって，リスクマネジメントは冗長性が高く，過剰対応になる傾向がある）のに対して，レジリエンスはそもそも想定できない事態に対して準備することであり，多様性の原則のもと，柔軟性や再生，イノベーションに重きを置いた対応をするからである。

このOrtiz-De-Mandojana and Bansal (2016) の研究は，Camel et al. (2011) とは異なり，企業という組織をストレートに捉えたレジリエンス研究であるといえよう。したがって，今後は，同研究を踏まえたレジリエンス研究が，経営学の学問領域において増えてくると推測される。ただし，この論文では，分析の単位を単一組織として，社会的・環境的実践を蓄積すること，すなわち，外部環境との相互作用によって，長期にわたって組織を存続することに焦点が当てられている。そのため，同論文が組織そのものの変態や再建，および，組織の新たな均衡点への到達に焦点が当てられた研究ではないことがわかる。

Academy of Managementで発行されているジャーナルや，Strategic Management Societyで発行されているジャーナルを確認すると，いずれの論文も経営学のトップジャーナルに2010年以降にアクセプトされたものであり，その大半が，2015年以降のうちに発行された比較的新しい論文である。このことからも，経営学においてレジリエンス研究は，新しい領域の研究であるといえよう。

そして，これらのジャーナルに掲載された論文のレビューを通して着目すべき点は，いくつかの文献が，組織の再生や再建，変態をダイレクトに捉えた組織のレジリエンスではない議論にレジリエンスの用語を用いていること，そして，単に，一般的用語としてレジリエンスと使っている場合も少なくないことである。この点についてまとめたものが図表2-4である。この点を鑑み

図表2-4　経営学に「レジリエンス」を導入した論文の整理

	レジリエンスの論点			
	環境（国）	組織そのもの	組織内部	個人
Reay, Goodrick, waldorff and Casebeer（2017）			○	
London（1983）				○
Lawrence and Maitlis（2012）			○	
Kahn, Barton and Fellows（2013）			○	
Vough and Caza（2017）				○
Dai, Eden and Beamish（2017）			○	
Gao, Zuzul, James and Khanna（2017）	○			
Shin, Taylor and Seo（2012）			◎	◎
Williams and Shepherd（2016）	◎	◎		
Rao and Greve（2017）	◎	◎		
Stuart and Moore（2017）			○	
Kahn, Fisher, Heaphy, Reid and Rouse（2018）			◎	
Carmeli and Markman（2011）	（◎）		◎	
Ortiz-De-Mandojana and Bansal（2016）			◎	

注：セルの網かけをしてある論文は，レジリエンスを（単に現象や分析対象を説明する用語として活用しているのではなく）論理の導出やメカニズムの解明をしようとした論文であることを表している。
出所：筆者作成。

るに，経営学の国際的なトップジャーナルにおいて，レジリエンス研究の議論や分析の単位がそれほど明確に定まっているわけではないことが如実に表れているといえよう。本章のレビューを通して，結局，経営学におけるレジリエンス研究は，概念としての統一性が確立していないということが確認できたのである。

2-3　経営学におけるレジリエンス研究とは何か？
　　　―本章のまとめ―

　本章では，経営学におけるレジリエンス研究を概観するために，経営学と親和性が近い社会生態学研究の系譜（発展形態）と経営学におけるトップジ

ャーナルに掲載されてきたレジリエンス研究を1つひとつ確認してきた。

　生態学研究から展開してきた社会生態学研究におけるレジリエンス研究への貢献は，地域や社会，コミュニティー，組織などの主体が環境の揺らぎや危機に対応するプロセスにおいて，動的な視点を導入したことである。これは1つの重要かつ新たな視点をレジリエンス研究に与えることになった。それは，元の地点に元に戻るという均衡からこれまでとは異なる新たな均衡に移行するという視点を提供したことであった。個人を分析の単位とした心理学の研究でも確認されたように，「乗り越える」という点が強調されていることからも明らかである。これも，1つの新たな均衡点を探す営みであると理解できるためである。物理学や工学とは異なる文脈でレジリエンス研究が社会科学で発展してきた経緯を見ると，これまでとは異なる新たな均衡という視点が極めて重要な影響を与えたといえよう。

　また，これに関してもう一点着目すべき点は，社会生態学研究者らが，動的視点と変態能力（transformability）を「新たな状況に適合できる根本的な新たなるシステムを作り出す力」と定義していることと深く関係している。それは，社会生態学研究の流れは，経済学の進化論的経済学の視点を有しているといえるためである。例えば，Nelson and Winter（1982）は，均衡論を至上主義とする新古典派の経済理論では，それまでのミクロ経済を構成してきた均衡状態に焦点が置かれているために，ダイナミックな成長を説明しきれない点を指摘している。そして，この動的な視点に着目してきたのが経済学のルネッサンスともいわれてきたもので，それは，進化論的経済学が取り組んできたという経緯があることを強調しているのである。すなわち，進化論的経済学は，これまで新古典派経済学が前提としてきた限定合理性を超えて新たな均衡にたどり着く論理に着目していることが重要な学術的貢献であるとされていることが改めてわかるのである。そして，同論文では，初期の進化論的モデルは，新古典派経済学の均衡点から新たな均衡点までの差を全要素生産性として非線形的な成長を表してきたと指摘しているのである。[16]し

---

[16] ただし，この視点を提供する原点となった理由の1つは，経営学者が企業成長のモデルや組織の特殊な能力に着目するとともに，競争優位を発揮するための能力と，経済に迅速な変革をもたらして継続的な成長を促す鍵となる組織の能力を区別して，新たな均衡点を見つけるプロセスに着目してきたところにあるとの見解を示している。こうして，このような経営学者の議論が，新古典派の経済学者が前提としてきた限定合理性の考え方そのものに対して示唆を与えて，組織の外部の行為や要素に着目する視点を提供していたことがわかる。

たがって，社会生態学研究は，進化論的経済学との親和性が高く，大きな影響を与えたと推察することができるのである。

　一方で，経営学の主要ジャーナルをレビューすると，経営学におけるレジリエンス研究は大きく2つのタイプに分別できる。それは，レジリエンスを「強める」「しなやかさ」「回復する力」「再起力」という意味で，単なる用語として使用するタイプと，レジリエンスの論理を導出しようと試みたものやメカニズムの解明を試みたものである。前者は，ほとんどがレジリエンスという用語が要約に出てくる論文であったが，経営学のレジリエンス研究を考えるにあたって重要なのは後者である。そのため，後者のレビューに紙面を割いた。

　後者のタイプで確認された点の1つ目の特徴は，社会科学におけるレジリエンスの研究を総括すると，「置かれている状況や（変化した）環境の状態において，それを所与として分析対象となっている個体はどのように適応行動を取るのか，そして，意思決定することのできる主体や組織は，保有している資源を活用しながら，あるいは社会的・環境的実践（Ortiz-De-Mandojana and Bansal, 2016）の経験を踏まえながら何をするのか，どのように適応するのか」が前提となっていることである。すなわち，過去から蓄積されてきた資源や経験に裏付けられた経路依存性の延長である「今」をどのようにマネジメントするか，あるいは，適合するのか，が議論の前提となっているのである。

　生態系の議論においても，組織の議論においても，個人の議論に対しても，この前提を共有している。例えば，Ortiz-De-Mandojana and Bansal（2016）の議論でも確認されたように，危機に直面した時に発揮されるレジリエンスは，環境に埋め込まれた個体や組織，個人が過去にどのような体験を積んで学習してきたのかに依存している。これは，すなわち，分析対象となっている現象を時系列で捉える，すなわち，経路依存性の重要性を指摘していことが明らかとなるのである。これらのことから，経営学におけるレジリエンス研究を進める際，議論の所与となっている組織の保有資源や社会的・環境的実践が基盤となっている資源ベースの視点から検討する必要があると言えよう。[17]

　ただし，Seery, Holman and Silver（2010）では，個人を分析対象にしているとはいえ，その研究の結果として，「高い（高すぎる）レベルの逆境はかえ

---

[17] そのため，次章では，資源ベースの視点や経営学における概念に立ち戻り，レジリエンス研究との整合性を試みるのである。

図表2-5　AOMとSMJの主要ジャーナルに掲載された論文と類似する鍵概念

	掲載ジャーナル	鍵概念		
		組織能力	吸収能力	ケイパビリティ・ダイナミック
Shin, Taylor and Seo（2012）	AMJ	○		
Kahn, Fisher, Heaphy, Reid and Rouse（2018）	AMR	○		
Carmeli and Markman（2011）	SMJ		○	○
Ortiz-De-Mandojana and Bansal（2016）	SMJ		○	○

出所：筆者作成。

ってストレスをマネジメントする個人の能力を阻害してしまう」ことを指摘している。この研究結果は，すなわち，極めて大きな逆境に直面する議論に限定されるものの，経路依存性の議論を真っ向から否定していることになる。この点に関しては，事例研究を通して改めて確認することにしたい。

また，経営学の主要ジャーナルに掲載されたレジリエンスの研究論文[18]やその主張を確認したことで，より重要な観点が明らかになった。それは，一見，経営学におけるレジリエンスの論理の導出やメカニズムの解明を試みた説明が，実は，これまで経営学ですでに定着している別の概念で説明されてきていることと変わらないと思われるものが複数確認されることである。すなわち，これまで定着した経営学で確認される概念を「レジリエンス」という用語に置き換えただけなのではないかと思われる研究が確認されるのである。これらの研究を対照表にまとめたものが図表2-5である[19]。図表2-5は，図表2-4の網かけをしている論文が対象となる。なぜなら，論理の導出やメカニズム

18　単に「レジリエンス」という用語を活用しているという論文ではなく，タイトルにまで「レジリエンス」とついており，レジリエンスの論理構造の解明や経営学上のレジリエンス研究を深化させようとした論文のことを指している。

19　図表2-5から1つの興味深い傾向を確認することができる。それは（比較する論文数が少ないものの），Academy of Management の主要ジャーナルが，レジリエンス研究を組織能力に関連する研究領域であると解釈して論文を採択しているのに対して，Strategic Management Society の主要ジャーナルは，レジリエンス研究を吸収能力やダイナミック・ケイパビリティに関連する研究領域であると解釈して論文を採択している傾向を見て取ることができることである。

の解明を試みたものとなっているためである。また，地域やそのコミュニティー，あるいは組織が，かつてのそれとは異なる変容，あるいは，変態を遂げた論理の導出やメカニズムの解明を試みた Williams and Shepherd（2016）と Rao and Greve（2017）に関しては，それまでの経営学において確認された鍵概念では説明することができないため，新たな図表2-5には含まれていない。

「一見，経営学におけるレジリエンスの論理の導出やメカニズムの解明を試みて説明されてきていることが，実はこれまで経営学ですでに定着している別の概念で説明されてきていると思われるもの」とは，より具体的には，まず Shin, Taylor and Seo（2012）が挙げられる。同論文では，単一の組織を分析の対象とし，従業員の組織に対する誘因と心理面のレジリエンスに着目して，この2つの要素が組織の直面する変化を克服する際に重要であることを定量分析で測定して検証していた。その上，同論文では，レジリエンスを単一の組織を構成する従業員の心理として捉えるという前提で進められていた。そのため，この論文を（単一組織を分析の対象とした）組織能力の研究であると解釈することが可能になるのである。

また，Kahn, Fisher, Heaphy, Reid and Rouse（2018）では，コンセプト・ペーパーであるものの，分析の単位を単一の組織として，組織的レジリエンスを，逆境に直面しながらも緊張を吸収し，組織内部のそれぞれの機能を統合（改善）させる能力であると定義した。組織的レジリエンスをこのように定義すると，この論文もまた，組織的レジリエンスを組織能力と置き換えても解釈が成立することになるのである。

さらに，Carmeli and Markman（2011）は，変化し続ける外部環境に対しても（1,000年以上も）適応し持続的な成長を遂げることができる組織を解明しようとしていた。このように考えると，同論文は，単一組織を分析の対象として，外部環境や外部主体の影響を受けながら生存と発展を遂げるために適応し続けた組織を分析していることになる。すなわち，同論文は，外部の（抵抗）勢力を組織内部に封じ込めるという意味で，これまで経営学で説明されてきた「吸収能力」（absorptive capacity）という概念が当てはまると考えられる上，変化する外部環境に対して外部環境の要素を包含してダイナミックに適応すると解釈すれば「ダイナミック・ケイパビリティ」という概念でも説明できてしまうのである。

最後に，Ortiz-De-Mandojana and Bansal（2016）については，社会的・環

境的実践（social and environmental practices）を多く積んだ企業が，長期的には財務的不安定性が低く，成長率も高く，生存率も高いことを定量的調査から導出し，その理由を，社会的環境的実践の蓄積が，組織的レジリエンスを高めるためであると結論付けている。同論文では，分析の単位を単一組織として，社会的・環境的実践を蓄積すること，すなわち，外部環境との相互作用によって，長期にわたって組織を存続することに焦点が当てられていることがわかる。そのため，この研究を吸収能力やダイナミック・ケイパビリティの概念に置き換えても，この論理が説明できてしまうと思われるのである。

　そのため，次章では，これらのレジリエンスと類似のニュアンスを持つ，一見，経営学で乱立すると思われる鍵概念を改めて整理していく。そのため，まずは，なぜこのような混乱を生んでいるのかを，その前提となっている資源ベースの視点を整理する。その上で，レジリエンスと類似のニュアンスを持つキーワードとして解釈することができる鍵概念「コア・コンピタンス」「組織能力」「吸収能力」「ダイナミック・ケイパビリティ」を1つひとつ確認する。このようなプロセスを経ることにより，経営学における鍵概念の整理を試み，これらの用語の論理構造を確認していくこととする。

第3章

経営学で乱立する
キー・コンセプトの整理

　経営学におけるレジリエンス研究として，前章では社会生態学の系譜（2-1）と経営学の国際学会における主要ジャーナルに採択されたレジリエンスに関する研究のレビュー（2-2）を行ってきた。これらの研究は，いずれも，組織が保有しているさまざまな資源の存在や，それまでの組織が直面した経験，そして，組織が蓄積してきた能力を基本的な前提として，組織そのものの強さやレジリエントな組織の論理を構築しようとしてきている。レビュー論文の中には，Seery, Holman and Silver（2010）のように，分析の単位を個人に置きながらも，「高い（高すぎる）レベルの逆境はかえってストレスをマネジメントする個人の能力を阻害してしまう」点を強調するものがあるものの，議論の前提として，それまで研究対象が蓄積してきた能力や経験をすべて否定しているわけではない。
　このような研究対象となる主体の基本的能力がそれまでの経験や保有資源にあるとする立場に，資源ベースの視点（resource-based view）が挙げられる。前章で提示した新たな問題提起，すなわち，経営学の先行研究で確認したレジリエンスと類似のニュアンスを持つ鍵概念「組織能力」「吸収能力」「ダイナミック・ケイパビリティ」ではいずれも，組織が保有する資源に視点を置いた議論が展開されていること，その上，経営学におけるレジリエンスの議論と極めて似通った概念間の論理構造を整理する必要に直面していることからも，本節では，改めて資源ベースの視点から経営学を振り返ることとする。

3-1 資源ベースの視点[1]

　資源ベースの視点を強調する研究としては、主に、Penrose（1959）やBarney（1991）らが挙げられる。資源ベースの視点を持つ研究者らは「競争優位の源泉は企業内部の経営資源にある」という立場をとる。なぜなら、これらの資源には、内部の可視的な資源そのもののみならず、その背後や深層にある非可視的なそれまでの事業活動を通じて蓄積されてきた知識や経験までもが含まれており、それこそが組織の競争優位となっていると考えるためである。なぜなら、これまで経路依存的に蓄積されてきた資源は、外部からは見えにくく、それゆえ、再現が困難なためである（バーニー、2003）。ただし、留意すべき点は、ただ資源が存在する、そして、資源が蓄積されていくというプロセスにおいて、その内部資源が市場で競争力を発揮できるほどのものかどうか、そして、内部資源が適切に活用されているのかについては、検討する必要があるということである。バーニー（2003）では、そのためのフレームワークを提示している[2]。

　また、資源ベースの視点に関して指摘すべき重要な点の1つは、伊丹・軽部（2004）の指摘にあるように、組織の資源蓄積の議論と資源利用の議論が（そして組織学習の議論もまた）コインの裏表のような不可分の関係になっているということである。そのため、資源の蓄積と利用に関しては、区別して記述する必要がある。したがって、事例（第4章から第6章）は、この点に留意して記述することとする。

　資源ベースの視点に立ちながら、後述するダイナミック・ケイパビリティの議論を掘り下げた論文として、Eisenhardt and Martin（2000）がよく知られている。同論文では、ダイナミック・ケイパビリティを「企業が資源を使う（統合したり、再編成させたり、付加させたり、解放したりする）プロセスで、市場の変化に適応したりして市場を創造すること」と定義している。この定義から、企業がそれまで蓄積してきた保有資源を活用することを前提とした議論を展開していることがわかる。

　しかし、その一方で、Eisenhardt and Martin（2000）では、伝統的な資源

1　資源ベースの視点から展開する戦略論に関する詳細は、水野（2018a）を参照されたい。
2　そのフレームワークとは、VRIOと名付けられている。VRIOは、Value（価値）、Rarity（希少性）、Imitability（模倣困難性）、Organization（組織）のすべての頭文字を表したもので、保有資源に市場競争力があるかどうかは、これらの要素が満たされているのかどうかで判断するのである。

ベースの視点は，ダイナミックなマーケットにおける長期的な競争優位の議論がなされていないこと，梃の原理の戦略を強調しすぎていること，早い速度で変化する市場において適応条件に限界があることを指摘している。なぜなら，現実では，競争優位は短期的に実現されるものであって，このような状況下においては，マネジャーは一時的な優位性を作り出すことで市場競争を制することが理にかなっていると，短期的な点での競争優位しか説明されていないと考えているからである。そして，「結局，ダイナミック・ケイパビリティは資源の配置を操作する道具として最適な概念である」(に過ぎない)と指摘している。さらには，既存資源の配置を高めるための道具を（最大限に）利用して，資源ベースの視点の経路依存的な梃の原理の戦略的ロジックで現在の市場でのポジションを（最大限に）高めることは可能である。これが，このような環境下での長期的な競争優位の到達点である。しかし，もっと一般的，典型的に見られる現象は，ダイナミックに変化する市場では，新たな資源の適切な配置を構築して，経路破壊的な（path-breaking）戦略的ロジックの変化を利用して，新たな競争的市場に移行することであり，それができるようなダイナミック・ケイパビリティを利用することは理にかなっている。したがって，極めて速い速度で変化する市場は，資源ベースの視点での適応条件（議論）には限界がある（boundary condition）との主張を展開しているのである。そのため，資源ベースの視点は，短期的な競争優位性を強調しているが，この立場や見解は，極めて速い速度で変化する市場においては，しばしば非現実的であると結論付け，「結局，資源ベースの視点が資源を結束させて長期的競争優位性を達成するという梃の原理を中心的概念においているのに対して，極めて速い速度で変化する市場においては，組織の構造を緩やかにしておくことを通して，タイミングを見て予見が難しい優位性を作り出すことが求められるのである」と強調している。

　以上から，Eisenhardt and Martin（2000）の指摘では，既存の延長線上の線形的な市場の変化においては，資源ベースに基づいた戦略は有効ではあるものの，変化の激しい予見することが難しい非線形的な市場の変化においては，生き残り戦略として有効ではないと強調していることが確認された。しかし，資源ベースの視点や，そこから派生する創発戦略の特徴的な点の1つは，新たに発生した状況や制約条件に対応しているプロセスで，事前には意図していなかった結果がもたらされた，すなわち，組織が柔軟に適応するプロセスを経て結果的に成功した，あるいは，結果的に合理的であったという

指摘が少なくないのである（水野，2018）。日本的経営に関する研究においても「事後的合理性」「事後的進化能力」（藤本，1997）や「瓢箪から駒」「怪我の功名」（藤本，1997；2003；2004；水野，2015），「意図せざる結果」（沼上，2000）などのキーワードが確認できる。また，藤本（1997）において，トヨタの生産方式の1つの特徴である承認図方式が普及したことに対して「『歴史的拘束条件（historical imperatives）』，すなわち技術面での環境制約が承認図方式の成立に重要な役割を果たしたようである」（p.231）として，その根拠を提示している。これらの議論に鑑みると，資源ベースで展開した戦略において，それが，線形の変化であろうと非線形の変化であろうと，環境への適応が（容易ではないものの）可能であることを示している。

また，「環境が複雑であるがゆえに，戦略をはじめから計画的かつ予定調和なものとして打ち出すことは不可能である。そのため，戦略は組織が保有資源をうまく活用しながら適応あるいは学習し，それをもとにフィードバックするプロセスで修正を繰り返していく」（水野，2018a）という考え方に基づく創発戦略においても，この点を強調している。創発戦略では，組織学習が強調されており，創発戦略における組織のトップとしての役割は，あらかじめ緻密に練られて策定された戦略をありのままに実行することではなく，現場で行われる環境との相互関係を通して発生する組織的学習のプロセスをマネジメントすることにある点が指摘されているのである（Mintzberg, Ahlstrand and Lampel, 1998；沼上，2009）。

以上から，資源ベースの視点を支持する研究においても，既存の延長線上の変化への適応のみならず，非線形の変化への環境適応という論点が含まれていることが確認できる。事例研究においては，この点も意識して捉えていく。

3-2 コア・コンピタンス (Core Competence)

企業がさまざまな製品やサービスの主導権を握るもとになっている能力，あるいは，企業独自の中核的な能力をコア・コンピタンスと名付けたのは，Hamel and Prahalad（1993）である。Hamel and Prahalad（1993）に続きHamel and Prahalad（1994）では，より詳細にコア・コンピタンスを実現す

---

3 創発戦略が資源ベースの視点と密接に関係するゆえんである。

る組織である企業経営について議論を深めている。同書では，コア・コンピタンス経営の神髄は，中核的な企業能力をストレッチさせる（既存の資源を異なる事業領域あるいは製品に展開させる）か，あるいは，中核的な企業能力を梃の原理で少ない資源で最大の効果を得る戦略をとることにあると主張している。この点からも，同書において，資源ベースの視点に立った議論が行われていることを表している。また，同書では，コア・コンピタンスであるためには，3つの条件を満たさなければならないことを指摘している。それは，顧客価値があること（顧客に認知される価値をほかの何よりも高めなければならないこと），競合他社との違いを出すこと（ユニークな競争能力でなければならないこと），企業力を広げること（企業の全体的視点であること）である。そして，「未来に一番乗りするのに必要な会社の資質とは」（邦訳p.42）において，(1)未来のための競争が現在の競争と違うと認識する能力，(2)未来の市場機会を発見する洞察力を築く仕組み，(3)未来への長くて険しい道に向かって，会社全体を元気づける能力，(4)過度のリスクを避けながら，競合他社を追い抜いて未来に一番乗りする能力，という4つの要件を示している。このことは，Hamel and Prahalad（1994）が資源ベースの視点に立脚しながらも，変化の激しい予見することが難しい非線形的な市場の変化に適応することができる事前の準備をしておくことの重要性を指摘していると理解することができる。それは，また，同書では，コア・コンピタンスを個々のスキルや組織という枠を超えた学習の積み重ねであると主張していること，そして，中核的な企業力を梃の原理で少ない資源で最大の効果を得る戦略をとると強調していることからも明らかである。

　したがって，Hamel and Prahalad（1993）やHamel and Prahalad（1994）では，資源ベースの視点に立脚しながら，長期かつ動態的視点で企業を捉えていると判断することができるのである。それは，「コア・コンピタンスは未来のビジネスチャンスへの入り口である。コア・コンピタンスで主導権を握っているかどうかは，コア・コンピタンスを利用する新しい創造的な方法を具体的に考えて，どれだけ新しい可能性を広げることができるかどうかによる」（邦訳，p.313）という記述や，ハメル＆プラハラード（2001）の「文庫版への訳者あとがき」にある「コア・コンピタンス（中核的な企業力），つまりその『企業ならでは』」の強みに焦点を定めて，今日の競争優位性を発揮するとともに，明日の競争優位性を築き上げる準備をしなければならない」（p.475）というように訳者自身も実感していることからも類推することがで

きる。

　また，沼上（2009）では，資源ベースの視点に立脚した戦略に関して「目に見える製品の背後には，目に見えない，あるいは見えにくい『能力』があり，この『能力』を意識して，うまく発展させることこそ，戦略論の最重要課題である。そのため，まず，①コア・コンピタンス（中核的な能力）を特定し，②それを育成・発展させることを最重要課題として認識し，③それらのコンピタンスを単独で，あるいは組み合わせて他の事業へと展開していくシナリオを描くことが重要である」（p.83）と説明されている。すなわち，コア・コンピタンスとは，保有資源を企業競争力に結びつけるための，そして，組織が能力を発揮するための前提となっていることがわかるのである。

　さらに，Prahalad and Hamel（1994）では，興味深い指摘を確認することができる。同論文には，*Strategic Management Journal*が新たな戦略パラダイムを探るために開催したコア・コンピタンスに関するカンファレンス（ホストはミシガン大学）を開催するための準備としてCFP（call for papers）を募集して，応募があった論文を選定した時の議論や，それに対する彼らの気づきが取り上げられている。それは，「コンピテンシーの視点で新たな洞察があった。伝統的な説明では，静的視点でコア・コンピタンスを捉えてきたのに対して，戦略的な文脈において動的視点で捉える必要があると主張しているCFPがあった。このCFPの視点は，戦略の実践を長期的に捉え，継続的に戦略的資源（資産）のストックを再建したり拡大させるという。この指摘は，資源とは何かという本質的な問いと，保有資産はすべて価値があるものなのかを考えるきっかけとなった。資源をダイナミックに捉える視点と要素の適切な組み合わせで価値を高めるという議論はマネジャーのアクションにかかっている」と記述されている。Hamel and Prahalad（1994）においても，資源ベースの視点に立脚した戦略を考える際には動的視点で考えることの必要性が指摘されているにもかかわらず，本人たち自らがそれを意識していなかったのではないかと思わせる指摘となっている。

3-3　組織能力（Organizational Capability）[4]

　組織能力とは，文字通り解釈すると，組織そのものの能力である。藤本

4　組織能力の記述の一部は，水野（2018a）を参考にしている。

(2003) では、この組織能力を、1) ある経済主体が持つ経営資源・知識・組織ルーティンなどの体系であり、2) その企業独特のものであり、3) 他社がそう簡単に真似できない（優位性が長持ちする）ものであり、4) 結果としてその組織の競争力・生存力を高めるものと定義している。また、楠木（2010）では、競争に勝つための組織の独自の強みであると定義している。楠木（2010）の指摘で興味深い点は、（資源ベースの視点に基づく）組織能力、すなわち、保有している資源を最大限に利用して組織の強さを磨き、市場で競争優位を確保することは、「『他社と違ったものを持つ』という考え方」（p.125）であると整理した上で、「藤本さん（筆者注：藤本隆宏氏）の言葉を使えば、戦略ポジショニングが『頭を使う本社発の戦略』であるとすれば、組織能力は『身体を鍛える現場発の戦略』であり『体育会系の戦略』」（p.137）であると表現していることである。この指摘は、組織能力は鍛えて伸ばすことができることを表しており、すなわち、資源ベースの視点で指摘されていた学習という要素を色濃く含んでいることを意味しているのである。

一方で、Collis（1994）では、組織能力に関する既存研究をもとに、組織能力の定義が研究によってまちまちであることを問題視している。その上で、組織能力を3つのタイプに分別している。それらは、1) 企業のルーティンを構成するような基礎的な機能を果たす組織能力と、2) 学習や適応、変化、再生を促すことができるダイナミックなルーティンをつくりだすことができる組織能力、そして、3) より抽象的ではあるもののダイナミックなルーティンをつくりだす以上の本質的な価値をつくりだし、斬新な戦略を策定し、遂行することができる組織能力である。

Henderson and Cockburn（1994）は、コンピテンシーという言葉を使いながらも、組織能力の議論を行っている。同論文では、製薬業界の開発や生産性に関する定量的調査および定性的調査を行っている。この研究を通して、組織能力を、問題解決に必要な知識や能力である構成分子能力（component competence）と、構成分子能力を利用したり統合したり新たな構成分子能力を生み出す能力である構築能力（architectural competence）に分別している。そして、この2つの能力が企業の生産性を高めるのに必要であると結論付けている。

Winter（2000）では、組織能力を高いレベルのルーティンであると主張している。ルーティンとは、組織的行動を促し、高い成果をもたらすための行動で、学習や行動パターン、評判、暗黙知などを形成するもとになっている

ものである。そして，このルーティンは，投入資源の流れを実践するとともに，組織に重要なアウトプットである成果をもたらすための一連の意思決定をマネジメントするための要素となるのであるとして，暗に，組織能力の議論において，意思決定を行うリーダーの役割を指摘している。

3-4 吸収能力（Absorptive Capacity）

　吸収能力の概念を追究した論文として，Cohen and Levinthal（1990）やLane and Lubatkin（1998），Zahra and George（2002），Jansen, Van Den Bosch and Volberda（2005），Todorova and Durisin（2007）が挙げられる。吸収能力は，しばしばイノベーション研究においても引用されている。それは，吸収能力が企業の技術革新を遂行する能力を発揮するために決定的に重要な要素であるとされているためである（高橋，2007）。組織を構成する能力の1つを「吸収能力」と定義して初めて概念化した研究がCohen and Levinthal（1990）である。同論文では，吸収能力を外部の知識や情報を活用して自分自身の能力に結びつける（転換する）力と定義して，3つの要素から構成されると主張している。それは，「外部の知識を認知する能力」（recognize external knowledge）「外部の知識を吸収する能力」（assimilate external knowledge）「外部の知識を応用する能力」（apply assimilated external knowledge）である。同論文では，吸収能力は，認知的構造であるために無形であり，便益として計算することが難しい性質である点を強調している。また，経験を積んだ組織は吸収能力が高いとして，歴史および経路依存性がその組織の吸収能力を左右することを指摘している。そのため，組織の吸収能力そのものを発展させることが重要であると強調する。

　また，同論文では，吸収能力は，単に情報を得たり吸収したりすることのみならず，組織の能力を高めることも求められるとして，その具体的な方法として，知識を転換したり，サブユニット間で交換したり，昇華させたりすることが有効であると指摘している。吸収能力は，その構成要素から，外部の知識を内部に包含するという基本的機能を表しているが，それと同時に，内部の資源や内部の視点にとどまる可能性もあることに警鐘を鳴らしている。なぜなら，外部の知識や資源をすべて排除して組織内部の資源のみに依存するというNIH症候群（not-invented-here syndrome）は，吸収能力の縮小均衡を招いてしまうからである。こうして，同論文では，外部の知識や情報を

包含することこそ，吸収能力が高まることを強調しているのである。

さらに，同論文では，1) 組織が海外に展開したり，ネットワークの内部や外部で関係を展開したりすることで，組織内部の構成員が他の能力や知識に対する気づきが強化される，その結果，個人の吸収能力は高められ，組織の吸収能力も高められるという循環が起きること，2) 特にこの吸収能力は，外部環境が不確実かつ不安定の時に重要となること，3) 吸収能力への投資を怠っていると，技術的な機会が訪れたと理解してはいてもしかるべきタイミングに投資することができなくなってしまい，結果として吸収能力を低下させてしまうこと[5]，を指摘している。

以上から，Cohen and Levinthal（1990）では，企業が多くの経験を積んで吸収能力を高めることができれば，それだけ技術的機会に対して認知する能力も高くなるために，気づきが高まって熱意も高まる上，技術的環境において自ら機会を探し出す行為を実践することが可能になる。こうして，組織は，さらに高いレベルの吸収能力を身につけることになっていくという論理を確認することができるのである。

この気づきに関しては，榊原（2005；2012b）が指摘する「意味の洞察」の議論と酷似する。この議論は榊原（2005；2011；2012a；2012b）で行われているセレンディピティの文脈で確認することができる。セレンディピティとは，単なる偶然や奇遇ではなく，それをきっかけに成功をつかむことを意味している（榊原，2012a）。「ふとした偶然の出来事や奇遇だけに任せておかずに意図を持って事業ドメインを構成して，成果を上げ，その成果を拡大していく。成果への結実とその拡大は多くの論理的思考に支えられており，それゆえビジネスにとっての論理的思考の意義は失う余地がない」（榊原，2011）のである。そのため，榊原（2005；2011；2012a；2012b）は，セレンディピティの議論をする際には，「新規なものに出会う」ことと「意味の洞察」とを区別する必要があることを強調しており，意味の洞察とは，遭遇した新しいもの（新技術）がどのような意味を持っているのか，その意味を明らかにして同定し，事業活動に結びつけることである（榊原，2005）と説明しているのである。したがって，Cohen and Levinthal（1990）が主張するように吸収能力が高ければ，組織のさまざまな現象や状況に対する「意味の洞察」（榊原，2005；2012a）が一層深まり，組織の成果に結びつくという論理が成立するの

---

5 Cohen and Levinthal（1990）では，この現象のことを"lock-out"と呼んでいる。

である。Todorova and Durisin（2007）においても，同様の主張を確認することができる。それは，組織は既存の認知的構造で起きていること・物事・情報を解釈し，理解しようとするため，その認知的構造に引っ張られてしまう。したがって，たくさんの経験を積んで吸収能力を高め，既存の組織の認知的構造の枠組みをブレークスルーすることができる状況を維持することが重要となるという指摘をしているためである。

Lane and Lubatkin（1998）は，複数の組織間関係および組織間学習の研究領域において，組織の吸収能力の概念および吸収能力の役割について定量データを用いて分析した。Cohen and Levinthal（1990）が企業レベルでの構造を前提として吸収能力を説明しているのに対し，同論文では，学習するダイアド（2組織間の関係）を対象にしている[6]。そのため，同論文では，吸収能力という言葉ではなく，「相対的吸収能力」（relative absorptive capacity）と定義して議論を展開している。同論文では，医薬およびバイオ関連企業をサンプルに子会社が親会社の知識をいかにして学ぶのかを検証している。そして，先生的企業の知識を吸収する側である生徒的企業の能力は，「価値を認識する」「吸収する」「商業化する」の3つから構成されるとしている。この論文に引き続いて，海外にある親会社の知識が海外ジョイント・ベンチャーの成果にどのようなプロセスでいかなる影響を与えているのかを検証したものがLane Salk, and Lyles（2001）である。

Zahra and George（2002）は，Cohen and Levinthal（1990）で概念化された吸収能力の概念構造をより細分化している。同論文では，組織的変化と組織の進化に着目している。その際，外部の知識や新たな知識に重視した立場に立っているため，同論文では，冒頭で吸収能力をダイナミック・ケイパビリティとして概念整理をすると主張している[7]。同論文の2つの特徴は，1）吸収能力を，企業がダイナミックな組織的能力を生成するために，知識を習得して，吸収し，変容させて活用することで形成される組織のルーティンとプロセスのセットであると定義していること，2）吸収能力を潜在的な吸収能力（potential absorptive capacity）と顕在化した吸収能力（realized absorptive capability）とに分類していることである。潜在的な吸収能力とは，外部の

---

6 組織間で上位組織を先生的企業（teacher firm）と名付け，組織間の下位組織，すなわち，上位組織に教わる組織を生徒的企業（studenet firm）と名付けている。

7 ただし，ダイナミック・ケイパビリティの議論との関連性に関する記述はほとんど確認することはできなかった。しかし，吸収能力の議論をする際に，ダイナミックな視点で捉えることが重要であるというメッセージははっきりしている。

知識を習得（acquire）して吸収（assimilate）する能力のことを表している。この能力は，すなわち，実際に能力を発揮する領域を含んでいないことになる。一方，顕在化した吸収能力とは，外部の知識を変容（transform）させて活用（exploit）する能力のことを表している。この能力は，すなわち，外部の知が実際に組織に吸収されたことが前提となっている。

　Jansen, Van Den Bosch and Volberda（2005）は，Cohen and Levinthal（1990）の基本的概念を受けてZahra and George（2002）が細分化した吸収能力（潜在的な吸収能力と顕在化した吸収能力）の研究を全面的に支持して，定量データで実証して，新たな概念を付加した研究である。事例は，ヨーロッパで金融サービスを複数のユニットで展開する大企業（総資産が3,500億ドル以上でフォーチュン・グローバル500のトップ30に入っている企業）をサンプルにして，2002年に行われたものである。一国で220以上ものブランチを持っている計769の組織ユニットに対して実施されている。[8] 同論文では，組織のメカニズムを機能させるためには，コーディネーション能力と社会的能力，システム能力が深く関連していることを指摘した上で，吸収能力を考える際には，これらの能力を加味したメカニズムを考えなければならないと主張する。コーディネーション能力とは，組織の機能間での相互のインターフェイスを持ち，意思決定に参加して，ジョブローテーションを行うことで培われる能力のことである。社会的能力とは，社内との接続を持つことと，社会での戦い方を通して培われる能力のことである。システム能力とは，外部の知識と内部の既存知識との柔軟なバランスをとって硬直化させない能力のことである。これらの能力を加味したメカニズムの成立を可能にするのが，組み合わせ能力（combinative capabilities）であるという。

　また，潜在的な吸収能力（Zahra and George, 2002）を高める要素として，コーディネーション能力が重要であるのに対して，顕在化した吸収能力（Zahra and George, 2002）を強める要素として社会的能力が重要であると主張している。さらに，システム能力が求められるのは，吸収能力を停滞させる原因ともなる組織のルーティン化を回避するためであるとも主張している。このシステム能力がなければ，吸収能力によって組織のダイナミックなメカニズムを追求することはできないほど重要な能力であることを強調している。こうして，同論文では，潜在的な吸収能力と顕在化された吸収能力の

8　この調査の回答数は462と，60.1％もの高い回答率となっている。

レベルをマネジメントすることは，競争優位のロジックを考える上で，そして，競争優位を発揮するために極めて重要な能力となること（およびそれらの吸収能力の背後のロジック，それらを支える根源的な能力の存在）が明らかとなったと結論付けている。

一方，Todorova and Durisin（2007）では，Cohen and Levinthal（1990）の議論を発展させたZahra and George（2002）について批判的見解を述べている[9]。主な批判的見解は，価値という観点で考えると，潜在的な吸収能力も顕在化した吸収能力も同じであると理解している点である。そのため，わざわざ区別する必要はないとの主張をしている。その根拠は，Cohen and Levinthal（1990）の解釈に則ると，外部の知識や新たな知識は「価値」であり，この価値を認識する力こそが能力なのであるという本質をついている。そのため，わざわざ，この能力を分類する必要はないという主張を展開しているのである。同論文の指摘そのものは本質をついているといえるものの，この主張に対しては議論の余地があるといえよう。

また，同論文では，吸収能力は組織的ルーティンのセットであるとの立場を示し，社会的統合のメカニズムが条件適合的（contingency factor）であることにより，2つの概念化が求められると主張している。それは，専有可能性の制度化とパワー関係の概念である。前者の概念は，「吸収能力」と「成果と指定の競争優位を維持することができた成果」とを区別する必要性を指摘している。それに対して，後者の概念は，強い紐帯と弱い紐帯の議論（Granovetter, 1973）を導入する必要性を指摘している。後者の議論で興味深いのは，特に，吸収能力を考える際には，弱い紐帯が効果的であると主張していることである[10]。

同論文では，現象をダイナミックな視点（モデル）で捉えることが重要であることを強調している。この点は，Zahra and George（2002）の立脚点と共通しており，興味深い。なぜなら，吸収能力の概念が，外部の知識や資源を内部化して組織そのものの能力を高めて，新たな組織の均衡にたどり着く，あるいは，ダイナミックに変容するという意味を含んでいるためである。

---

9 同論文では，実証研究の結果を反映させたモデルであると主張しているものの，論文中には実証研究の結果は示されてはいない。
10 Granovetter（1973）は，弱い紐帯が（強い紐帯よりも）効果的であるケースとして，転職活動を挙げている。

3-5 ダイナミック・ケイパビリティ (Dynamic Capability)[11]

ダイナミック・ケイパビリティとは，状況に応じて組織が意図的に資源を創造・拡大・修正する能力（Teece, 2007；2009；Teece, Pisano and Shuen, 1997）である。すなわち，ダイナミック・ケイパビリティは，資源依存論に基づく研究の流れを汲みつつ，組織が環境の変化を乗り越えて優位性を獲得し，持続する能力を指している（福澤，2013）。そして，ダイナミック・ケイパビリティは，3つの能力に分解できるという。それは，①機会と脅威を感知・具体化する能力，②機会を捕捉する能力，③企業の無形・有形資産の強化・結合・保護に加え，必要な場合に行われる再配置を通じた競争力を維持する能力（Teece, 2007；2009）である。

「機会と脅威の感知・具体化する力」を実際の企業の具体的行動に落とし込むと，自社R&Dの誘導および新技術の選択に向けたプロセスをとること，サプライヤーや保管主体のイノベーションを活用するプロセスをとること，外生的な科学・技術の発展を活用するプロセスをとること，ターゲットとする市場セグメント・顧客ニーズの変化・カスタマーイノベーションを同定するプロセスをとること，が挙げられている（Teece, 2007；2009）。また，「機会を捕捉する力」を実際の企業の具体的行動に落とし込むと，カスタマー・ソリューションとビジネスモデルを明確化すること，意思決定プロトコルを選択すること，保管製品のマネジメントおよびプラットフォームのコントロールに向けた企業の境界を選択（設定）すること，ロイヤルティとコミットメントを構築することが挙げられている（Teece, 2007；2009）。そして，「企業の無形・有形資産の強化・結合・保護に加え，必要な場合に行われる再配置を通じた競争力を維持する力」を実際の企業の具体的行動に落とし込むと，分権化と準分解可能性を追求すること，ガバナンス（例えば，エージェンシー問題を最小化すること，戦略上の不正行為やレントの消失を防御するなど）を行うこと，共特化（例えば，価値拡張的な資産結合のための戦略適合性のマネジメントを開発するなど）を行うことが挙げられている（Teece, 2007；2009）。

Teece（2007）では，組織内部の資源のみならず，必要とあれば組織外部の資産や知識などを巻き込んで再構成したり再配置したりする「オーケストレ

11　ダイナミック・ケイパビリティの項におけるTeeceの一連の研究については，水野（2017；2018a）を参考にしている。

ーション」能力に優れている必要があると強調している。しかし，Teeceらの一連の研究を注意深く確認すると，このオーケストレーション能力を発揮して関係構造そのものを変化させることや，ダイナミックの語源が暗黙的に示している組織が環境の変化を受けて大きく変態すること（transformation）というよりも，その影響力をできるだけ組織内部に取り込むことで組織を再編するという（reconfiguration）に議論の焦点が当たっているように思われる。なぜなら，Teece（2009）の邦訳版のティース（2013）の訳注（p.56）には，「本書にたびたび登場する転換（transforming）はDCF[12]では重要な用語の１つである。著者によれば，これを再配置（reconfiguring）と置き換えても差し支えないという。つまりそれは，単なる配置にとどまらず，変化をも意味する」と明確に記されているためである。このように解釈すると，ダイナミック・ケイパビリティの議論は，組織の大きな変革や変態を意味しているというよりも，むしろ，外部環境の変化に対して内部適合するための議論に重きを置いていることになる。この点に関しては，Eisenhardt and Martin（2000）も同様の見解を示している。同論文の研究目的において「ダイナミック・ケイパビリティの本質を解明することは，内部組織論の研究を深化させることを意味する」と明示的に記述されているためである。

　Teeceの一連の研究における2012年以降の研究では，ダイナミック・ケイパビリティと対をなす能力としてオーディナリー・ケイパビリティを挙げるようになっている（Teece, 2012；2014a；2014b）。オーディナリー・ケイパビリティとは，日常的・通常的ルーティンを遂行する能力であり，その能力に優れた企業は，日常的・通常的業務活動を効率的に遂行することができることを指摘している。

　Eisenhardt and Martin（2000）は，先述したように，資源ベースの視点とダイナミック・ケイパビリティに焦点を当てた論文で，引用数も多いことで知られている。同論文では，ダイナミック・ケイパビリティを「企業が資源を使う（資源を統合したり，再編成させたり，付加させたり，解放したりする）プロセスで，市場の変化に適応したりして市場を創造すること」と定義している。同論文では，ダイナミック・ケイパビリティはその定義ゆえ，組織的，戦略的ルーティンであることを指摘していることからも，Teece et al.（1997）のように，個別企業の経路依存的歴史に依存するという立場を示

12　ダイナミック・ケイパビリティ・フレームワークのことを同書ではこのように略している。

していることがわかる。そして，同論文のダイナミック・ケイパビリティの議論では，資源を統合させる議論と，企業内の資源を再編成させる議論，そして，資源を獲得したり解放したりする（手放す）議論があることを指摘している。

同論文では，安定的な市場と速い速度で変化する市場とでは機能するダイナミック・ケイパビリティの性質が異なる点を指摘している。適度にダイナミックな市場においては，ダイナミック・ケイパビリティの議論は，伝統的な組織ルーティンのコンセプトに極めて似ているとの立場を示している。その理由を，そのような市場が安定的プロセスかつ予測可能であるために，組織が保有する既存の資源で対応ができるためであるとする。一方で，極めて速い速度で変化する市場では，これまでの経験値が役に立たず予測不可能であるために，ダイナミック・ケイパビリティはシンプルなルールのもとで新たな知識の習得が求められることを強調している。

また，同論文では，ダイナミック・ケイパビリティの進化についても言及している。小さな失敗は，ダイナミック・ケイパビリティの進化をもたらすと指摘している。なぜなら，小さな失敗や危機は，組織が失敗から学ぶ姿勢や動機付けを高めて，そのプロセスに対して個人が最大の注意を払うようになり，その結果として，組織がダイナミック・ケイパビリティを高める論理を説明している。そのため，ダイナミック・ケイパビリティの進化は，組織の経験にも依存すること，そして，経験や実践の繰り返しはダイナミック・ケイパビリティを促進することを指摘している。しかし，組織は成功することで，組織はそこからの学びを少なくしてしまうことがあることや，大きな失敗もまた学習を阻害する防衛機能を働かせてしまうことにも警鐘を鳴らしている。

さらに，先述したように，伝統的な資源ベースの視点では，極めて速い速度で変化する市場の適応には限界があるという基本的立場から同論文が見出した結論は，ダイナミック・ケイパビリティの議論は，（緩やかに変化する市場で短期的な競争優位を確立する議論に対しては適合的であっても）極めて速い速度で変化する市場においては限定的で学習メカニズムを改めて考え直し進化させる必要があるということを強調しているのである。明示的には記されていないものの，同論文のこのような結論から，変化が激しい環境の中で長期的競争優位を確立するための資源を配置する議論は，これまでの文脈で理解されてきているダイナミック・ケイパビリティの議論ではないという

立場をとっていることが推察される。

3-6　経営学のキー・コンセプトの概念整理

　本章ではこれまで，経営学におけるレジリエンスの議論と極めて似通った鍵概念である「コア・コンピタンス」「組織能力」「吸収能力」「ダイナミック・ケイパビリティ」の論理構造を整理した。これらの概念ではそもそも組織が保有する資源に視点を置いた議論が展開されているために，資源ベースの視点の議論から1つひとつ鍵概念を確認してきた。本節ではこれらの鍵概念を，整理することを試みている。

3-6-1　コア・コンピタンスと組織能力

　コア・コンピタンスとは，企業独自の中核的な能力（Hamel and Prahalad, 1993）である。この中核的な能力をストレッチさせたり，少ない資源で最大の効果を得る梃の原理を効かせることで組織の競争優位を高めることが重要であるという議論を展開している。また，沼上（2009）では，この中核的な能力を特定し，それを育成・発展させる戦略を策定することの必要性を説いている。これらの点から，コア・コンピタンスの概念では，分析の単位を単一企業，すなわち，組織内部に設定した議論が展開されている。

　その一方で，同じく単一の組織内部に設定した議論を展開する概念に，組織能力が挙げられる。いずれの研究も，組織能力は組織内部のルーティンを形成して組織的行動を促し，組織内部に学習をもたらし，高い成果を達成する点を強調した議論が展開されている。

　また，ダイナミック・ケイパビリティの研究を追究するプロセスでTeece（2012；2014a；2014b）は，単一組織を分析の単位として，日常的・通常的ルーティンを遂行する能力であるオーディナリー・ケイパビリティの存在に着目している。日常的・通常的ルーティンというのは，Collis（1994）が指摘している1つ目の組織能力，すなわち，企業のルーティンを構成するような基礎的な機能を果たす能力を指していると解釈される。

　これらの研究に鑑みると，コア・コンピタンスと組織能力，オーディナリー・ケイパビリティの概念は，類似した概念であるといえよう。そのため，福澤（2013）でも確認されるように，Prahalad and Hamel（1990）が主張する「コア・コンピタンス」を組織能力と同等の概念の1つであると位置付けてい

るかのような論調も確認される。

　しかし，コア・コンピタンスの概念がそれを組織内部の中核的能力とする極めて限定的な議論を展開しているのに対して，組織能力の概念は，それより広義の意味で，経営資源や知識，学習を促すようなルーティンを形成して本質的な価値を創り出す能力までをもが含まれている。その上，このルーティンは，Collis（1994）によると，基礎的なものから，組織の学習や適応，変化，再生を促すことができるダイナミックなルーティンまでが含まれ，これらのルーティンから本質的な価値を創り出して戦略を遂行することができる能力を含めて組織能力と定義されている。ここから，組織能力は組織内部すべての力を総合した能力であると判断することができる。

　このように解釈すると，コア・コンピタンスやオーディナリー・ケイパビリティは，組織能力よりも狭義の概念として位置付けることができ，組織能力はコア・コンピタンスやオーディナリー・ケイパビリティよりも広義の概念として位置付けることができるとの解釈が成立するのである。

3-6-2　吸収能力とダイナミック・ケイパビリティ

　吸収能力では，分析の対象は単一の組織であるものの，分析の単位は組織内部のみならず，組織外部との相互作用が含まれている。この点で，コア・コンピタンスやオーディナリー・ケイパビリティ，組織能力の議論とは大きく異なる。そして，吸収能力は3つの構成要素から成立していることが既存研究から確認されている。それは，「外部の知識を認知する能力（recognize external knowledge）」「外部の知識を吸収する能力（assimilate external knowledge）」「外部の知識を応用する能力（apply assimilated external knowledge）」であった。また，この吸収能力は，潜在的な吸収能力と顕在化した吸収能力に区別することができるという主張も確認されている。

　いずれの吸収能力に関する研究においても，共通する議論は，組織外部との相互作用に着目し，この相互作用が組織の能力を高めて，変化する環境に適応するという主張が展開されてきていることである。そして，この相互作用によって多くの経験や知識を組織内部に蓄積することで吸収能力が高まり，それによって，組織がさまざまな現象や状況の意味付けをすることが可能となり，それの結果，さらなる組織の成長に結びついていることも確認された。

　その一方で，分析の対象が単一の組織であり，分析の単位には組織内部のみならず，組織外部との相互作用が含まれているもう1つの概念が確認され

た。それがダイナミック・ケイパビリティである。ダイナミック・ケイパビリティもまた，3つの構成要素から成立していることが確認されている。ダイナミック・ケイパビリティの構成要素とは，「機会と脅威を感知・具体化する能力（sensing）」「機会を捕捉する能力（sezing）」「企業の無形・有形資産の強化・結合・保護に加え，必要な場合に行われる再配置を通じた競争力を維持する能力（transforming）」であった。組織外部資源をうまく活用するという意味では，組織内部の資源のみならず，必要とあれば組織外部の資産や知識などを巻き込んで再構成したり再配置したりする「オーケストレーション能力」（orchestration capacities）に優れている必要があると指摘されていた。しかし，ダイナミックという言葉が持つニュアンスとは裏腹に，（ドラスティックに組織を変態させるというよりも）組織外部の資源を内部適合させながら組織を再配置（reconfiguring）することに焦点が当てられていた。

　これらの点を鑑みると，吸収能力とダイナミック・ケイパビリティは，以下の3つの観点から，極めて類似した概念であると判断することができよう。それは，第1に，吸収能力もダイナミック・ケイパビリティも，分析の対象が単一の組織であるものの，分析の単位は組織内部のみならず組織外部との相互作用に置かれていることである。第2に，吸収能力もダイナミック・ケイパビリティも，構成要素を確認すると，1）外部の資源を認知した上で，2）資源内容を把握・掌握し，3）組織内部に取り込んで活用するという3つの段階を経ていることが挙げられる。第3に，Zahra and George（2002）がその問題認識において「吸収能力をダイナミック・ケイパビリティとして概念整理をする」と明示していることである。吸収能力とダイナミック・ケイパビリティの議論がそれほど似通っていることを如実に表していると言えよう。これらのことからも，両概念の親和性が極めて高いと解釈することができるのである。

　以下では，組織の内部の適応に焦点を当てた議論を内部適応要素として，組織の外部との適応に焦点を当てた議論を外部適応要素として表すこととする。

3-6-3　鍵概念の整理

　以上の議論から，コア・コンピタンスやオーディナリー・ケイパビリティ，組織能力，そして，吸収能力とダイナミック・ケイパビリティの論理構造を示したものが図表3-1となる。図表3-1は，吸収能力とダイナミック・ケイパビリティの概念が，組織の内部適応要素と組織の外部適応要素を含んでおり，

図表3-1　鍵概念の概念整理

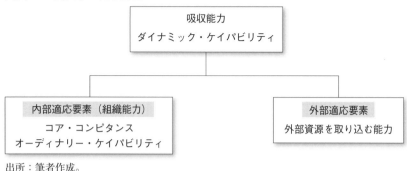

出所：筆者作成。

前者そのものを表した能力こそが組織能力となる。そして，この組織能力の下位概念としてコア・コンピタンスとオーディナリー・ケイパビリティが含まれることを表している。ただし，コア・コンピタンスとオーディナリー・ケイパビリティはそれぞれが独立した概念である。前者が組織の中核的な能力を表しているのに対して，後者は日常的・通常的ルーティンを構成する能力であったためである。

　経営学における鍵概念を整理して図表3-1で表されている理論的構造であることを考えると，福澤（2013）が指摘する「（藤本［1997］やBurgelman［2002a；2002b］の）実証研究はダイナミック・ケイパビリティの登場やその後の発展と時期を同じくしており，取り扱うテーマも『能力構築能力』（藤本，1997）や『戦略形成プロセス』（Bergelman, 2002a；2002b）というように一見するとダイナミック・ケイパビリティ論と親和性の高いものであるにもかかわらず，お互いにほとんど参照しないということが起きている」という疑問に簡単に答えることができる[13]。それは，藤本（1997）やBurgelman（2002a；2002b）の実証研究は，分析の単位や研究の主眼を単一組織に置いており，総合的には組織能力に関する研究であるためということに起因する。

　藤本（1997）やBurgelman（2002a；2002b）は，図表3-1の論理構造に当てはめると，ダイナミック・ケイパビリティにおける内部適応要素のみに主眼を置いた研究であり，ダイナミック・ケイパビリティそのものの研究ではないという位置付けになる。すなわち，藤本（1997）やBurgelman（2002a；

13　この点については，水野（2017）においても指摘している。

2002b）と，ダイナミック・ケイパビリティの研究は，そもそも分析の単位（unit of analysis）そのものが異なっているにほかならないのである。分析の単位が異なっている研究を参照しなかったとしても，それほど大きな「問題」ではないということになるのである。したがって，この点を鑑みると，「ダイナミック・ケイパビリティに関しては，1990年代頃から組織能力の議論が混乱されてきていると指摘されてきた」（坂本，2009；福澤，2013）という指摘は，実は，見当違いの指摘であるといえよう。

3-7　経営学におけるキー・コンセプトとレジリエンス研究
　　　―本章のまとめ―

　本章では，経営学における鍵概念の理論的構造を整理することを通して，経営学におけるレジリエンスの位置付けを明らかにすることを目的としてきた。そして，そこから導き出されたのは，吸収能力とダイナミック・ケイパビリティの概念は極めて似通った概念であること，そして，これらの概念は，2つの構成要素を併せ持っていることが明らかとなった。それは，内部適応要素と外部適応要素である。経営学においては，内部適応要素の研究が数多く蓄積されてきており，内部適応要素すべてを表す概念として組織能力が，その下位概念として，組織の中核的能力を表すコア・コンピタンスと日常的・通常的ルーティンを構成するオーディナリー・ケイパビリティが位置付けられていることを確認することができた。

　吸収能力とダイナミック・ケイパビリティは，内部適応要素のマネジメントを行う一方で，この内部適応要素の能力を高めるために，組織の外部適応要素をうまく組み換え，配置することができる能力のことを表している。ダイナミック・ケイパビリティの概念では，転換（transforming）という言葉を使いながらも，再配置（reconfiguring）と置き換えても差し支えないとTeece自らが言及しているように，外部の資源をうまく組み換え，組織内部に再配置する側面に力点を置いている。

　しかし，特に，ダイナミックという言葉が持つ動的な意味を深く捉えると，より大きな組織の転換，すなわち，環境への適応プロセスで組織そのものが変態するという可能性もある。これまでの吸収能力とダイナミック・ケイパビリティの議論では非線形的に適応するという組織が変態することについてほとんど説明していない。Winter（2003）もまた，このように理解している

からこそ，ダイナミック・ケイパビリティは，競争優位性を持続させるアド・ホック的に問題解決をもたらす通常の能力（ordinary capabilities）と変わらないと主張していると考えられるのである。Cohen and Levinthal（1990）がNelson and Winter（1982）を引用して進化論的議論を意図的に導入しているにもかかわらず，この点についての発展的な議論が十分になされていないのである。

このように考えると，経営学におけるレジリエンスの理論的展開可能性は，非線形に適応する組織が変態するこのフェーズにあるのではないだろうか。すなわち，吸収能力やダイナミック・ケイパビリティの適応が線形的な均衡点に到達することを表しているのに対して，組織のレジリエンスの適応が非線形的な新たな均衡点に到達することを表していると解釈することができるのである。しかし，このように考えると，吸収能力とダイナミック・ケイパビリティの両概念と組織のレジリエンスの概念は，適応という点においては，連続変数となっている可能性を示すのである。また，吸収能力とダイナミック・ケイパビリティの議論では，外部の資源を組織内部に取り込むとの前提で外部適応要素を捉えているが，実際には，取り込むのみならず，外部適応要素と共存を図っていく場合もある。すなわち，組織が変態しながら外部適応要素をマネジメントする力である。それらを踏まえて図に表したものが図表3-2である。

図表3-2の理論的構造が「正しい」のかどうか，すなわち，既存研究から導出された仮説を次章からの事例研究を通して確認することとする。その際，3つのタイプに区別して事例研究を進めていくこととする。

図表3-2　図表3-1に組織のレジリエンスを加えた理論的構造

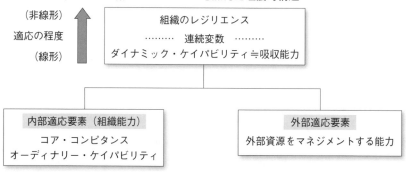

出所：筆者作成。

第1のタイプは，（偶然直面したのか，自らの判断で行動して結果的にそのような状況に陥ったのかは別にして）外部要因の影響があまりにも大きすぎて，対応しなければ組織が崩壊する状況に陥って対応せざるを得なかった組織，あるいは，その影響によって新たに生まれた組織に着目している（第4章「環境とレジリエンス」）。このタイプでは，組織に与える環境の影響があまりにも大きい現象にフォーカスして，多くの組織であれば，その適応をあきらめてもおかしくない状態で，なぜ，再起をかけることができたのかという点にフォーカスしている。このようなタイプで示される事例は，Eisenhardt and Martin（2000）が指摘しているように，極めて速い速度で，大きく転換するような環境下に置かれ，それまでの経験や知識の蓄積（連続的な蓄積）では，いかんせん何ともならないような状況に置かれていることになる。同論文の指摘通りに，組織のこれまでの経験や知識の蓄積では，本当に乗り越えることができないのかについて検討するのである。

　第2のタイプでは，外部環境の変化やニーズをいち早く察知して，対応しないといけないと自らが判断して（ゆでガエルになる前に早めに）対応した組織に着目している（第5章「組織とレジリエンス」）。[14]

　第3のタイプでは，第4章と第5章で挙げられたそれぞれの事例において，組織で主体的行動をとってリーダーシップを発揮して組織の危機を乗り越え，組織の適応を支えた個人に着目している（第6章「個人とレジリエンス」）。その際，その個人の個性とリーダーの資質という観点から整理することとする。それは，Prahalad and Hamel（1994）において，「資源をダイナミックに捉える視点と要素の適切な組み合わせで価値を高めるという議論はマネジャーのアクションにかかっている」という指摘や，学術研究ではないものの，Zolli and Healy（2012）では，筆者らの取材を通じて「不思議なほど一貫して認められる発見があった」として，優れたレジリエンスを発揮するコミュニティーにはそれを支える特定のタイプのリーダーの存在があるという指摘があったためである。特に後者では，共通する特徴を備えたリーダー，すなわち個性と，いくつかのリーダーとしての要素，すなわちリーダーシップの資質があると主張している。そのため，第6章では，個人の特性，および，リーダーの資質という2つの側面からそれぞれの事例の中核となった人物を確認していく。

14　ただし，当然のことであるが，外部環境の変化を全く受けないわけではないため，外部環境の変化に対応せざるを得ず，それによって適応している事象も扱っている。

第 2 部
事例編

　第2部となる事例編は，第4章から第6章で構成されている。これらの事例研究は，いずれも，*Academy of Management Journal*におけるエディトリアルでのエディターの指摘と，既存研究で改めて確認した点を踏まえて進めていく。前者に関しては，レジリエンス研究をマネジメントの側面に焦点を当てて進めていくこととする。すなわち，構成要素や構成要素間の関係，それぞれの軌跡を時系列で緻密に記述することである。後者に関しては，1) 図表3-2の理論的構造の仮説を検討すること，2) 組織や主体が直面した危機に対応するに際して3つの段階―備える段階・危機が起きた時（転機）に対応する段階・危機を乗り越え克服した新たな段階（新たな均衡）―に区別して考えること，3) 過去から蓄積されてきた資源や経験に裏付けられた経路依存性は，極めて速い速度で変化する危機的環境においては本当に役に立たないかどうかを検討すること，4) 第6章では，レジリエンスを発揮することができる個人の個性の特徴と，リーダーシップを発揮する要素，すなわち，リーダーの資質について確認しながら現象を読み解いていく。

　以上を踏まえて，第4章と第5章の事例の記述にあたっては，組織や主体が直面した危機における3つの段階を「備えの段階」「転機の段階」「新たな均衡」として記述する。また，第6章の記述にあたっては，「個人の経験」「リーダーとして」として記述する。

第4章
環境とレジリエンス

4-1 復興屋台村 気仙沼横丁

1) 備えの段階[1]

　宮城県気仙沼市は，三陸海岸の南部に位置し，古くから港町として栄えた地域である。そのため，漁業関連の事業に携わる人々も少なくない。また，遠洋漁業も盛んな地であることから，海外との接点を持ったり，海外での生活経験を持つ人々も少なくない。そのため，地方と一般的に称される土地であるものの，多様な価値観を受け入れる土壌が存在している地域でもある。

　さらに，漁業は自然環境に左右される事業でもある。そのため，漁獲量や季節に応じて捕獲する漁場を変えるなど，環境や状況に応じて個人の判断で柔軟に対応することで生き残りを図ってきた地域でもある。このような環境下に置かれているため，個性が強いという一面もある。一方で，保守的であるという側面も存在する。

2) 転機の段階「東日本大震災」

　2011年3月11日14時46分18秒に起きた地震で津波が発生し，町は壊滅的な被害を被った。住民の多くは，避難所である気仙沼市立階上（はしかみ）小学校の近くまで津波の第一波が来たので，階上中学校に避難した。その数，おおよそ2,000人であった。中学校の体育館と本校舎を使っても収容しきれない状況であった。当初から避難所で陣頭指揮を執った守屋守武氏（当時，気仙沼市議会議員）は，「とにかく尋常ではない状況だった」と当時のことを振り返る。着の身着のまま文字通り九死に一生を得てたどり着いた人々の中には，怪我人も

---

[1] 本項の記述に関しては，図表0-1のインタビューリストに記載されているインタビューイーの意見をもとにしている。

いた。怪我人の怪我の手当ては地元の病院の医院長がその役割をかって出た。

　このような混乱の状況下で，まずは，事態の収拾と被災者の受け入れを整備することが求められた。市議会議員や市役所の職員，地元の消防団などが連携を取って，事態の収拾にあたった。被災状況を確認するために，消防団と周辺地域を確認するとともに，避難所の受け入れを行った。雪も降りだし，一刻の猶予もなかった。避難した地域住民も1人ひとりができることを行った。階上中学校の生徒は，ずぶ濡れになって体温を奪われる避難民に，体育の授業で使うジャージを自ら差し出した。地域のボランティア協会の方々は，炊き出しの準備に訪れた。被災を免れた方々からは，毛布や食料の提供があった。電気や水道も止まったため，発電機を集めたり水汲みをすることから始めた。

　翌日から，消防団によって，犠牲になられたご遺体が運ばれてくるようになったため，避難所である階上中学校体育館の1室に安置した。3日目になると，避難所の収拾にあたった中心的人々が集まり，現場の指揮と統括をする代表者が必要であるという総意のもと，守屋氏が階上中学校の避難所を統括する代表者となった。そして，水汲みや炊き出し，支援物資の分配，トイレの掃除班などを作り，避難者も役割を分担して，多くの人々が避難所の運営に携わった。避難民の中には，高齢者も少なくなかったため，避難していた中学生や高校生は，主に力仕事を担当した。このような役割分担が行われたタイミングで，徳洲会が派遣した医師が救急車とともに現地に入り，怪我人の支援や避難所の衛生状態の確保にあたった。さらに，直接津波被害を受けていない被災地であっても，生活インフラがすべて止まっていたことから，周辺地域の医療・保険的ケアにも積極的に取り組んで支援した。

　4日目には，自衛隊も気仙沼に到着し，避難民の支援にあたった。この頃から，避難所の運営にかかわる関係者と支援者，周辺地域の自治会長らが集まる朝のミーティングが行われるようになった。被災状況の報告やそれぞれの活動報告，情報共有をすることが目的だった。

　こうして，徐々に避難場所の整備が行われるようになると，次に心配されたのが感染症とインフルエンザの発生であった。時期が3月ということもあり，寒さも厳しく乾燥していた。さらに，避難所では（当初）被災者を土足で受け入れていたため，厳しい衛生状態にあった。支援にあたっていた看護師から手洗いの励行と衛生の確保が必要であるという指摘があったため，体育館を掃除して土足禁止にすることにした。体育館を土足禁止にする際，漁

協がワカメ出荷用の段ボールを提供してくれたため，清掃した床に敷くことができた。また，農協からは炊き出し用の食糧等の協力があった。

　10日後，避難所となっていた階上中学校で卒業式が行われる運びとなった。体育館の半分程度のスペースを使って，避難民も参加して，皆が卒業生の義務教育の修了を祝った。この時のことはマスコミにも取り上げられた。この卒業式の様子は，アメリカの新聞"The New York Times"でも報道された。この卒業式の卒業生の答辞は，この年の『文部科学白書』にも掲載された。これらのニュースを観て，全国各地からボランティアが訪れるようになった。訪れたボランティアの役割分担に関しては，避難所の陣頭指揮を執っていた守屋氏が一手に担った。そのボランティアの1組に，仙台に住む阿部高大氏と阿部有美氏の夫妻の存在があった。阿部夫妻は，震災後すぐに仙台市一番町に所有する自社ビルの1階のスペースを，被災地に届ける支援物資を受け入れる場所として無料で開放した。また，阿部夫妻は，震災発生翌々日の13日からこのようにして善意で集められた支援物資を直接被災地に届けに行っていた。その1つに避難所であった階上中学校があったのである。支援物資を届けた際，阿部夫妻は，避難民の声に耳を傾けた。どのような支援物資が現地で必要とされているのかを聞くためであった。高齢者の避難民の声に耳を傾けると，意外なものが必要とされていた。それは，入れ歯を入れるケースであった。その話を聞いた東北歯科技工専門学校の関係者が，1,000個もの入れ歯ケースを被災者に寄付し，阿部夫妻が届けたこともあった（水野，2018b）。

　震災から1か月もすると，避難所の状況は落ち着きを見せるようになる。避難民も自宅に帰宅するなどして2,000人から700人程度に減った。しかし，避難民も含めた地域住民には，新たな課題が立ちはだかることとなる。それは，生きていくための働く場所の確保，そして，経済的自立である。地域の再生・再建を考えると，地域住民の雇用を創出して安定的な職を確保することが何よりも重要だったのである。「もっと地域住民に働く場所を確保して，自分たちで稼ぐ状況を作って地域の再生を遂げるスピードを上げることが求められる」。もともとこの点を強く意識していた守屋氏は，その前からも，復興のための作業を有償化して，作業者に日当が出るよう関係者に働きかけていた。金融機関には，その日当を現金で即日渡すよう依頼した。しかし，継続的かつ長期的に働く場所を確保することは，容易ではなかった。そんな時，たまたま1人でボランティアに訪れていた阿部有美氏は，直接，このような声を聞くこととなる。「地域住民に働く場所を作ってあげたい。飲食店だったり，

それが，仮設施設でもいいから…」「亡くした家族を想いながら，その気持ちを吐き出し，共有することができる飲食の場所が欲しい」という当事者らの声を聞いたのである。ただ，この時はこの声を聞いただけで，夫が待つ仙台の地に戻った。

3) 新たな均衡「復興屋台村 気仙沼横丁」[2]

　そして，自宅に帰宅した阿部有美氏が夫の高大氏にこの話を伝えると，思いがけない一言が返ってきた。「じゃあ，作ったら？」と。こうして，飲食店経営者の店舗が津波に流されてしまった人が新たな店舗を再開できることで働く場所が確保され，被災した人たちと語らいあう場所，そして，地域のコミュニティーを再建する場所の検討が始まった。その形が屋台村だったのである。

　阿部夫妻は，まず，株式会社を設立することから始めた。自分たちの意思決定をすぐに行動に移す機動力を求めたためである。社名は，株式会社復興屋台村とした。ただし，阿部夫妻は，気仙沼地域の意見を無視して，すべての主導権を握ろうとしていたわけではない。避難所で出会った階上中学校で現場を統括していた守屋氏と連携を取って屋台村の計画を着々と進めていった。事務局長には守屋氏の推薦で，地元住民で被災者でもあった小野寺雄志氏が指名された。小野寺氏は飲食店経営の経験があり，冷静な目で飲食店の経営状況判断ができ，店長の目線に立ったアドバイスができる適材だったためである。屋台村の建設地も市役所の職員も含めた地域住民とともに選定した。それは，阿部夫妻が「現地の人に受け入れられる立地でなければならない」と考えていたためである。屋台村のイメージは「カツオ船からカツオを手渡しで受け取ることができるところ」（それほど新鮮な魚介類が手に入るところ）であった。小野寺氏は，この時のことを「毎日夜中まで，復興屋台村の開村調整や手続きに追われていた。市役所も協力してくれたから，職員との打ち合わせも頻繁に行っていた。とにかく，毎日がプレッシャーで，うなされて飛び起きたこともあった。しかし，非常事態の中で自分ができることを1つひとつやって乗り切るしかないと思っていた」と振り返っている。

2　復興屋台村 気仙沼横丁に関する記述の詳細は，水野（2018b）を参照されたい。また，水野（2018b）は，ケース教材として一般財団法人貿易研修センターが運営する日本ケースセンター（https://www.casecenter.jp/ccj_user/html/index.aspx）に登録されている（コンテンツID：CCJB-OTR-18008-01）。

「人が集まって語れる場所」をコンセプトに，屋台村の設計および建設が進んでいった。屋台村のテナントに入店する店主には「包丁とまな板だけを持ってきて営業できるように」と，飲食店運営に必要な設備すべてを用意した。その多くは，全国各地の個人や法人，地域単位で，善意の品が次々に届けられたものであった。この時のことを阿部夫妻は「内装工事の段階でテナントにエアコンや冷蔵庫，キッチン，テーブル，椅子など，できる限りを用意したけれど，ほとんど頂き物でした」と述懐している。また，「人が集まって語れる場所」というコンセプトを実現させるために，屋台村の敷地内に人が集まるスペースを作った。この場所を「きずな広場」と名付けた。また，その一角に，気仙沼を（内湾地区を）襲った8mの津波の波の高さの棒（ポール）を立てて「きずなの塔」として，屋台村のシンボルにした。そして，集客効果を高めるためにも，少なくとも月に1度はイベントを開催することにしたのであった。

　株式会社復興屋台村が主体となって出店説明会を開き，関係者間で出展募集と選定を行った。出店条件は，「地元である気仙沼の特徴を生かしたメニューを作ること」「気仙沼地域の食材を使う店舗であること（地産地消型店舗）」「特徴あるメニューを揃えること，また，柱になるメニューが必ずあること」「気仙沼らしい料理（郷土料理）が最低1品はメニューにあること」「同業種は2～3店舗まで」であった[3]。そして，最終的に22名の店主が選ばれた。

　こうして，復興屋台村 気仙沼横丁は，2011年11月11日のプレオープンを経て，11月26日にグランドオープンの日を迎えることになった。きずな広場には，大漁旗が掲げられた。この時のことを事務局長の小野寺氏は「テナントさんが現金を手にすることができたのを見て嬉しかった」と振り返る。守屋氏が強く願っていた地域住民の働く場所が担保されたのである。

　屋台村の運営が軌道に乗ると，阿部夫妻をはじめとした株式会社復興屋台村の株主は，屋台村の運営を屋台村の店主や当事者らにゆだねた方が当事者意識を持つだろうと考えた。こうして，2012年1月30日に一般社団法人復興屋台村が設立され，株式会社復興屋台村に代わって屋台村の運営を担うこととなった。店主がこの法人の社員となって当事者意識を持って屋台村の運営にあたる組織へと変革したことに大きな意味があったのである。店主が社員となって当事者意識を持って運営にあたる組織を実現するために行った1つ

---

[3] この出店条件に関しては，国土交通省観光庁「地域いきいき観光まちづくり2011」（http://www.mlit.go.jp/common/000213036.pdf）の記述を参考にしている。

の仕組みが，村長と副村長制度であった。2名の副村長が村長を補佐する構成になっていた。半年ほどの任期で，店主らの互選によって選ばれ，復興屋台村 気仙沼横丁の運営にあたる形へと変わったのである。

　復興屋台村 気仙沼横丁へは，日本のみならず，世界中から視察が訪れた。アジア地域の国々の政治家や官僚らによるジャパン・トリップ・ツアーの一環で気仙沼のマグロの紹介を担当した臼福本店社長兼気仙沼の魚を学校給食に普及させる会代表の臼井壯太朗氏は「30人ほどのメンバーを気仙沼横丁に引率したけれど，そのうち3人が『日本は素晴らしかった。一番良かったのは，気仙沼横丁で食べた食事だった。人のつながりや日本のパワーを感じた』と書いてくれていて，とても嬉しかった」と振り返っている。

　屋台村でのテナント経営が安定した店長の中には，次のステップを踏み出す者が出てくるようになった。すなわち，屋台村からの卒業である。気仙沼横丁でも人気があったイタリアンのお店の店主は，ボランティアの手を借りながらログハウスを建て，夫婦で独立してイタリアンのお店をオープンさせた。また，気仙沼横丁で人気が出たお寿司屋さんは，2階に座敷がある常設店舗を建てた。気仙沼横丁の経営で貯めた資金を元手に，横丁での経営実績が評価され，銀行から融資を受けて新たに民宿の経営を始めた店主もいた。気仙沼横丁でも若かった20歳代の店主は，横丁の経営で事業資金を貯めて，もう1店舗，新たな店を開店し，そのお店を人に任せて経営していた。こうして何人もの店主らが，自ら経済的自立を遂げたのである。横丁を「卒業」する店主たちの多くは，復興屋台村 気仙沼横丁の店主であった誇りを忘れず，そして，その証として，横丁のロゴを掲げ続けている。復興屋台村 気仙沼横丁は，文字通り，被災地の再生・再建のためのステップを提供する場としても機能したのである。

　この復興屋台村 気仙沼横丁の開設については，時限つきの支援制度を活用していたため，閉村は避けては通れない道であった。最終的には，2017年3月20日，5年4か月の時を経て閉村することとなる。しかし，復興屋台村 気仙沼横丁は，気仙沼の地域住民が働く場所を確保して，地域を再生・再建する機会を提供したことは紛れもない事実であった。また，それとともに，臼井氏が「いろんなつながりができた。気仙沼横丁を通して人のつながり，ネットワークができた」と振り返るように，復興屋台村 気仙沼横丁が地域コミュニティーの再建に果たした役割は決して少なくないといえよう。

4-2 森松工業[4,5]

1) 備えの段階

　戦前，三菱重工名古屋航空機製作所の大江工場で，航空機の製造に携わっていたのが，後の森松工業の創業者となる松久辰夫氏であった。辰夫氏は零戦の製造に携わりながら，金属加工や組み立て工程の知識や技術を蓄積していた。戦後，三菱重工の大江工場は解体されたため，辰夫氏は故郷である岐阜の地に戻り，三菱重工の勤務時代に培った技術をもとに，自宅兼作業場で鉄製品の加工を始めた。「金属加工なら何でもやる」と，鍋釜や自転車の修理，看板の取り付け，雨どいの修理など，要望が寄せられれば何でも引き受けた。[6]

　ようやく事業が軌道に乗り始めた1959年，辰夫氏が体調不良になったため，息子である松久信夫氏に会社の経営を任せることにした。信夫氏はこの時のことを振り返って，「右も左もわからないまま社長になった。でも，技術を磨くことだけは忘れなかった。誰よりも高い技術を持つ溶接工を目指して突っ走った」[7]と述べている。増加する受注に対応するために，自宅に併設された作業場から新たな工場を建設したものの，同社を悲劇が襲った。新工場完成から3か月後の9月26日に上陸した伊勢湾台風により，工場が倒壊してしまったのである。しかし，信夫氏はすぐにマインドを切り替えた。「もう，失うものは何もない！」と。そして，技術を磨き，仕事にまい進した。1961年には，岐阜県予選を勝ち抜いて溶接技術の競技会に最年少で出場する。[8]このような努力が実り，受注に結びついていった。1963年には，第一種圧力容器製造許可を取得するまでの技術を確立していた。また，同時に，「鉄骨加工は付加価値が（圧力容器や鉄製の給水タンクと比較すると）低く，誰でもできる」として，鉄骨を止め，圧力容器や鉄製の給水タンクの製造に特化する決断を行った。

　この意思決定は，森松工業にとって大きな2つの意味を持っていた。第1

4　森松工業に関する記述の詳細は，水野（2018c）を参照されたい。また，水野（2018c）は，ケース教材として一般財団法人貿易研修センターが運営する日本ケースセンター（https://www.casecenter.jp/ccj_user/html/index.aspx）に登録されている（コンテンツID：CCJB-OTR-18020-01）。

5　森松工業は，1947年に創業し1964年に設立された岐阜県本巣市に本社を置く資本金1億円，日本国内従業員660名（いずれも2017年3月末現在）の中堅企業である。

6　『日経ビジネス』2008年12月15日号「小さなトップランナー」pp.48-49 より。

7　同上。

8　同上。

に，高付加価値の業務に経営資源を集中させたこと，そして，第一種圧力容器製造の技術を獲得したことである。この意思決定が，40年後の同社の中国事業の躍進の原点となるのである。しかし，この時は，誰もそれを知る由がなかった。

2) 転機の段階　その1「タンク市場の変化」

　圧力容器や鉄製タンクの受注に特化して，順調な事業を営んでいたものの，1960年代後半，1つの転機が訪れる。それは，市場が錆に強く重量も軽い繊維強化プラスチック（FRP）[9]のタンクに急速に切り替わっていったのである。この市場環境の変化は，同社が，当時の事業の柱であった鉄製タンクの需要が減少していき，存亡の危機に直面することを意味していた。そこで，信夫氏は，すぐさま，FRPのタンクに代わる錆びにくい軽い金属製の素材の検討を始めたのである。そこで着目したのがステンレス素材であった。こうして，ステンレス素材を使った自社製品の開発に着手することになった。

3) 新たな均衡　その1「ステンレス製タンクの開発」

　しかし，その当時，ステンレス素材は，素材価格が高価で[10]，その上，加工が難しいという性質を持っていた。森松工業は，これらの課題をいかにして解決するのかに直面することとなったのである。加工が難しいというステンレスの課題は，森松工業が蓄積してきたプレスや溶接加工の技術で解決することができた。また，素材価格が高いという課題に対しては，ステンレスを板のまま使用するのではなく，素材の真ん中にプレスで球体のくぼみをつけて，強度を高め，板厚を薄くすることに成功した。この技術は実用新案を取得した。

　また，素材をパネル状にして組み立てることができるようにした。これは，大きく3つの効果が期待された。それは，1）パネルを自在に組み合わせるためにタンクの形状の自由度が増して，多様なサイズや形状のタンクを省力で組み立てられる効果と，2）工事現場で組み立て作業を実施することができるため，（大型のタンクそのものを輸送するよりも）輸送コストを節約できる効果，3）工期を短縮する効果である。さらに，錆びにくいというステンレスの

9　FRPは，Fiber-Reinforced Plasticsの略である。
10　『日経ビジネス』の2008年12月15日号，p.48の記述によると，1960年代後半のステンレス鋼は，鉄に比べて8倍近くの価格であったと記述されている。

特性上，鉄のように内面に防錆処理をする必要性もないため，これもまた製造期間や工期を短縮することに寄与した。顧客にとっても，鉄製のタンクよりも（錆びや耐久性の心配をする必要がないため）衛生的でメンテナンスしやすくて便利であるというメリットがあった。そして，将来的には，生産量が増加することでステンレス素材の購買コストを抑えることができるだろう，という目論見もあった。

　こうして，1970年，世界初のステンレス製パネルタンクが販売された。ステンレス製タンクは，耐久性・耐震性に優れ，工期が短く，多様な形状に適応でき，衛生的で清掃やメンテナンス作業が容易であるということから瞬く間にヒットして，森松工業が業界首位に躍り出たのである。

4）転機の段階　その2「中国への事業展開」

　森松工業の第2の転機の直接のきっかけは，1972年に遡る。松久信夫氏は，日中国交正常化に伴うビジネスパーソンらで構成される事業団の一員として，中国を訪れる機会を得ていたことにある。[11]この視察を通して，信夫氏は中国の経済の潜在的発展可能性を確信し，中国に事業を進出させる機会をうかがっていた。それと同時に，中国語ができる人材を探していた。

　そんな時，中国の留学経験を持つ人材が，新卒社員として入社することになった。それが，後の森松工業の取締役になる西村今日子氏であった。こうして，森松工業は，中国での事業展開に乗り出すきっかけを得たのである。

　最初は，輸出入専門商社の設立から始まった。1987年のことであった。中国語が堪能な西村氏は，この企業の従業員第1号として配属された。しかし，西村氏を待ち受けていたのは，苦労の連続の日々であった。なぜなら，当時は，中国から輸入するものは不良品や粗悪品ばかりで，西村氏は，連日，全品検品する作業に追われることとなったためである。現地にクレームすると開き直ったり，たらいまわしにして責任転嫁しようとしたり，発注した寸法と異なる部品が納品されたり…。このようなことが日常茶飯事の出来事として起こっていた。

　しかし，それでも，徐々に中国のモノづくりの品質に対する意識が向上し，中国製品の品質が安定してくるようになると，輸入業務も順調に伸びてきた。そして，森松工業の製品も中国に販売することができるようにもなっていっ

11　松久信夫氏が中国に訪問し，感銘を受けた記述は，http://bs.doshisha.ac.jp/attach/page/BUSINESS-PAGE-JA-24/26577/file/1051208004-65.pdf　に詳しい。

た。ただし，信夫氏が考えていた最終的な同社の中国でのゴールは，中国でモノづくりを展開することにあり，引き続き，そのチャンスをうかがっていた。当時の規制では，中国で製造して中国国内に製品を販売するためには，独資ではなく，中国の現地パートナーを見つけて，合弁企業にする必要があった。信夫氏は，最適なパートナーを見つけるべく中国全土を探し続けていた。[12]

こうして，森松工業が，ローカル企業（以下，中方と表記する）とで上海の経済開発区に合弁企業を設立したのが1990年5月のことであった。社名は，上海森松圧力容器有限公司（以下，上海森松と略す）と名付けられた。上海森松の株式の出資比率は，森松工業が70％で中方が30％であった。従業員は10名からスタートした。合弁企業の契約と設立までは極めて友好的な関係で物事が進んでいった。当初の計画としては，2年間は赤字経営とはなるものの，3年目からは黒字に転換する方針で現地法人の経営にあたることとした。中国での圧力タンク市場を狙っていくためにも，事業展開を見越して，中国での圧力タンクの製造許可も取得した。

しかし，西村氏をはじめとする森松工業の合弁企業の担当者にとって，ここから，まさしく「地獄の日々」が待ち受けていた。いざ，合弁会社が設立されると，次から次へと難題が噴出したのである。例えば，当時の合弁企業は，車両登録や資材購入等に関してさまざまな優遇政策が用意されていたが，現地の中方（中国のパートナー企業）経営陣らはそれを濫用したり，従業員の採用に関しても「赤字が膨らむばかり」であると猛反発したり，ありとあらゆる嫌がらせや業務妨害行為を行ってきたのである。こうして，次第に，森松工業と中方の溝は深まっていき，ついに修復できないほどにまで関係が悪化することとなる。そして，上海市役所や市長らまでをも巻き込むような事態にまで発展するようになる。上海森松の毎回の取締役会議には，森松工業と中方の董事（取締役）らのほか，それぞれの弁護士，さらには，政府関係者までもが同席することになったのである。

このような事態に解決の兆しが見え始めたのは，1994年の暮れのことであった。関係者らが，「もう合弁企業としてやっていくことは無理である」という結論に達し，森松工業が中方の出資額を買い取ることになったのである。そして，1995年以降の3年間の配当で中方に一定の資金を提供することで，

12　松久氏は「北は大連から南はベトナムとの国境近くまで約100ヶ所調べた」と語っている（『日経ビジネス』1996年12月23・30日号，pp.26-27）。

「今後，一切経営に関与しない」という確約を取り付けたのである[13]。この時，すでに，合弁企業の設立から，はや4年以上もの月日が経っていた。

　森松工業がやっと独資で上海森松の経営に注力する環境が整い，中国でのステンレス製タンクの事業を本格的に展開しようとしていた矢先，また新たな困難に直面した。それは，上海森松で働いていた元工場長が，あろうことか，森松工業のステンレス製パネルタンクの特許を中国で無断で申請していたことが判明したのである。この状況を放置すると，ステンレス製パネルタンクを開発した森松工業が中国市場でその製品を製造することができなくなる。そのため，すぐさま，上海森松は手を打った。「ステンレス製パネルタンクは日本の森松工業で開発して特許・実用新案化したけれど，その権利期間はすでに切れている。そのため，ステンレス製パネルにしてタンクを製造するという技術はすでに公知の技術となっており，この特許は，新たに中国で特許として認められるほどのものではない」という屈辱的な申し立てを裁判所に行ったのである。その結果，元工場長が出願した特許の撤回が認められた。

　しかし，この判決に安心したのも束の間，新たな事態が上海森松を襲うこととなった。それは，特許の撤回が認められたことで，貯水槽用のステンレス製のパネルタンクを提供する地元メーカーが次々と雨後のタケノコのように現れ，類似品の嵐となったのである。それと同時に，市場の原理が働いて貯水槽の価格が暴落するという事態に陥ったのである。このような中国の市場環境では，もう，森松工業の得意とするステンレス製のパネルタンク，特に小型の貯水槽用のパネルタンク事業で収益を見込むことは難しかった。このようなことも背景となって，森松工業にとっての中国事業は，5年以上も赤字が続くことになった。

5）新たな均衡　その2「ターゲットは圧力タンク市場」

　そのような苦境の中，上海森松にとっては，希望の光がうっすら見え始めた出来事があった。それは，外資系企業の中国への進出が相次ぎ，圧力タンクの需要が高まることに端を発する出来事である。中国では，中国当局の規制により，圧力タンクは中国国内で調達する必要がある。その一方で，圧力タンクは1つ間違うと爆発事故を誘発するため，工場建設においては極めて重要な設備の1つとなる。したがって，中国に進出する外資系モノづくり企

13　『日経ビジネス』1996年12月23・30日号，pp.26-27より。

業にとっては，安全性が担保された高品質の圧力タンクの調達は死活問題となる。そのため，圧力タンクを必要とする中国に進出したメーカーから，少しずつ，上海森松に圧力タンクの注文が入るようになってきたのである。

　実は，中方との"いざこざ"から上海森松が混乱を極めていた1993年の時に，中国に進出した花王から同社の上海工場向けの化学プラント用の圧力タンクの受注を受けることに成功していたのである。[14]この引き合いは，森松工業が日本国内で取引があったゼネコンからの紹介であった。その後，この業務の評判を聞きつけた日系・欧米系企業から，続々と注文が寄せられることとなる。受注は，山之内製薬，武田薬品，村田製作所，デュポン，P&G，BASFなどが続いた。森松工業が1963年に取得していた第一種の圧力容器を製造する技術が，30年の時を経て，上海森松の事業展開を支えることになったのである。

　圧力タンクの受注およびその設計に関しては，上海森松は顧客の声をとにかく，よく聞いた。どんな用途に使うのか，そして，どのような点に留意すべきか，顧客からの要望にはできる限り耳を傾けた。顧客の要望を聞きながら，技術的な課題を1つひとつ解決していった。そんな顧客からの要望の1つに，ASME資格があった。ASMEとは，アメリカ機械学会（The American Society of Mechanical Engineers）の略で，同学会が策定する規格・認証を表している。アメリカに基盤を置く医薬品や化学プラントメーカーにとっては，この規格・認証を保有する圧力タンクメーカーとの取引は，工場建設を進める上でも極めて重要な要件となっていたのである。

　この規格・認証を取得したことで，アメリカやヨーロッパを基盤とするグローバル企業との取引が徐々に拡大していくこととなった。グローバル企業の中国での工場建設の業務のみならず，中国以外の海外の工場建設に関しても受注の拡大を可能にしたのである。さらには，圧力タンクの製造で取引関係ができたグローバル企業からもさまざまな情報が上海森松にもたらされるようになっていった。「スウェーデンで製薬のプラント工場を設計する企業が財政的に難しい状況にある」との情報がもたらされたのも，上海森松と取引があったグローバル企業からであった。[15]

14　上海森松に圧力タンクの受注が次々と舞い込んだ記述については，http://bs.doshisha.ac.jp/attach/page/BUSINESS-PAGE-JA-24/26577/file/1051208004-65.pdf　を参考にしている。

15　森松工業は，後に入札でその企業を買収することに成功した。

第4章　環境とレジリエンス　105

図表4-1　森松工業の中国での展開の軌跡

西暦	中国での事業展開
1987年	アムト株式会社（輸出入専門商社）設立
1990年	上海森松圧力容器有限公司設立
1991年	上海森松圧力容器有限公司工場（圧力工場）完成
2001年	上海森松製薬設備工程有限公司設立
2002年	上海森松環境技術工程有限公司設立 上海森松環境技術工程有限公司工場（環境工場）完成 上海森松混合技術工程装備有限公司設立
2004年	上海森松化工成套装備有限公司設立
2006年	上海森松化工成套装備有限公司工場（空港工場）完成
2007年	上海森松新能源設備有限公司設立 上海森松化工芸装備工程有限公司設立
2008年	森松（江蘇）重工有限公司設立 森松（江蘇）重工有限公司工場（南通工場）完成
2010年	森松（中国）投資有限公司設立 圧力工場が空港工場に移転

出所：同社のHPの情報を元に筆者が作成。

　こうして，森松工業の中国での事業の巻き返し，そして，大躍進が始まったのである。2000年以降になると，中国で工場用地を次々と獲得し，それぞれの顧客の事業領域の要望に応えることができるよう工場を増設していった（図表4-1）。化学プラント用タンクを製造する工場や食品用タンクを製造する工場，医薬品用タンクを製造する工場，オイル＆ガス工場，ケミカル工場，原子力関連用タンクやそれらの部品を製造する工場など，用途に応じてそれぞれの工場で対応できる体制を整えてきた。その中でも，2008年に江蘇省に新設した南通工場は，揚子江の河口に自社製専用の港とバースを作り，船を着岸させ，大型機器を直接搬出できる施設も完備した。

　そして，2006年には，上海森松は，本体である森松工業の売上と利益を抜き去った。2017年度決算では，森松工業の売上が179億円であるのに対して，上海森松の売上は425億円に上る。しかし，森松工業が中国での上海森松の事業展開を可能にしたのは，1）日本の森松工業の事業で利益が確保できていたこと，2）投資できるだけの十分な財務体質が基盤にあったこと，そして，3）森松工業の社長である松久晃基氏（2018年8月現在）と現地法人の実質的な

経営責任者である日本人に帰化した西松江英氏，中国での事業開拓に尽力した取締役の西村今日子氏らが信頼関係および連携体制を構築していたことが大きい。松久氏は，西松氏の中国での事業展開を全面的に信頼し，「彼に裏切られるようなら，会社も中国事業を閉じた方が良いという覚悟」と公言しているほどである。

4-3 石渡商店[17]

1) 備えの段階

　創業者であった石渡正男氏は，もともと大手の民間調味料の開発・製造を手掛ける企業の研究所でグルタミン酸の前身で醤油からとれるうまみ成分の1つである「味液（みえき）」の研究を行っていた研究者であった。しかし，中華の高級食材として使われているにもかかわらず，小さいサイズのふかひれ[18]が廃棄されていたことに着目して神奈川県の川崎より気仙沼へ移住し，企業を創立した。それまで手間がかかる上に，商品価値が低いと廃棄されていた鮫のふかひれをただ同然で仕入れるところから事業をスタートさせたのである。

　その当時，ふかひれの処理は，鮫の皮を剥ぐことなくそのまま天日干しで乾燥させて出荷されていた。しかし，創業者は，ただでさえ小さいサイズであるにもかかわらず，ふかひれの皮と骨を取り除いてから乾燥させて商品化することに成功していた。それには明確な意図があった。皮を剥ぐことなくそのまま天日干しにするとふかひれが商品化される時には茶色（黄金色）になる。しかし，鮫の皮と骨を丁寧に取り除き，処理に手間をかけることで色の白いふかひれができあがるため，（それまで中華の食材として使われていたふかひれが）和食用の食材としても使ってもらえると考えたためである。また，和食は大皿に料理を載せて提供される中華料理とは異なり，料理を取り分ける必要がなく，1人分のお皿やお椀に料理が載せられることが多い。こ

16　森松工業と上海森松の実質的な経営者になっている西松氏との関係，および，西松氏が中国でどのような管理体制を構築したのか，さらには，森松工業社長の松久晃基氏や西村今日子氏が築いてきた信頼関係の詳細については，水野（2018c）を参照されたい。
17　石渡商店は，1957年に創立された宮城県気仙沼市に本社を置く資本金1,000万円，従業員30名の企業である。
18　ふかひれには，8つの種類があり，主に料理に活用されるものは大きいサイズのものであるという。一方で，処理に手間がかかること，そして，ふかひれのサイズが小さいために商品価値が低いとして，かつては廃棄されていたという点に，石渡商店の創業者は着目したのである。

の点も，和食において小さいサイズのふかひれのニーズがあると考えたのである。ただし，和食の食材として大々的に使われるようになるまでには，もう少し時間を要することとなる[19]。

1963年には，輸出貢献企業として表彰されるも，ふかひれの海外への販売については円高の影響を強く受ける事業であることを強く意識した同社は，近隣の食品工場に協力を依頼して，ふかひれ入りのレトルト食品や缶詰の開発を行って発売するようになった。また，これらの商品の用途を開発して[20]，高級和食店に営業に行くなどして顧客を開拓していった。さらに，1987年には富裕層に直接販売しようと考え，通信販売も始めた。このタイミングで，初めてB2C（Business to Consumer）の事業に乗り出したのである。

同社のふかひれは，もともと廃棄されていた素材であった。「この商慣行は日本だけではないはず」と考えた同社は，海外にまでふかひれの食材調達ルートを開拓しようと試みた。こうして，ペルーやスペイン，ブラジル，インドネシアなどにふかひれを調達する場所を確保して，海外でもふかひれの処理を行う拠点までも確保したのである。このような経緯で海外のそれぞれの現地でふかひれの加工をして船便で気仙沼の加工工場に送るという新たなふかひれ調達ルートを構築したのである。この経営判断が，後の同社の事業展開に大きな影響を与えることになる。

2）転機の段階　その1「リーマンショック」

ふかひれは，一般的に高価な食材として知られている。いわゆる「ぜいたく品」である。いくら処理に手間がかかって商品価値が低かった部位のふかひれといえども，素材の卸売価格は決して安くはない。そのため，同社では，原材料としてのふかひれを0.1g単位で選別して区分けしているほどである。一方で，このような高級食材は，特に景気の影響を大きく受けやすい。同社の専務取締役である石渡久師氏は自身の経験から「世の中が不景気で節約志向になると最初に"切られる"のがふかひれで，景気が戻って高級志向になって一番最後に復活するのもふかひれである」と実感しているほどである。また，2008年のリーマンショックも例外ではなかった。実際の売上は，3割も落ちたという。

19　ふかひれが和食用の食材として注目されることになった1つの大きなきっかけは，平成の天皇即位を祝う宮中晩餐会でふかひれ入りの茶わん蒸しが提供されたことにあったという。
20　この当時は，ふかひれのお刺身や天婦羅のレシピを開発したという。

3) 新たな均衡　その1「B2Cビジネスへの展開」

　景気の低迷とともに，石渡商店のふかひれの売上も低迷してしまったため，新たな活路を見出す必要性に直面した。そのタイミングで，たまたま，顧客が懇意にしていたバイヤーに「テレビショッピングに出してみませんか？」との話を持ち掛けられたことがあった。これまで，B2B（Business to Business）の取引が中心であり，通信販売でB2Cを少々手掛けていたものの，大々的に行っていたわけではなかった。しかし，テレビショッピングを活用して販売するとなると，大々的にB2Cの取引に展開することになる。それは，これまでとは異なるタイプの業務も社内で整備して手掛けなければならないことを意味していた[21]。ただ，落ち込んだ売上を取り戻すためには，やるしかなかった。

　テレビショッピングとともに取り組んだもう1つの手段は，海外へのふかひれの販売を強化したことである。同社は，とりわけ中国の上海において和食に使われるふかひれ料理の人気が高いという情報を手に入れた。同社の専務である久師氏も，その真相を確かるべく上海を訪れた。こうして，日本に訪れた中国人観光客が，日本の和食店でふかひれを使った料理を食べて，中国に帰っても同じような料理が食べたいという富裕層のニーズが高いこと，また，上海ではそのような顧客をターゲットとした和食店が人気を博しているという状況を目にしたのである。

　この2つの対策で，同社の売上は再び伸び始めた。しかし，その数年後，新たな危機が同社を襲うこととなる。

4) 転機の段階　その2「東日本大震災」

　それは，2011年3月11日のことであった。東日本大震災で，気仙沼の海沿いにあった石渡商店の本社と工場，倉庫が津波に飲まれて被災してしまったのである。石渡商店の代表取締役社長の石渡正師氏は，その状況を目の当たりにして呆然とし，気を落としてしまった。そして，経営の音頭を取っていく士気までも低下してしまったという。

5) 新たな均衡　その2「本社工場の再建」

　その様子を見ていた専務の石渡久師氏は，常務で弟の石渡康宏氏とともに「専務の僕が経営の最前線に出て経営を舵取りして，2人で再建する」と覚悟

21　例えば，個別の梱包や配送作業など，これまでB2Bの卸売では求められなかった作業や手続きが求められるようになる。

を決めた。そこで，2人は，工場周辺の瓦礫を片付け，津波の被害を受けた工場の2階に残っていたふかひれの在庫を商品化することを決めた[22]。石渡家は，津波で流された自宅に保険をかけていたため，その保険金の全額を使って，会議室程度のスペースではあったものの，仮工場を作った。残った在庫で，狭いスペースの仮工場ででき得る限りの商品を製造した。この時，ふかひれの調達地を世界各地に拡大していたことが役に立った。辛うじて気仙沼に残った処理されたふかひれの在庫を商品化した後も，海外で処理された素材としてのふかひれが順次，気仙沼に届き，商品製造を継続することができたのである。この時のことを久師氏は，「海外で処理されたふかひれが日本に届くまで半年かかる。このタイムラグで，何とか生産できる最低限の生産体制を整えておこうと尽力した」と振り返っている。

そして，久師氏は，仮工場の運営の傍ら，工場の本格的な再建に乗り出すことにする。これまで，経営の舵取りは，代表取締役社長である父親の正師氏が担っていた。そのため，経営やそれに伴う数字について詳しかったわけではなかった。事業計画書の書き方すら知らなかった。しかし，工場再建のための復興予算の補助金制度[23]ができたため，この申請書の作成に取り掛かった。さらに，補助金以外に工場の再建に必要な資金の一部は，被災地を応援するクラウドファンディングを活用することで手当てした。

工場の建設地は，久師氏の祖父である創業者社長がかつて購入していた土地で1971年にゴルフの練習場として活用していたところに決めた。この土地は，創業者が1960年に発生したチリ地震で気仙沼にまで津波が到着した経験から「山側にも土地が必要である」と判断して購入したという土地であった[24]。こうして，石渡商店の再建が着々と進んでいった。

新工場の建設も終わり，2012年10月には実際の稼働が始まった。新たな事業展開を開始している久師氏は，かつて慣れ親しんだ工場が津波に飲み込まれた経験を踏まえて次のように語っている。「被災してすべてが津波に飲み込

---

[22] この記述については，https://recruit-mcr.com/kesennuma/company/ishiwatashouten/ を参考にしている。

[23] その補助金の制度とは，「津波・原子力被害被災地域雇用創出企業立地補助金」で，気仙沼のような震災被害の大きかった地域には，新たに従業員を雇用するという条件で，土地取得費・土地造成費・建物取得費・設備費（新増設する設備機械装置の購入や据え付けに必要な費用まで申請が可能）の2分の1が補助される制度であった。石渡商店は，この制度の2次募集に申請した。

[24] 創業社長がこの土地を購入した際，「社長の道楽」と揶揄されたことも少なくなかったという。しかし，40年の時を経て，同社工場の再建の地となったのである。

まれた工場は，昭和50年代に建てたもの。その後は少しずつ後から後から増築，増築していったものだった。だから，使い勝手や動線があまり良くなかった。採算が合わない商品とか，工場の稼働率を見ながら製造の見直しをするとかということが事実上できていなかった。津波に流されなかったら，新しい工場を創ろうという気にはなってはいなかった」と，筆者に語ったのが印象的であった。

6）転機の段階　その3「ふかひれの風評被害とぜいたく物禁止令」

再建された新工場が稼働して，新たな一歩を踏み出した石渡商店が直面した次なる課題は，ふかひれに関する事業環境の大きな変化であった。その1つは，東日本大震災に起因する出来事でもあった。中華料理の定番の食材で，新たな日本食用の需要を開拓してきた同社のふかひれは，東京電力福島第一原子力発電所の事故の影響で，放射性物質による汚染の恐れを理由に中国への輸出が認められなくなったのである。また，それに追い打ちをかけるように，中国では，2012年の年末に「ぜいたく物禁止令」が発令された。この2つの事象は，同社の事業を支えているふかひれの需要の大幅な減少を意味していた。

このような事業環境の変化に，同社は何としてでも手を打たなければならなかった。

7）新たな均衡　その3「新たな商品の開発」

一方で，工場再建の資金調達に協力してくれたクラウドファンディングの出資者に対しても，返礼するタイミングも近づいていた。そこで，久師氏は，出資者の直の声を聞こうと，出資者に対してアンケートを取ることにした。その内容は，「なぜ出資をしてくれたのか」「何を返礼に求めているのか」であった。得られた回答は久師氏にとって，意外なものであった。出資者が求めていたのは，ふかひれ商品の返礼ではなく，「気仙沼の水産業の復興に役立ちたい」という率直な心だったからである。

この回答を受けて，石渡商店の新たな事業の取り組みとして，ふかひれではない気仙沼に貢献できる何か別の商品を開発しようと決めたのである。しかし，同社にとって馴染みのない全く新しいものに挑戦するのではなく，ふかひれの業務領域に近い，そして，気仙沼にちなんだ商品開発に着手したのである。「気仙沼にちなんだ食材で，ふかひれスープやふかひれの姿煮を味付けするためのソースに使えるのではないか？」と，たどり着いた商品が，気

第4章　環境とレジリエンス

仙沼湾の唐桑地区で獲れる良質な牡蠣を使ったオイスターソースだったのである。実際に開発を始めたのは，2011年後半のことであった。

　開発に際しては，素材となる牡蠣を提供する生産者が納得する商品を作るために，そして，牡蠣の生産者に安定的に供給してもらえるように，生産者が「身がしまっていて一番おいしい」という3月以降から5月頃までの時期に採れた牡蠣のみを取り扱うことにした。また，生産者に負担をかけないよう，小さいサイズの牡蠣から大きいサイズの牡蠣まですべて購入することとした。それは，同社のふかひれを販売する経験からである。顧客がサイズを限定して購入すると，ある特定のサイズの商品は売れるものの，そのほかのサイズのものが売れ残るという事態が起こってしまうということがしばしば起きていたからである[25]。牡蠣の生産者にこのような苦労をさせまいと，すべてのサイズを一括で購入することにしたのである。また，素材のおいしさを最も引き立てるための製法を開発するのに苦心したという。これらの条件を勘案し，たくさんの試行錯誤の末，生牡蠣を冷凍したまま酵素分解させて液体化するという解決策にたどり着いたのである。牡蠣を冷凍したままクラッシュして液体にすれば，牡蠣個体の大きさは関係なくなるからである。そして，この工程は，以前から取引のある協力企業に依頼することとした[26]。また，この商品開発において重要な点は，オイスターソースを製造する手順や工程は，ふかひれスープを製造するそれと同じであったため，新たな設備投資をする必要がなかったということである。こうして，後の石渡商店の新たな看板商品となるオイスターソースが完成したのである。

　販売するまでのパッケージやデザインにもエピソードがある。復興屋台村気仙沼横丁を通して交流があった阿部夫妻から紹介されたデザイナーが，このオイスターソースに惚れ込んで，商品のデザインを引き受けたのである。久師氏は，この時のことを振り返り「オイスターソースの開発は，パッケージも含めて，人の縁でできていることを実感する」と語っている。

25　ふかひれの場合，顧客が作ろうと思っている料理に合致した欲しいサイズのふかひれだけ持って行く。だから，ふかひれには，売れるサイズと売れないサイズが出てきてしまう。牡蠣生産者もまた同じ状況に直面しているのだろうと考えたのである。すなわち，「牡蠣をオイル漬けにするのだったら，このサイズを」「レストランで牡蠣フライに使うなら，このサイズを」と納品する牡蠣のサイズが指定されることで，売れない小さいサイズの牡蠣もあるだろうと考えたのである。

26　自社で牡蠣の加工するのではなく，協力企業に依頼した理由は，ふかひれを製造する工場は，食品工場であるため，加工工程において牡蠣が発症源となり得るノロウイルスの侵入を完全に断つためである。

このオイスターソースは，「気仙沼完熟牡蠣のオイスターソース」という商品名で2013年から販売された。まずは，5,000本限定で製造・販売を行った。そうすると，この商品は，2週間で売り切れてしまうほどの反響があった。オイスターソースに使う牡蠣の生産時期は（商品品質に対するこだわりから）限られている。そのため，購入することができなかった顧客は，1年近く購入を待たなければならなかった。商品の反響が大きかったため，2014年は増産体制を整えて2万本を生産して販売した。しかし，この商品も半年で売り切れてしまったためにさらなる増産体制を整備した。こうして，2018年現在では，年間20万本を売る同社の定番商品となったのである。そして，近い将来，このオイスターソースは海外に販売することも視野に入れて動いている。

　また，このオイスターソースは，さらに進化させて販売することを狙っている（2018年8月現在）。それは，このオイスターソースを3年間熟成させた商品を発売することである。実は，この熟成は，偶然の産物によってできたものであった。2013年に製造・販売したオイスターソースで社内にサンプルとして保管してあったものが，保存していたロッカーで気づかぬうちに知らず知らず熟成されており，いざ，開けてみると味と香りがまろやかになっていたのである。そこで，どのように変化したのかを確認するために，成分データを分析してみた。すると，アミノ酸が2倍に増加していることが明らかとなったのである。そのため，本格的にオイスターソースを3年熟成させるために，熟成させる装置を導入し，生産体制を整えて，正式に商品として販売するための計画を進めている。

　石渡商店では，3年熟成させたオイスターソース以外にも，次々と新たな商品の開発，そして，新たな事業に乗り出している。そして，2019年度もまた，新たな事業を立ち上げる予定で，準備を着々と進めている。

4-4 「環境とレジリエンス」の事例の共通点とは？
―本章のまとめ―

　本章では，（偶然直面したのか，自らの判断で行動して結果的にそのような状況に陥ったかどうかは別として）外部要因の影響が，組織が適応するにはあまりにも大きすぎて，対応しなければ組織が崩壊する状況に陥り，組織がその状況をどのようにマネジメントしてきたのか，あるいは，その影響によって新たにどのような組織が生まれたのかに着目した。また，事例の記述に

際しては,それまで組織が蓄積してきた経験や学習などを「備えの段階」,外部環境の変化に対応する段階を「転機の段階」,それをマネジメントして危機を乗り越えて克服した新たなフェーズを「新たな均衡」に区別して3つの事例を取り上げた。

それぞれの事例における「備えの段階」を確認すると,当初,将来的に役立つとは意図していなかった意思決定であったにもかかわらず,その後,意図せざる結果(沼上,2000)となって表れた現象をいくつも確認することができた。例えば,森松工業は,1963年に第一種圧力容器製造許可を取得して,付加価値の高い鉄製品の加工を手掛けていたことから,この技術を保有していた。しかし,中国に事業を展開した当初は,この技術を活用した事業ではなく,その後に開発に成功したステンレス製パネルタンクの事業で中国市場を開拓しようとしていた。しかし,中国でステンレス製パネルタンク事業を展開しようとするも,さまざまな逆境に直面する。その中で,見えてきた1つの光は,(当初,中国で展開しようとしていたステンレス製パネルタンク事業ではなく)もともと日本で手掛けていた圧力容器の受注であった。ここから同社は大きく事業の舵を切り,圧力容器で中国での市場を席巻した。また,石渡商店は,「商品価値を見出されることなく捨てられている小さいふかひれの存在は,日本に限らず他国でも同じであろう」との仮説を立てて,ふかひれの調達先を世界各地に拡大してきた。ただし,この意思決定は当初,ふかひれ調達のリスクヘッジという意図は全くなかった。しかし,東日本大震災で同社の工場や倉庫が被災し,ふかひれの在庫がなくなった時,初めて,世界各地でふかひれの処理をして半年かけて気仙沼に船便で送っていたことが,ふかひれの調達に関するリスクヘッジを知らず知らずしていたのだと気がついた。また,石渡商店の創業者である石渡正男氏は,1960年代のチリでの地震によって気仙沼に津波が来たことを教訓に,山側に土地を購入して,そこをゴルフの練習場にしていた。この土地が,東日本大震災で本社や工場,倉庫が被災したために,工場の再建の地となると予測していたわけではない。

これらの点を鑑みると,Eisenhart and Martin(2000)は,極めて速い速度で変化する市場においては,これまでの学習や経験の蓄積は役に立たないと主張していたが,現象を確認してみると,「備えの段階」で知らず知らずに行ってきた学習や経験,意思決定が,その後の危機を乗り越えるきっかけになることがあると確認されたのである。

次に,それぞれの事例における「転機の段階」を確認すると,組織が危機

や逆境に直面しながらも，その状況に対処したりマネジメントしたりするプロセスで，組織外部のステークホルダー（利害関係者）の果たす役割が決して少なくないということが明らかとなった。復興屋台村 気仙沼横丁の事例では，屋台村を建設するきっかけを作ったのは，仙台からボランティアに訪れ，現地の被災者の声を聞き続けていた阿部夫妻であった。また，上海森松が窮地に陥っていた時，圧力タンクの製造に関する情報がもたらされたのは森松工業が日本で取引のあったゼネコンからであった。このゼネコンから寄せられた情報で，花王の圧力タンクの受注に結びつき，それが，グローバル企業から圧力タンクを受注する直接のきっかけになっていた。石渡商店は，工場を再建するために被災者支援のクラウドファンディングを使って出資者を募ったが，返礼品に関するアンケートからもたらされた情報が，結果的に，後の同社の看板商品となったオイスターソース「気仙沼完熟牡蠣のオイスターソース」にたどり着いた。また，同商品のデザインに関しても，復興屋台村 気仙沼横丁で出会った阿部夫妻から紹介されたデザイナーが，同社の製造するオイスターソースに惚れ込んで全面的に協力してくれたからこそ，この看板商品ができあがっている。

しかし，一点，留意すべきは，Wooten（2012）が指摘しているように，すべては基本的に危機や困難に直面した当事者の問題であり，当事者が中心となり，当事者が自立していなければ，外部のステークホルダーがどのような支援を提供しようが意味をなさないということにある。一方で，当事者は，外部のステークホルダーからもたらされる情報や力，支援をいかにして最大の成果や価値に結びつけるのかを考えて行動に結びつける必要があるといえよう。この点は，「新たな均衡」の段階で確認することができる。

それぞれの事例における「新たな均衡」の段階を確認すると，組織は，外部のステークホルダーからの支援を，組織能力や吸収能力，ダイナミック・ケイパビリティ[27]，組織のレジリエンスと密接に関連するだろうと想定される組織の力に結びつけていることが明らかとなった。例えば，復興屋台村 気仙沼横丁の事例では，テナントに入居した店長がボランティアの力を借りなが

---

[27] 第3章では吸収能力やダイナミック・ケイパビリティの議論は（外部要因によって組織そのものが大きく変貌・変革を遂げるという視点ではなく），外部要因を組織内部に取り込んで，再配置するというところに力点が置かれていることが確認されている。「新たな均衡」の議論においても，その議論が当てはまるのか，それとも，組織そのものが大きく変革を遂げることがより重要なポイントとなるのかは，これから検討していくこととする。

らログハウスを建てて独立したり，気仙沼横丁での経営が実績となって金融機関から融資を受けて独立した店長も確認された。森松工業の事例では，圧力タンクの受注および設計に関しては，上海森松ができる限り顧客の要望に添うよう技術的な課題を１つひとつクリアして，アメリカの圧力タンクの規格・認証を獲得することで，同社の技術力をさらに高めている。また，上海森松での取引実績から信頼を勝ち得たグローバル企業からもたらされた情報から同社がスウェーデンの企業を買収したり，中国現地政府関係者からの情報を得て新たに工場用地を取得して中国での事業を拡大したりと，外部のステークホルダーからの協力が，上海森松の事業の拡大に確実に結びついている。石渡商店の事例では，リーマンショックで高級品であるふかひれの売上が落ち込んだ時，顧客が懇意にしていたバイヤーからもたらされたオファーからテレビショッピングという本格的にB2Cの事業へと進出してエンドユーザーとの直接の接点を得ているし，同社の新たな看板商品となったオイスターソースを作り上げることができた原点も，クラウドファンディングという手段ではあるものの，石渡商店の工場の再建に対して出資してくれた人々の声であった。また，石渡商店の専務である久師氏が，次々と新たな取り組みに着手する理由として筆者に「新しいことをすればするほど，新しい人・情報が舞い込んでくる。そういうつながりが楽しい」と語っていることからも，外部のステークホルダーが次の第一歩への大きな原動力となっていることがわかる。

　以上のことから，「新たな均衡」の段階において，事例となった組織は，いずれも，外部のステークホルダーが大きな役割を果たした，あるいは，新たな展開へのきっかけを与えたということにとどまらず，そこから，自社の能力の向上に結びつけてしまう底力があることが確認された。そして，場合によっては，森松工業や石渡商店の事例のように，それまでの企業の事業構造を根底から変えてしまうこともあるということが確認されるのである。すなわち，組織内部に吸収して再配置するという吸収能力やダイナミック・ケイパビリティの議論を超えて，組織そのものの変態である組織のレジリエンスとでも呼ばれるべき現象が確認されるのである。

　また，これに関する重要な点の１つは，これらの現象を確認すると，組織の中には，新たな均衡に達した経験を持つことによって，自らの組織内部で新たな課題を見つけ出し，自走してそれに対応する行動ができるようになる，あるいは，自らの組織を変える原動力を自ら作り出す企業行動をとっている

図表4-2 事例組織における転機と新たな均衡の整理

組織	転機（現象）	転機	新たな均衡
気仙沼地域コミュニティー	東日本大震災	<外的要因>逆境	復興屋台村気仙沼横丁地域住民の自立
森松工業	鉄製タンク需要の減少	<外部要因>逆境	ステンレス製タンクの開発
	中国進出	<内部要因>挑戦	圧力タンク技術でグローバル企業の要求にこたえる
石渡商店	リーマンショック	<外部要因>逆境	新たな販路開拓（B2C事業の拡大）
	東日本大震災	<外部要因>逆境	工場再建
	震災による放射能汚染の影響で対中輸出の禁止／ふかひれ最大消費地中国での「ぜいたく物禁止令」の発令	<外部要因>逆境	ステークホルダーを巻き込んでの新たな事業展開（オイスターソースの開発）

出所：筆者作成。

と判断される組織の存在が明らかになることである。本章で取り上げた事例は，すべて，そのような要素を含んでいるといえよう。

これらの議論を踏まえて，転機のマネジメントの状況や確認された現象，新たな均衡とともにどのような能力が実現されたのかをまとめたものが図表4-2である。この図表から，外部環境が組織に壊滅的な影響を与えるほど大きな危機や逆境である場合，それを乗り越えるプロセスでは，それまでの延長線上の能力，すなわち，組織外部の変化を組織内部に取り込むという形での適合ではなく，組織そのものを変態させて新たに組織を創り上げる形での適合を推し量ることにより，組織の再建を目指そうという組織行動があるということを確認することができるといえよう。

第5章
組織とレジリエンス

5-1 HILLTOP[1]

1）備えの段階

　HILLTOP株式会社は，もともと大手自動車会社の量産部品を旋盤加工する企業として創業した。創業当初は，いわゆる大手自動車会社の下請け業務を担っており，それは，毎日7,000個もの同じ部品を，潤滑油で油まみれになりながら加工し続ける業務であった。この加工業務を行う製造機械は，大手自動車会社と直接取引のあるサプライヤーから貸与されたものであった。そのため，自社でこの製造機械を改造することができず，タクトタイムを上げたり，生産効率を向上させるという努力をすることも難しい業務であった。したがって，この業務は，毎年コストダウンが求められることが常識と化している自動車業界において，自社の利益を削っていくことを意味していた。製造機械を貸与するサプライヤーに研修に行った経験を持つ同社の代表取締役副社長（2018年8月29日現在）の山本昌作氏は，「ロボットがするような先がない仕事だった」と，当時のことを振り返る。また，昌作氏は「上位サプライヤーでの研修先で「仕事は厳しいに決まっている。楽な仕事はない」「考えたらあかん。ただ，無意識で身体だけが動いている状態で仕事をするんだ」と言われたことを忘れない。「これが決定的になって，量産の仕事を辞めようと決意した」とも語っている。

　しかし，その一方で，当時の同社売上の2割は，部品の量産加工というルーティンの仕事ではなく，一般的に「平たい仕事」といわれている単発で注文が入る雑多な業務から得たものであった。このような業務は，専門商社経

---

[1] HILLTOP株式会社は，1961年に創業し，京都府宇治市に本社を置く資本金3,600万円，従業員数151名の企業（2018年7月現在）である。

由の問い合わせから発生していたものであった。専門商社の顧客の工場が手狭だったり，稼働率が高く新たな受注を受け入れることができない状況であった場合に，不定期で同社に注文が入るのである。このような仕事の中には，業務の引き受け手がないために発注先が困り果てて，伝手をたどって直接同社に図面が持ってこられるものもあった。

　山本昌作氏は，1977年に家業である同社に入社した。当時の社名は有限会社山本精工であった。昌作氏は，もともと生産性の低いモノづくりの量産の業務を好ましく思っていなかった。そのため，入社後は，あまり量産業務にかかわることなく，自分自身で積極的に新しい顧客を連れてきては，仕事や関係しそうな会社を紹介してもらい，ルーティンの仕事ではない新たな仕事を見つけようとしていた。たとえそれがこまごまとした手間のかかる仕事であったとしても。

2）転機の段階　その1「量産業務を止める意思決定」

　1981年のことであった。大手自動車会社のサプライヤーに6か月間研修に行っていた昌作氏は，連日全く同じ加工業務で，ロボットでもできる付加価値が低い業務を続けることに疑問を感じたこと，また，研修先の指導員に「考えたらあかん。ただ，無意識で身体だけが動いている状態で仕事をするんだ」と言われたことを機にこの業務から撤退することを決意する。そして，同社に戻り，同社の従業員であった家族全員に「量産の仕事は止めよう」と自身の決意を語り，自動車部品を加工するために貸与されていた生産ラインを顧客に返却した。売上の8割を占める量産加工の業務に代替する仕事の当てがあったわけではない。しかし，昌作氏は，「このままだと先はない」「知的労働にこそ付加価値の源泉がある」という確信だけがあった。そして，目標は「単純労働作業から解放されること」であった。ここから，山本精工の新たな歴史が刻まれることになった。

　まずは，売上の2割であった仕事を増やすために，また，部品加工の幅を広げるために当時の最新鋭の加工装置であったNC旋盤を購入した。当時，モノづくり中小企業を対象にした「ロボット融資」という制度があり，その制度を活用した。翌年には，2台目を購入している。さらに，その翌年の1983年には，マシニングセンターまで購入した。新たな加工業務を引き受けるためには必要不可欠な道具であると判断したためである。

　かつて売上の8割を占めていた仕事の穴を埋めるべく，そして，新たに購

入したNC旋盤の借入金を返済するために，このような状況を生んだ張本人である昌作氏は，休みを取ることもなく奔走した。日中は仕事を受注するために外回りをして，夜は日付が変わるまで日中に受注した業務を遂行することに集中した。業務の受注に関しては，連日，地元の支援機関に赴き，できるだけたくさんの関係者を紹介してもらうよう依頼した。「どのような些細な仕事でも良いから」と必死の営業をかけた。

　しかし，苦労してやっと受注に成功しても，量産を手掛けていた技術とは異なる力量が問われることが多く，すべての工程を自社内で完結することは簡単ではなかった。そのため，自社では加工が難しい工程，特に仕上げなどの後工程を近隣のいわゆる「職人」と呼ばれる人のところに依頼することで解決しようとした。やっと獲得した初めての顧客の仕事を納期に間に合わせて納品し，次の仕事の受注につなげるためには必要不可欠であるとの判断であった。駆け込み仕事であっても職人は引き受けてくれたものの，言い値となり，単価が高くなってしまう。その結果，利益に結びつかないことも少なくなかった。それでも，赤字になったとしても，最初は学習するための機会であると割り切って，職人が作業を行っている横に張り付いて，その技術をできるだけ早く習得しようとしたのである。こうして，技術力を磨き，自社でできる加工範囲を徐々に拡大させていく循環を創ろうとしたのである。

　このような目的があるため，職人が作業を行っている際，昌作氏が理解できない作業や工程についてさまざまな質問を投げかけた。「なぜその手順で加工する必要があるのか」「なぜその治具をそのタイミングで使う必要があるのか」など，わからないことをその都度，素直に聞いた。しかし，職人がすべての質問に的確に答えてくれたわけではなかった。返答に要領を得なかったことも少なくなかったのである。職人は，明確な理由がないまま「このように教えられたから」「これまでこうやってきたから」と答えてきたのである。そして，しばしば，昌作氏が投げかける質問に対して「いちいち聞くな。黙って観ていて盗むのが技だ」と逆に怒られることすらあった。このような対応が不思議でならなかった昌作氏は「とぼけたことを言っているな。でも，実は，職人は，質問していることに答えることができないだけではないか？理屈で作業手順や工程を考えているのではなく，これまで引き継がれてきた，自身が体現してきたやり方を踏襲しているだけなのではないか。だから，本

2　その後，昌作氏は，このような職人のことを「にわか職人」と呼ぶようになる（山本，2018：7）。

当のことは知らずにわかっていない。合理的理由があるわけではないのではないか」と考えるようになっていったのである。そして，「本来であれば，三角関数を使った計算をした上で，手順を決めて加工をするのがプロの仕事だろうけれど，よくよく観察してみると少しずつ素材を削ってサイズ合わせをしているような仕事の仕方をしている」と解釈するようになっていった。こうして，昌作氏が「加工内容の本質的意味や理屈，論理で仕事を行っているわけではない『職人』が少なくないのだ」と悟るのにそれほど時間はかからなかった。

　このような経験を通して，昌作氏は大きな気づきを得た。キーワードは「三角関数」であった。すなわち，加工を行う前にあらかじめ三角関数で計算した上で，計算したものを加工工程に反映する仕組みを整えて加工をすれば，作業の効率化が達成できるのではないかと考えたのである。また，この加工データを定量化してすべて残しておくことができれば，2回目からの同じ部品加工に関しては再現性を持たせることができると気がついた。この時点で「なぜそうするのか」「どうして，その数値なのか」を体系的，具体的，論理的に考えることこそが，単品の業務で利益を得ることができる鍵となるとの気づきを得たのである（山本，2018：161）。そして，この気づきが，オンライン化の発想に結びついていくことになる。

　昌作氏は，失った8割の売上の仕事を埋めるべく，このように日々奔走する一方で，家族の生活は楽ではなかった。業務にばかり目が向いていた昌作氏は，従業員の家族の給料にまで目が向かなかったのである。結局，同社の改革を始めた1981年から1984年までの3年間，山本家の人々は無給で働いていたことになる。同社で働く山本家の従業員は，それまでの貯金を取り崩しながら，そして，親せきの支援を受けながら生活を続けていたという。業務の合間に社内で賄いを作るための味噌と醤油の代金が払えず，「つけ」で買ったこともあるというエピソードまで存在している。それでも，同社で働く山本家の従業員，すなわち，昌作氏の両親と兄，弟が，昌作氏の改革についてきた理由を昌作氏に問うと「量産ラインの業務が嫌いで，仕事に対してまじめに取り組んでいなかった私が，自分がやると決めたことに対して信念を持って，目の色を変えて必死になって仕事に取り組んでいたからだと思う」と振り返っている。

第5章　組織とレジリエンス

3）新たな均衡　その1「『踊る鉄工所』という工場無人化に挑戦（1984年）」

　このような取り組みを続けていると，「山本精工は，面白い仕事をやっている」と評判が立つようになる。量産の業務を受注することなく，1つひとつの受注に対してNC旋盤やマシニングセンターで加工業務ができることが，繰り返し作業を嫌う人材の期待に結びついたのである。人の伝手や口利きで，新たな人材が入社してくるようになった。家族経営の鉄工所から，従業員が15人ほどまでの規模に拡大し，企業としての組織体制を整備するタイミングに入っていく。ただし，このような人材が入社して，加工業務に関する話をすると，かつて昌作氏が職人と対峙していた時に目にした状況に改めて直面することとなる。それは，「職人」化である。職人それぞれが我流のやり方で加工を行い，また，それが「最も正しい」と信じて疑わないという現象でもある。このような考え方は，単品作業の工程を定量化してオンラインでデータを蓄積して，2回目以降の受注の際に再現するという昌作氏の計画の実現を阻害する要因となる。昌作氏は，このような状況を回避すべく，「どのようにしてデータベースを構築し，作業工程を標準化させて，作業の効率化を実現するか」を考え続けることとなる。

　そのヒントは意外なところからもたらされた。パナソニックのライスレディーの取り組みとマクドナルドのハンバーガー作業工程の標準化と作業マニュアルである。前者は，誰でも同じおいしいご飯を炊くために炊飯器調理工程を数値化するなどして科学的に分析し，おいしいご飯を炊くための条件を定量化してプログラムに落とし込む専門家集団である[3]。後者は，ハンバーガーの具材の管理や手順，作業時間，焼き加減などをすべてをデータ化，そして，制御して，できあがったハンバーガーの質を標準化する仕組みを整備している[4]。この2つの標準化や定量化の事例を参考に，同社内においても，作業工程を標準化し，業務を効率化すために必要な加工データを集めようとしたのである。

　この仕組みを構築するために昌作氏が重視したことがある。それは，従業員の合議制で取り組みを進めていくということであった。なぜなら，昌作氏が一方的にシステムを構築して，従業員に利用を強制したとしても，従業員

---

[3] 昌作氏が，この事象から具体的にどのようなヒントを得たのかの詳細については，山本（2018）pp.111-114を参照されたい。

[4] 昌作氏が，この事象から具体的にどのようなヒントを得たのかの詳細については，山本（2018）pp.115-116を参照されたい。

らにとっては「会社から押し付けられたシステム」であるとして定着させることは難しい。そして，それよりもむしろ合議制にした方が「(いろいろ不満や言いたいことがあったとしても，結局は) 自分たちで決めたことだから」と納得して利用するだろうと考えたためである。昌作氏のこの考えは，以後の同社の取り組みすべてにおいて継承されていくこととなる。

こうして，作業に従事する従業員らで合議制の話し合いが進められていった。データのオンライン化に関しては，「筋の通ったデータにしよう！」と加工の際の理屈や論理を積み重ねていった。最初はなかなかまとまらなかった意見も，話し合いや実験を重ねていくうちに，少しずつ落としどころが見えてくるようになる。例えば，回転数や冶具などの条件を収集してデータ化したり，加工し終わった部品に切りくずがつかないようにするためにステップ方式を採用しようとか，そのデータをもとに実際に加工したりしていると，「職人」それぞれのやり方を死守する姿勢から相互に譲歩しだす様子へと次第に変わっていった。そして，作成した加工データを実際に加工機にセッティングして，夜セットして無人で加工して削ってみて，朝，その出来具合を見て修正を繰り返していくという形で，1つひとつデータを積み上げ，実験し，作業や加工の工程を標準化するための試行錯誤を繰り返した。

それと同時に並行して行われた作業が，冶具やボルト，砥石といった作業工程に必要になる道具や部品の整理と管理である。冶具や刃物の長さ，素材などを細かく分類して，特性ごとに紐付けしてグループ化し，1つひとつナンバリングするのである。ナンバリングされた部品や素材は，同社の工場における部品や素材の「住所」ともいえる番号で管理される。そのため，(消耗品ではなく) 返却することが必要な道具に対しては，必ずその住所となる置き場に戻すことを社内で徹底するよう指導を行った。この基本的なルールを守らなければ，道具や部品を探す手間がかかってしまって，このシステム自体が機能しなくなってしまうからである。日常業務を遂行しながらこのシステム構築のための事前準備を行い，進めていった。これらの準備には，1年以上もの時間を費やした。しかし，それだけの時間を費やしてでも昌作氏が成し遂げようと強い決意を持って進めた理由は，「やはり，人がやっている作業の中にはルーティンの部分が多い。ここをデジタル化させて省力化させて付加価値の高い工程に人間が注力することができれば，仕事をする側も面白いし，会社としても利益が出るはずという信念があったから」と語る。

1984年に着手した「踊る鉄工所」を目指したデータベースの整備とオンラ

イン化の試みは，翌年に「ヒルトップ・システム」として構築され，その次の年の1986年には運用が開始された。運用開始後，さまざまな条件を数値化してデータを入力してプログラミングしてみても，いざ，試行実験を始めると一筋縄ではいかなかった。この時のことを，昌作氏は「実際にテストしてみると，2日に1回はトラブルが起こる。何度も痛い目に遭っている。例えば，夜，プログラミングしたものをセッティングして，朝に出社してみると，1本5万円の冶具4本がすべて折れていたり…。この損失はまだ序の口。しかし，これは当然のこと。人が張り付いていたら1本の冶具が折れた時点でNC機械を止めて修正する。しかし，工場に人がいない夜に自動でNC機械を動かしているので，不具合が起きても止める人は誰もいない。でも，不具合が起きようがNC機械は，プログラムの指示通りに加工を続けようとする。だから，当然のことながら全部の冶具が折れてしまうことになる」と当時を振り返る。また，ある時には，機械の重要なパーツの一部がボルトを引きちぎって，機械が大破して修理に400万円かかったこともあったという（山本，2018：100）。

　このような事態は，プログラマーのプログラミング・ミスにより起きることが多い。しかし，昌作氏は，それでも設計者を怒ることはなかった。なぜなら，それを指示したのは自分自身であるという戒めからであった。また，それと同時に，「いずれ，この損失は取り戻すことができる」という強い信念を持っていたからにほかならなかった。その強い信念は，幾度かの失敗から多くを学習している。例えば，「『早く削る』というノウハウはたまっていたけれど，『安全に削る』という視点やノウハウの視点や発想が欠けていたからこそ起きたことだと失敗から学んだ」と語っていることからもうかがえる。

　NC機械が故障すると，同社の日々の業務に支障をきたすこともある。このような状況を見かねた従業員からは「こんな取り組みは止めにしよう」という声が聞かれるのみならず，「こんなことをしていたら会社が潰れる」と昌作氏に直訴した従業員もいたという（山本，2018：97-99）。しかし，昌作氏がそのような従業員に伝え続けたのは，「何のために苦労して標準化・データベース化に取り組んでいるのか。それは，人が付加価値の高い面白い仕事に集中するためであることを忘れてはいけない」ということであった。

　1986年に運用を開始したヒルトップ・システムが，さまざまな試行錯誤と失敗を経て，本格的に始動したのは1991年のことであった。実に，1984年の取り組み開始から7年，そして，運用を開始してからは5年の月日が経っていた。山本（2018）には，ヒルトップ・システムを稼働してからの1つのエ

ピソードが紹介されている。それは，ある従業員が三日三晩かかって製品を創り上げ品質検査室に届けたにもかかわらず，その3日後に品質検査室に同じ製品が置いてあった状況を目の当たりにして激怒したという。品質検査担当者は「あれならすでに納品していて，ここにあるのはリピート注文のもの」と答えたという（p.101）。数々の痛い失敗と困難の末に構築したこのヒルトップ・システムが，いかに同社の加工作業の効率化に寄与しているのかを表すエピソードであるといえよう。

4）転機の段階　その2「工場の火事」

　2003年12月22日，同社の工場内で火事が発生した[5]。同社の本社がある京都の冬は寒い。仕上げ工程のところに置いてあったストーブが倒れ，それが火事を引き起こしたのである。不幸なことに，その火が有機溶剤の入ったペール缶[6]に引火してしまった。消火器を使って火を消そうとしたものの，火は消えるどころか，次々と工場内で爆発を繰り返した[7]。「有機溶剤に引火している以上，有機溶剤を工場内に置いておいては危険である」と察知した昌作氏は，素手でそれをつかみ，工場の外に運び出して事態の収拾を図ろうとした。それしか方法はないと判断したからである。しかし，ペール缶を持って走り出した瞬間，床にまかれていた消火器の消火剤で足を滑らせ，昌作氏は頭から有機溶剤をかぶってしまう。そして，昌作氏は病院に救急搬送された。

　昌作氏は，病院で一度意識は戻ったものの，2004年1月5日に危篤状態に陥り，40度の熱が続いた。昌作氏の意識が戻ったのは，それから1か月後のことであった。その間，従業員らが火事の後始末を行った。工場の建物と配線を修繕して，メインの機械をオーバーホールに出した。昌作氏が，身を以ってペール缶を工場の外に運び出したことで，工場の損失は，最悪の状態に陥らなかったことが不幸中の幸いであった。

　火事による火傷により九死に一生を得て自宅療養中であった昌作氏は，ある日，新聞の記事に目を留めた。2004年6月頃のことであった。宇治市にある日産車体京都工場跡地に造成された京都フェニックスパーク[8]の土地がほぼ

5　この出来事の詳細は，山本（2018）や本書の第6章（6-4）を参照されたい。
6　ペール缶とは，鋼鉄製の缶のことである。
7　同社が利用していた有機溶剤の引火点は60度程度であったため，爆発で暖かくなった工場内で爆発を繰り返した。
8　京都フェニックスパークは，宇治市産業振興センターが主導権を握って「日産車体京都工場跡地等企業立地推進プロジェクト」を発足させて検討を重ねて作り上げた工業団

完売したという記事であった。昌作氏は、同社が火事になる以前から新社屋の構想を漠然と抱いており、その候補地の1つとして京都フェニックスパークを考えていた。この希望は、日産車体京都工場跡地等企業立地推進プロジェクトにかかわっていた京都府の職員にも伝えていたのだった。この記事が、自宅療養中で未だ社会復帰を果たしていなかった昌作氏の心に火をつけた。いても立ってもいられなかった昌作氏は、早速、担当者に連絡して、1区画の購入を即断した。この時のことを昌作氏は、「何が何でも買うつもりだった」と振り返っている。購入価格も30分で決定して、担当者に伝えた。「新社屋で従業員を育てる！」と、療養中だった昌作氏の次のステップを踏み出すための心のスイッチが入った瞬間であったといえよう。

5）新たな均衡　その2「新社屋の建設」

　京都フェニックスパーク内に新社屋の土地購入を即断した昌作氏は、「ここからは時間との勝負だった」と振り返る。土地の取得手続きや建設計画、新たに購入する機械設備の検討、そして、資金調達…代表権を持った副社長として、やるべきことはたくさんあった。新社屋の建設に際しては、従業員を巻き込んで「夢工場プロジェクト」を発足させて取り組んだ。そして、同社の組織文化となっていた合議制のもと、このプロジェクトが進められた。従業員間で理想の工場についてミーティングを行い、そこで出た意見をもとに3社によるコンペを実施した。従業員1人ひとりが1票を持ち、投票することで、多数決でどのプランにするのかを決めた。フロアーカーペット1つとっても、合議制で進められた。それは、「自分たちの工場」を作るためでもあった。

　こうして、2007年12月、京都フェニックスパークに同社の新社屋が竣工した。新社屋は、建坪600坪、5階建て、東側は全面ガラス張りで、外観はコーポレートカラーである鮮やかなピンク色をしている。4階にはカフェテリア風の社員食堂が設けられ、ランチで出される定食500円のうち半額を同社が負担している。ここには、ステージが設けられ、カラオケ設備が常備されていることもあり、夜に懇親会やパーティを開くこともあるという。このス

　　地のことである。プロジェクトがどのように進められたのかについては、https://www.city.uji.kyoto.jp/0000002708.html を参照のこと（2018年12月13日検索）。
9　3という数字は、事故後の昌作氏に思い入れのある数字である。この点については、山本（2018）を参照のこと。

ペースは従業員のコミュニケーションを促す場ともなっている。同社に面接に訪れた就職活動生の中には，入社の理由として社員食堂を挙げることもあるという（山本, 2018：74）。

昌作氏は，「この新社屋は，動線も悪いし，床に物も置けない設計になっている。でも，自分たちで決めたから，誰も文句を言わない」と合議制で意思決定をすることの意義を語る。新社屋で営業を始めたのが2008年2月のことである。そして，この工場は，後に，年間2,000人もの見学者が訪れることとなる。従業員らは，自分たちで決めた夢工場で働くモチベーションをより一層高め，新卒の就職希望者は，毎年1,000人を超えるようになった。

6) 転機の段階　その3「リーマンショック」

新社屋で営業を始めておおよそ半年後，大きな外部環境の変化が訪れる。それは，リーマンショックである。このリーマンショックは，あらゆる業界で売上の低迷を招いた。同社も例外ではなかった。しかし，同社が製造業に携わる多くの企業と異なっていたのは，売上を数社に依存しない，そして，ある特定の業種に依存しない事業形態を構築していたがゆえに，売上の減少も3割から4割程度に抑えることができたことである。ただし，やはり，受注量が減っていたのは事実であった。そのため，この時期にしかできないことを考えた。まだ新社屋の借り入れが多く残っている中，昌作氏は，新たな借り入れをして新たな取り組みを始める意思決定を行った。この時のことを「赤字でも，運転資金のための資金調達ができるのなら投資をする。『今』しかなかった」と当時のことを振り返って，その決意を語る。

7) 新たな均衡　その3「新たなシステムの構築『HILLTOPシステム』」

昌作氏がリーマンショックという外部環境の変化によって受注量が減ったこのタイミングこそ取り組むべきと考えたのは，以前からやりたい・いつかはやるべきであると考えていた課題で，平時には忙しすぎて着手することが難しかったことであった。それが，1986年に本格的に運用を始めた「ヒルトップ・システム」のリニューアルであった。同システムはきちんと稼働してプログラマーにとってもプログラミングにストレスを感じるものではなかったため，22年もの間リニューアルしていなかったのである。一方で，昌作氏は，このシステムの耐用年数も終わっていたため，どこかでリニューアルする必要があると強く認識していたのである。昌作氏は，「売上が落ち込んで，

設備の稼働率が落ちている時にしかできないことを実施する絶好のタイミングである」と判断したのである。金融機関から資金を調達して，システムの見直しと，修正を行った。また，プログラマーには，「システムを更新するまで，既存のシステムを一切，使ってはならない」との指示を出した。

　今から振り返ってこの時の意思決定を昌作氏に問うと「このシステムのリニューアルが，今の当社のシステムの根幹をなしている。だからこそ，売上が凹んでいる時以上の価値を生んでいると確信している。それに，金融機関はこちらから提示した融資を受けるための事業プランに対して全面的に納得し，支持してくれていた」と語る。[10]

　また，このシステムのリニューアルは，人材育成という観点からも大きな意味があった。それは，当時，すでに同社に入社していた昌作氏の長男である山本勇輝氏が，システムのリニューアルの中核となって，システムの選択とカスタマイズを行ったためである。勇輝氏は，その後，アメリカ市場を開拓するために渡米して事業基盤を整える役割を担うこととなる。その時，同社のシステムを知り尽くしていたということは，現地で営業力を発揮する上での強みとなっていたことは間違いない。

8）転機の段階　その４「リーマンショックに端を発する海外展開の模索」

　実は，リーマンショック以降，同社ではもう１つ取り組みを行っていた。それは，海外への事業展開を見据えた取り組みである。事業リスクを軽減するためにも，最初は，日本国内３社が出資する形で合弁企業を設立し，中国への事業展開を試みた。建築資材の輸入が目的だった建設会社と，現地でモノづくり工場を運営しようとした製造業との合弁企業であった。同社は，自社開発した装置を販売するために51％の出資をして，合弁企業の経営権を握る形で中国に赴いた。2012年には上海にオフィスを構えるも，事業を軌道に乗せることは簡単ではなかった。その時のことを振り返って昌作氏は，「やはり，本気になって取り組んでいかなかったのが失敗の原因なのかもしれない。３社の合弁で進出すること自体が，やる気のなさを（今から思えば）表しているのだと思う」と自身で分析している。この経験，そして，本気で海外の市場を狙っていくと真正面に見据えた先がアメリカだった。「リーマンショックの負の影響も解消して，次のフォーメーションを考える絶好のタイミングだ

10　だからこそ，このシステムのリニューアルに関して，昌作氏自身にとっても，自信を持って進めていたことをうかがい知ることができる。

った」と，改めてこの時のことを振り返っている。それは，2013年のことだった。

9）新たな均衡　その4「アメリカ市場の開拓」

　アメリカ市場の開拓を見据えて最初にとった行動は，昌作氏の長男である勇輝氏をアメリカに派遣したことである。それは，同社の業務がどのようにしたらアメリカで受け入れられるのか，そして，その拠点としてどの場所を選定するのか，いわゆる，市場化可能性調査を行うためである。期間は，2年の猶予を与えた。また，アメリカへの本格的な事業の進出を見据えて，2013年10月には現地法人を設立し，2014年4月にカリフォルニア州にオフィスをオープンさせた。勇輝氏が独自の方法で市場調査をしながら実感したことは，単品ものの加工や試作ニーズはあるものの，そのサービスを提供する企業のみならず，短納期という付加価値を提供する企業がほとんど存在していないという現実であった。この市場ニーズを掴むことができれば，アメリカで事業化することは可能であると判断した同社は，同年に社名を山本精工株式会社からHILLTOP株式会社へと変更し，英語での社名表記をHILLTOP technology laboratory, Inc.としたのである。また，それとともに，アメリカでの試作を製造する拠点をアーバインに決定し，アーバイン工場を建設したのである。

　この時，2008年にリニューアルした「HILLTOPシステム」が大いに活躍することとなる。なぜなら，アメリカに設計者を置かなくても，日本で部品加工の図面を作成してプログラミングしてアメリカ現地にデータを送り，アーバイン工場では加工するための素材と冶具等をセットしさえすれば，同工場に設置されたNC機械はその図面で指示された通りに寸分違わず素材を加工することができ，仕上がった試作品をアメリカの顧客に納品することを可能にしたからである。また，このシステムは同時に，短納期も実現することが可能になるため，"5 days prototype machining"とキャッチフレーズをつけて，展示会などで積極的に宣伝することができたのである。試作品の受注から納品まで5日以内というサービスは，アメリカで大きな支持を得て，アメリカに進出してから約3年半で黒字化を達成した。そして，2017年には，同じカリフォルニア州ではあるものの，より顧客が要求するスピード感に対する要望に応えるために，シリコンバレーにもオフィスをオープンさせた。シ

11　その後，アメリカでの業務量が増えるにつれ，現地にもプログラマーを派遣するようになる（山本，2018：107）。

リコンバレーでは，納品までのスピードに対するベンチャー企業の絶大な支持を得るようになったのである。

5-2　守谷刃物研究所[12]

1）備えの段階

　昭和初期，同社の創業者であった守谷善太郎氏は，日本刀の鑑定・研磨・製作において刀匠「青龍斎宗光」として「無監査」の称号を得た。善太郎氏は，刃物そのものに関する経験と知識の深さから終戦直後の昭和20年12月，刃物鋼「ヤスキハガネ」を生産する日立製作所安来工場の依頼を受けて同工場刃物研究所の所長を引き受け，刃物製品の研究開発に携わることとなった。

　その後，刃物の生産を引き受ける守谷作業所を昭和28年に創業。創業後は，日立製作所安来工場専属協力工場となり，「ヤスキハガネ」を使用した各種刃物の製造にかかわることになった。1956年，日立製作所安来工場が日立金属安来工場となり，刃物鋼以外の高級特殊鋼も手掛ける方針転換が行われ，刃物研究所が閉鎖されることになった。その際に刃物研究所の名を受け継ぎ，守谷刃物研究所を設立した。その後1975年には，日立金属安来工場より特殊鋼鋳造部門の移管を受けることとなった。

　こうして創業以来，同社は日立金属安来工場のグループ企業の一員として，同工場の発展に寄与してきた。しかし，留意すべき点は，確かに同社は日立金属の協力工場ではあるものの，日立金属にすべてを依存してきたわけではないことである。日立金属が製造する特殊鋼は「ヤスキハガネ」と呼ばれ，現在では刃物鋼のみならず，各種高級特殊鋼としてのブランドを確立しているが，同社はこの素材を活用しながら製品の精度や性能，信頼性を高める加工を自らの努力，創意工夫で実現しているためである。それゆえ，同社は高い競争力を誇り，日立金属にとっても重要な協力企業となっている。[13]

　また，同社の代表取締役社長である守谷光広氏は，学業を終えてからの2

12　株式会社守谷刃物製作所は，1953年に創業し1956年に設立された島根県安来市に本社を置き，資本金1,000万円，従業員186名の企業である。
13　日立金属のグループ企業らが集まり，特殊鋼を活用して航空機部品の加工を共同受注する仕組みである「SUSANOO」（安来市商工会議所内に事務局を構える）のメンバー企業は，日立金属と同社の関係を「グループの中で守谷さんが日立金属と関係が一番深くて長い。日立金属が加工で困ったことがあると，一番に守谷さんに相談するという関係みたい」であると語っているほどである。

年間，日立金属に勤め，特殊鋼の加工や加工の外注にかかわる業務に携わっていた経験を持つ。そのため，日立金属関連の協力企業の保有技術や得意分野などをよく理解していることも，同社の強みの1つである。このように，同社は，日立金属とかかわりが深く，事業への信頼も厚いため，日立金属から材料を支給されて加工をして製品化し，日立金属のブランドで顧客に納めるというOEMの業務を手掛けていた。そして，社長の守谷氏が「日立金属が製造する素材『ヤスキハガネ』は，もともと高品質の材料・素材であるが，加工・熱処理方法によっては性能を十分に発揮できないことや，性能そのものが異なってしまうことが起こるため，その素材の力を顧客の用途に合わせ最大限に引き出すことが当社のテーマ」であると語るように，同社にとっても日立金属が提供する素材をさまざまに加工することで，経験を積み技術力が磨かれてきたといえよう。

　同社は，新たな顧客開拓と取引を拡大するために，また，同社の加工の技術力に対する認知を広めるために，展示会を積極的に利用している。このような場では，展示会に訪れる企業から「こんなものできませんか？」というオファーがしばしばあるという。このような声に応え，また，このような要望を積極的に引き受けることで，取引企業数や事業領域を拡大してきた。

　顧客からの要望を形にしてきた同社が手掛ける事業領域は，一般機械部品（モーターシャフトやバルブ，コインパンチなど）やエレクトロニクス部品（OA機器部品，ドットプリンター部品，ガラスパネル封着用部品など），航空宇宙関連部品（ロケットカッター），原子力部品，自動車部品等の精密機械加工品（油圧ポンプ用ベーン），半導体・液晶製造装置部品，各種刃物など，広範囲に及ぶ。売上に占める割合が多い事業は自動車用部品で，顧客はTier1（大手自動車メーカーと直接取引を持つサプライヤー）であることが多い。また，刃物を扱うために，刃物の切れ味を長持ちさせるための研削砥石の知識なども求められている。

2) 転機の段階　その1「顧客からの困難な要求」

　顧客の要望に応えることで，同社は，手掛ける事業領域を拡大させてきたが，実は，この顧客の要望・声こそが，同社が新たな均衡にたどり着く原点

14　安来市恵乃島町にある鉄工団地に工場を設けている企業のほとんどは，日立金属のグループ企業で，日立金属とは守谷刃物研究所と同様の良好な取引関係を築いている。

になっていることが少なくない。顧客からの要望が結果的に同社の技術力を高めることになった事例を本節では4つ挙げることとする。

3）新たな均衡　その1「技術力の向上」

　第1の事例として，造幣局のコインパンチが挙げられる。これは，硬貨を製造するための部品である。このコインパンチは硬貨の金型の半製品であり，造幣局に納入後，硬貨の彫刻がなされ，焼き入れ硬化される。硬貨となる素材に，このコインパンチで打ち抜くと同時に硬貨の模様をつけていくのである。従来は他の1社のみが供給していたが，造幣局が2社購買体制にしようと，日立金属に声をかけたのである。

　造幣局のコインパンチとして納品するためには，造幣局の基準に則ったテストにクリアしなければならない。しかし，そのテストは1年に1回だけ実施されることになっている。その年のテストがクリアできなければ，次のテストが実施されるまでの1年間，待つ必要があった。

　コインパンチの製造に関しては，材質面と加工面で解決すべき課題があった。前者に関しては，日立金属の協力を仰いだ。後者に対する責任は守谷刃物研究所が担った。コインパンチの加工の歪(ゆが)みを取り除くために熱処理をしたり，割れの起点になりかねない微細な傷や跡を残さないよう仕上げる加工方法を探った。造幣局の試験に持って行く前に，日立金属の協力を得てテストをしてみるものの，なかなかうまくいかず，結果的に何度も造幣局に赴いてテストを受けた。最初から最適な加工の解が見えていたわけではなかったため，試行錯誤の連続であった。NC工作機械を使って，NC機械の送り速度や回転数，刃物の種類，切込みの寸法などの条件を1つひとつ変えて試していった。仕上げに研削も必要で砥石の知識も大いに役に立った。

　結局，造幣局のテストは10回受けてようやくクリアした。すなわち，同社のコインパンチを採用してもらうまでに，実に，10年の時をかけたのである。また，このコインパンチの再現性を持たせるために，加工条件などを数値化し，データとして同社に保管することとした。こうすることで，技能伝承をしなくても，注文が来ると，このデータを引き出してその注文に応えることができる体制を整えた。[15]

---

[15] この議論には後日談がある。それは，競合他社は技能者の技に頼った生産であったため，技能者が定年すると同時に撤退し，2018年8月現在では守谷刃物研究所のみが納入していることである。

第2の事例として，自動車用部品のベーンが挙げられる。同社は，もともと工作機械やブルドーザーなどの大型製品の油圧ポンプ用ベーンを手掛けていた。しかし，自動車のパワーステアリングのような油圧ベーンの需要が出てきた上に，自動車の小型化も相まって，ベーンの小型化も求められるようになった。パワーステアリングの小型化，および，その部品であるベーンの小型化に関しては，当初，日立金属が大手自動車メーカーと直接取引関係を持つサプライヤーと共同で開発に乗り出し，同社内で量産化に成功していた。
　しかし，ある時，海外のある自動車メーカーから，そのベーンの価格を，国内メーカーへのそれの3分の2程度に抑えてほしいという要望が寄せられた。
　それまでの販売価格そのものを3分の2に抑えることは容易ではない。しかし，日立金属と同社がタッグを組んで取り組んだ。そして，製造工程を工夫することで価格を抑えることができるのではないかと考えた。両社は，実験を繰り返して，とうとう，その解を見つけることに成功した。通常の自動車用ベーンは，砥石で加工することによって精度を満たしていた。すなわち，この加工工程の作業に製造コストを要していたのである。そこで，一部の工程を加工ではなく圧延作業に変更すること，残る研削工程も方案を一新し生産性を大きく向上させることに成功した。こうして，精度を満たしながらコストを抑える工法を突き止めたのである。このプロジェクトが進行していた時には，日立金属から技術者や開発者が同社に派遣されてきていた。社長である守谷氏が「日立金属から派遣されてきた技術者とは，お互い学びあうことができた」と振り返っているように，開発のプロセスにおいて，これまでのベーン加工業務に関する情報を相互に交換したりすることで両社の関係が深まり，自動車部品に関する技術や情報などが同社に蓄積していったといえよう。この自動車用油圧ベーンの部品は，その後，当初から日立金属内で生産されていたものも移管を受け，同社の主力製品となって2018年現在に至る。
　第3の事例として，大手家電メーカーが発売していたビデオデッキのモーターシャフトが挙げられる。VHSが登場して，一般消費者向け市場でのビデオ規格のデファクト・スタンダードを目指すある家電メーカーから，ビデオデッキに搭載されるモーターシャフトを月に10万本を製造することを求められた。しかし，その当時のモーターシャフトは直径6㎜，長さは120㎜という，細長い形状であったが，その使用用途から，直径の絶対寸法と真円度，円筒度に0.5ミクロンの高精度が求められた。特にモーターシャフトの曲がりが0.5ミクロン以上になると，ビデオの映像そのものが観られなくなるため，細

長い形状の曲がり精度を，納品時だけでなく製品寿命までの経年変化を含めた精度の維持を保証することが必要とされた。しかしながら当時の技術では少量の生産はできるものの，安定した量産を行うことが大変困難な部品であったのである。

　しかし，同社は，モーターシャフトの曲がりをできるだけ抑える工法を考え，実験を繰り返した。原理はわかっていた。残留応力をできるだけ少なくした素材に残留応力を残さぬ加工を施すことが求められていた。そのために，日立金属に専用材の開発を依頼し，加工では工作機械メーカーの協力を仰ぎ，専用の機械を開発した。

　この装置を使用し，歪（ゆが）みの少ない専用材に，熱処理方法，すなわち，焼き入れの方法を工夫することによって，最終的に経年の曲がり対策を含めた高精度モーターシャフトの量産を可能にし，最盛期にはベータ方式にも供給し，ほぼ家電メーカー全社に合計月産100万本を供給していたのである。[16]

　第４の事例として，原子力発電所用原子炉部品の製造が挙げられる。原子力部品の材料は，不純物が全くないステンレス素材を用いるために，難しい材質加工であるという。その上，事故が起きると取り返しのつかない状況を引き起こすために，原子力に関する独特の品質保証要求があり，同じものを安定的に作る技術と供給する力，品質管理の能力が問われている。また，作業マニュアルに従って加工プロセスのエビデンスを残すことも求められている。それは，部品１つひとつトレースできるようにするためである。守谷氏は「40年以上前の時代に，加工技術の開発のみならず，品質保証にかかわる作業を徹底させることは大変であった」と言いつつも，原子力部品に求められる品質の管理や保証の手順などが同社の知となって蓄積され，その後，重要保安部品である自動車用ベーンや航空機部品加工の業務を拡大するのに大いに役立っているという。

　以上は，同社がこれまで手掛け，そして，試行錯誤の末に同社内の技術力や製品開発力を高め，事業領域を拡大してきた事例の４つに過ぎない。しかし，これらの事例からも明らかなように，開発プロセスにおいて課題を１つひとつ解決し，また，条件を１つひとつ変えて使用目的のための最適解を導出するなどして，同社の競争力の向上に結びつけてきたことをうかがい知る

16　その後，ビデオデッキ小型化の技術革新によりこのモーターシャフトの長さは120㎜から60㎜に短くなったため，加工工程での曲がりを少なく抑えるのが容易になり，参入企業が増加して販売価格も下がったため撤退したという。

ことができる。守谷氏が「顧客が難しい仕事を持ってくることで鍛えられる」と振り返るように，顧客からの要望が，同社の業務に関して改めて考える機会に結びついているのである。例えば，顧客から鋼の特性や刃物の相談があると，「どのような環境で使われるか」「その刃物で何を削るのか」「現状で使っている刃物への不満はどこにあるのか」など，刃物に関する要望を1つひとつ解き明かしていく機会に結びつけているのである。

そのため，同社が顧客とのやり取りで心掛けているのは，顧客の要望に対して一緒になって解決策を探り，解を導くプロセスを大切にしていることである。このような関係を構築していくことで，顧客からの声が同社に届きやすくなり，また，顧客との長期的関係に結びついていく。また，工夫を凝らすことも，同社の競争力と深く関係している。守谷氏は，「"ちょっとの工夫"の積み重ねが大きな技術力の差になっていく」と語る。

4) 転機の段階　その2「リーマンショック」

　同社は，現在の売上に占める自動車用の油圧ベーン部品の割合が高い。それゆえ，自動車業界の影響を大きく受ける。2008年9月に発生したリーマンショックは，自動車業界の業績を直撃したが，自動車部品の売上が高い同社もまた，例外ではなかった。自動車関連の受注量が単月で最盛期の18%にまで減少することになる。ざっと1か月1,700万個〜1,800万個の生産が300万個にまで減り，その回復の見込みが全く見えない状況に陥ったのである。

　このような状況を乗り切るために，同社では，できる限りの手を打った。まず，当時あったアメリカの生産拠点閉鎖を行った。海外の生産拠点の整理のみならず，国内の人員に関しても整理した。また，同社が最悪の事態に陥らないために，同社に残された人員の給与面の削減も行い，管理職人員も減らした。さらに，運転資金を確保するために，メインバンクに融資を依頼したりもした。守谷氏は，この時のことを振り返って，「正直，大変な修羅場だった。その修羅場を社員とともにくぐってきた」と，当時の苦労と心境を語っている。

5) 新たな均衡　その2「市場・顧客開拓」

　リーマンショックという外部環境の変化は同社に大きな負の影響を与えたものの，このような状況を乗り切るために，組織内部の整理以外にも，さまざまな手を打った。第1に，顧客の開拓である。顧客に鍛えられた技術力，そして，高品質の難削材として材料業界ではブランドが確立しているヤスキハ

ガネを加工する技術を武器に，展示会など，外部に向けて発信を行った。

　第2に，専門商社との関係を強化して，専門商社に寄せられる情報や引き合いを重視した。また，専門商社の担当者が顧客を訪れる際には，声をかけてもらって，同社の技術者らと同行営業させてもらうことにした。顧客がいるところに，そして，顧客の製造現場にこそビジネスチャンスがあると認識しているためである。また，このような場に居合わせることで，訪問先の企業に対して逆提案する機会にも結びつくため，積極的に専門商社の顧客のもとを訪れた。実際に，このような行動が，新たな仕事に結びつくことは少なくなかったという。専門商社にとっても，これがまた，専門商社の販売力と市場価値を高めることになる。なぜなら，このような新たな仕事は，専門商社を経由して部品が納品される上，顧客の困ったことを解決する手段を提供する専門商社であるとの評判を高めるためである。そして，同社は，このような機会を提供してくれる専門商社との関係を強化した。守谷氏は，「やはり，情報を提供して，情報を取ってきて，情報のやり取りで付加価値を付けるということと，自分の顧客との話ができるかどうかは仕事を進める上で極めて重要なことである。これは，きちんと日頃から勉強しているかどうかにかかってくる。如実に出る」と語る。

　第3に，同社は，このような専門商社のみならず，難しい課題を提供してくれ，また，同社の技術力を引き上げてくれる顧客，すなわち，ステークホルダーを選び，自社が選んだステークホルダーと一緒に仕事をすることが，同社の発展のためには必要不可欠であると考え，実践していることである。そのため，守谷氏は，「付き合うステークホルダーは，はっきり言って選んでいる。お互いにWin-Winの関係を築くことができるステークホルダーと付き合うことが大事」と強調している。また，守谷氏は，このようなステークホルダーとは，合う・合わないといった気質がある点を指摘している。守谷氏が指摘する気質とは，「お互いに存在価値を認めて，切磋琢磨できること」「（どのような仕事であっても）仕事に意義を持たせて，それを理解できること」[17]「仕事に付加価値をつけること」を意味している。そして，「企業の長期的存続と成長においては，取引相手との相性とタイミングが重要で，このタイミ

17　その際，守谷氏は，城壁を作るレンガ職人の寓話を引き合いに出した。レンガ職人に「何をしているのか」と尋ねたときの答えは3通りある。その答えは，「レンガを積んでいる」と「壁を作っている」，「お城を造っている」である。同氏は，最後の答え，すなわち，仕事に意義を見出すことができる人・組織こそが重要であると強調する。

ングや出会いのチャンスを広げられるような体制づくり，取り組みをしているかをいつも自問自答している」と語る。

　第4に，同社の従業員を組織の外に行かせて研修などに参加させ，勉強する機会を積極的に与えていることである。従業員が携わった業務が世の中のどのようなところに使われて，どのような改善の余地があるのか，そして，どのようなところに課題があるのかを実際に現場に赴いて観察することが仕事の受注や加工の改善に際して極めて重要であるという認識が背後にある。また，守谷氏は，従業員が実際に現場に行くことで従業員にとって視野が広がるチャンスとなり，勉強になる上，(やらされ仕事ではなくなるために) 仕事も楽しくなっていることを実感している。

5-3　伸和コントロールズ[18]

1) 備えの段階

　伸和コントロールズは，もともと電磁弁を取り扱う専門商社として前身の企業から分社化して設立された企業である。電磁弁とは，電磁石と弁を組み合わせた部品で，電気信号を入れたり切ったりすることで，空気や水といった流体を止めたり流したり流れの方向を変えたりすることを可能にするスイッチの役割を果たす。同社は，産業のオートメーション化の流れを受けて販路の拡大を求めて，分社化されたのである[19]。その後，自社でも電磁弁の開発や製造に携わるようになった。創業当初から，同社の電磁弁は，医療業界で活用されていた。医療装置は，製造に認可が必要なものが少なくない。設計変更などの際は，改めて認可申請しなければならない。したがって，医療装置メーカーは，一度認可が得られると，なかなか設計変更をしたがらない。そのため，それらの装置に同社の電磁弁が採用されると，長期にわたって設計変更のないまま安定した受注量を受けることができるため，収益性の高い事業だったのである。

2) 転機の段階　その1「新事業展開の模索」

　しかし，電磁弁の販売単価はそれほど高くなく，医療装置メーカーに電磁弁

18　伸和コントロールズ株式会社は，1967年に創業し，神奈川県川崎市に本社を置く資本金9,000万円，従業員数412名の企業（2018年4月現在）である。
19　その後，電磁弁を取り扱う専門商社を吸収する形で合併した。

を納めているだけでは企業のさらなる発展を望むことは難しいと判断した同社は，新たな事業の柱を模索した。1984年のことである。新たな事業展開の陣頭指揮を執るようその命を受けたのが，2018年現在の代表取締役社長の幸島宏邦氏であった。幸島氏は，当時の技術担当であった専務とタッグを組み，新たな事業の開拓に乗り出すこととなる。2人の間に共通した認識は，「まずは，新しい・若い業界やこれから伸びていく業界にターゲットを絞ろう」ということであった。この当時，注目されていた1つの業界は，1980年代に入って日本企業が急速に世界シェアを拡大していった半導体であった。半導体がパソコンや各種機械，工場の生産設備などへの用途に拡大していった時期である。

　ただし，新たにターゲットとする半導体業界では，同社が特異とする電磁弁そのものの活用は難しかった。なぜなら，電磁弁は磁気を持つため，半導体ウエハーの物性に影響を与えてしまうため，半導体工場で利用することはできなかったのである。そこで，同社が開発に着手したのは，空気でコントロールする弁（バルブ），すなわち，エアオペレートバルブであった。そこで，試作品を製作して，営業を開始した。採用してくれそうな企業に電話をかけた。同社が開発したエアオペレートバルブの話を聞いてくれたのが，半導体製造の前工程の装置メーカーとして名を馳せていた企業（以下，Ａ社と略す）であった。

　幸島氏がＡ社に赴くと，入社1年目の新入社員が対応にあたった。いざ，試作品を持ってＡ社を訪れると，驚愕の事実が明らかとなる。それは，他社が同社に先駆けてエアオペレートバルブを開発しており，当該企業にすでに発注済みであること，そして，伸和コントロールズのエアオペレートバルブの開発は，業界の3番手であったことがわかったのである。この時，同社で新たな事業開発を任されていた幸島氏は，半導体業界の開発スピードの速さを思い知ったのであった。しかし，同時にこの場で，その後の同社の展開を左右するほどの大きな影響を与えることになる情報がもたらされることになる。それは，話を聞いてくれたＡ社の新入社員の一言だった。「そのバルブでは古い。もうすでに別の企業に決まっているから。でも，せっかくこうして来てくれたのだし，うちが困っているテーマがある。今の時点で，どれだけの数が発注できるかもわからない開発品である。どれくらいの数が出るかもわからない試作であるために，どこも引き受けてくれずに困っている。これにチャレンジする気があるか」との相談だったのである。それが，半導体工場内の温度コントロールをするための温調装置だった。Ａ社は，半導体の密度を

微細化させるために，そして，そのために半導体液の膜厚を一定にするために，現像液やレジスト液をトフ（塗布）する時の温度，いわゆる「加工の雰囲気」を保つことが重要になる。A社は，その温度管理を空気で調節することで，半導体の製造品質を安定化させようという方針を打ち出していたものの[20]，その開発を引き受けてくれる装置メーカーに当てがなかったのである。

　この当時，必要とされていた温調装置は，200mmの大きさでプラスマイナス0.1度で半導体工場内の温度コントロールできる装置であった[21]。この半導体製造装置用温調装置は，ニッチ領域の装置であったため，同社にとって新たな事業にそれほど多くの投資をする必要がなく，開発の規模感が同社の感覚にマッチしていた。また，「伸和コントロールズには電磁弁でさまざまな流体のコントロールをする技術があるのであれば，温度コントロールもできるだろう」というA社の担当者の見解にも納得し，幸島氏は藁をもつかむ思いで，その開発を引き受けることにしたのである。

3）新たな均衡　その1「バルブメーカーから装置メーカーへ」

　こうして同社は，半導体製造装置用温調装置の開発を引き受けた。しかし，同社にはこれまでバルブという部品の製造技術は蓄積されているためにメカ的な知見は豊富であるものの，装置に関する制御という技術に対しては，製造の実績がない。中長期的な事業展開として，装置メーカーになりたいという希望は持っていたが，それはまだ次の段階の目標であった。そのため，この開発に関しては，後者の技術を提供してくれる企業を探し出し，協力してもらうことで開発に挑もうと，相手探しを始めたのである。

　装置を製造する設備を持ち，装置製造に関する知見を持つ企業は意外に身近なところに存在した。知り合いでもあり，取引もあった当時の工場（太田区）の近くに拠点を持つ企業であった。その企業は，当時，印刷機の温調装置を手掛けており，冷たい水で印刷機を冷却する装置を製造していた。同社とは，この装置に組み込まれるバルブを提供しているという関係にあった。そ

---

[20] 半導体の前工程にあたる装置を開発・販売しているA社のこの読みは当たり，その後，この市場では，A社が世界市場の9割のシェアを握るようになったという。

[21] その後，温度コントロールは，10倍の精度が求められるようになり，さらには，温度のみならず湿度調整の機能まで求められるようになる。同社は早いタイミングで半導体という新たな市場に参入して温度コントロールの業務に着手することができたため，この市場でのパイオニアになることができた。「後発で参入していたら，この領域で高いシェアを握ることは難しかったであろう」と幸島氏は語っている。

の企業の社長が研究熱心で，取引先ということもあり，しばしば同社を訪れては開発に関する話をする間柄でもあった。また，印刷機の冷却装置を製造しているために装置製造の技術に関しても問題ないと判断したため，共同で半導体製造装置用温調装置を製造する話を持ち掛けたのである。両社はすぐに意気投合して，開発に取り掛かった。お互いが意見を出し合って，装置を小型化するための工夫を取り入れた。

　半導体業界においてはスピードが重要であることを十分認識している幸島氏は，その試作品がある程度形になり，精度が出せることを確認した時点で，試作品を持ってＡ社に赴いた。その期間はおおよそ１か月と半月であった。そして，Ａ社で実際に販売できるような装置にするまでに，おおよそその倍の時間がかかった。Ａ社に持ち込んだ装置で，先方の技術者と実験や調整をして，最終製品として温調装置を納品した。それでも，何とか納期通りに創り上げることに成功した。1985年のことである。完成した温調装置は，3年間で100台程度の販売実績にしかならなかったという。しかし，この開発を通して，同社が得たものは少なくない。半導体製造の前工程製造装置においてトップを走るＡ社の「信頼」を勝ち取り，半導体産業への新規参入に成功することができたためである。これ以降，Ａ社から同社へ次々と温調装置に関する情報や相談が持ち込まれることになる。半導体の密度や精度が高くなるのに応じて温度の管理のみならず，湿度の管理も求められるようになり，この装置の開発にも携わることになる。それは1987年のことであった。こうして，同社は，半導体製造装置用温調装置のメーカーとして，半導体業界に一躍名を轟かせることになったのである。

4）転機の段階　その２「バブル経済の崩壊」

　半導体業界は，開発スピードが速いという特性のほかにも，半導体サイクルの影響で好況不況の波が大きい業界としても知られている。一般的に半導体業界は，好況不況を３～５年で繰り返すといわれており，これはシリコンサイクルと呼ばれている。同社が半導体業界に参入したということは，このシリコンサイクルとも無縁ではなくなっていくことを意味していた。

　Ａ社が熊本県に工場を構えたのを機に，同社も，同じ九州にある長崎県に事業所を立ち上げた。1992年のことである。Ａ社製装置の増産を見込んで，設備投資と事業所の開設を決定したのである。この工場を稼働させるために，九州で新規に人材も雇った。しかし，工場建設の意思決定をした後に，日本

のバブル経済が崩壊し，半導体業界にも不況が訪れることとなる。半導体の受注が急激に落ち込んで，同社の業績は大幅な赤字に転落することとなった。また，このタイミングで，同社の当時の社長が急死した。同社は存亡の危機に直面したのである。

5）新たな均衡　その２「社長の交代と本業回帰」

　社長候補として白羽の矢が立ったのが，2018年現在も代表取締役社長を務める幸島氏だったのである。幸島氏は，業績が悪くなったタイミングで社長を引き継いだため，「貧乏くじを引いた」と言われることも少なくなかったという。しかし，幸島氏は，「この時こそ，組織の膿を出し切り，組織をまとめ上げる良いタイミングである」と意識を切り替えた。膿を出し切るというのは，同社の事業展開の中でバブル経済期に土地や不動産など，本業とは異なる事業に投資をしていた一面もあったためである。幸島氏は，この時のことを振り返って「この時，社内に，本業回帰するという方針を明確に打ち出した。バルブ関連の仕事に集中することとして，非関連の事業は止めさせた。それと同時に，本業回帰を踏まえて掲げたのが『開発型企業になる』ということだった。この時から，経営が苦しくても，エンジニアは採用し続けると心に決めた」と語っている。この時，人員整理も行った。109名の従業員を，希望退職者を募って80名まで減らしている。しかし，一度決心した本業回帰と研究開発型企業という方向性がぶれることはなかった。また，この方向性に賛同して融資をしてくれた金融機関の存在も大きかった。その金融機関は，九州を拠点に金融事業を展開している地方銀行だった。

　金融機関の理解があったことで運転資金や開発のための資金を調達することができ，事業立て直しのための状況が改善されたため，新たな顧客開拓に乗り出した。その時，たまたま，ある大手化学メーカーから派遣されてきたエンジニア[22]を出向という形で受け入れていたこともあり，エッチング時に熱を除去する装置も完成した。

---

[22] 大手化学メーカーが業績の悪化により人員整理を行い，その１つの手段として同社に出向という形でエンジニアを派遣していた形になっていた。その条件は，大手化学メーカーがその人材の人件費の半分を負担するということであった。おおよそ55歳以上のエンジニアで，同社は５〜６名の人員を引き受けたという。このような形で同社に出向してきたエンジニアは，化学工学や熱力学の重要性を同社の技術者に熱く語り，関連する知識を伝達してくれたという。そして，このエンジニアらの知見が同社の温調装置のプロセス技術の向上や技術力の底上げに結びついたという。

6) 転機の段階　その3「組織のゆでガエル化と危機感」

　これらの取り組みが実を結び，バブル経済崩壊後の苦しい時を乗り越えて業績が回復すると，幸島氏は「組織の内部がだれてくる（弛む）」という感覚を抱くようになる。それには，大きく2つの要因が作用していた。売上が上がっても利益率に結びついていない数字が確認されたことと，売上に占めるA社の割合が極めて高く，「売上の1社依存」というべき取引状況であったためである。そのため，幸島氏は，1996年のタイミングで改めて「新規顧客開拓」と「開発型企業として生まれ変わる」と声を上げた。半導体業務で温調装置以外の顧客ニーズはないかと，調査したり，情報を収集したり，半導体のさまざまな工程を手掛ける企業に営業に行ったりもした。

7) 新たな均衡　その3「事業の拡大」

　A社の業務は，半導体製造の中でも前工程のものであった。この時は，半導体製造の前工程のみならず，後工程も含めた情報収集を行った。そこで目を付けたのが，製造された半導体のテストの工程である。ちょうど，顧客開拓のターゲットとしていた企業の1社で，製造のテスト工程に不具合が出て困っているという場面に遭遇した。このような経緯もあって，半導体のテスト装置用チラー（温調装置）を開発した。半導体の新たな工程である半導体のテスト装置用チラーの事業に進出することとなったのである。同装置は，量産体制を整備し，1998年から本格的に販売を始めることとなった。そして，2000年になるとITバブルと呼ばれる景気の波が訪れ，同社の事業もこの波に乗って，順調な伸びを見せるようになった。

8) 転機の段階　その4「ITバブルの崩壊」

　そのITバブルがはじけたのが2002年のことである。家電メーカーの業績が2期連続の赤字を出すに至った。同社も例外ではなく，2期連続の赤字に陥った。またしても，半導体業界の景気の波に翻弄されることとなる。この時のことを振り返って幸島氏は「1992年の時よりももう1つ苦しかったのがこのタイミングだった。銀行が軒並み手を引いたことも非常に辛かった」と語っているほどである。

9) 新たな均衡　その4「半導体製造装置用温調装置の高度化」

　そして，改めて，これまで長年付き合ってきた半導体関連の企業の開発体

制やその姿勢から学ぼうとした。この時，A社も2期連続の赤字を出して人員整理をしたにもかかわらず，開発体制は全く変わっておらず，やはり，次の景気の良い波が訪れた時のために技術への投資を怠っていないという姿勢を目の当たりにしたのである。同社もその姿勢についていこうと改めて心を決めたのである。

このタイミングでA社から求められていたのは，空気の温調装置の精度，すなわち，温度と湿度の制御の精度をそれまでのものより10倍高いものにするというチャレンジであった。このチャレンジは厳しく苦しいものであったが，同社にとってほかに道はなかった。こうして，半導体のさらなる微細化のニーズに応える装置を開発し，従来の10倍の精度で温度と湿度をコントロールできる温調装置を販売することができた。「今の当社の業績や技術を支えているのはこの技術である」と幸島氏が語るほどである。この温調装置は，半導体工場内の温度を100分の1度で，そして，湿度を0.1％でコントロールできるという。さらに幸島氏は，「苦しかったけれど，ITバブルが崩壊したから，今がある。10倍の精度の制御にチャレンジしようとしたきっかけとなったのだから」と振り返る。

こうして，半導体業界で求められる新たな装置を発売することで，赤字は1年で解消することができた。この装置の販売が好調だったため，金融機関の同社を見る目も変わってきたという。

10) 転機の段階　その5「リーマンショック」

2008年9月，リーマンショックが訪れる。しかし，同社の開発した高い精度の温調装置の販売は，それでも好調だった。そのため，リーマンショックが発生した当初は，同社はそれほど大きな影響を感じていなかった。一方で，新たな顧客開拓の取り組みも始めていた。半導体製造の前工程の上流にあたる工程で露光装置の部分においても温度コントロールが求められるはずであると考え，この領域に事業を拡大しようとチャンスをうかがっていたのである。

しかし，リーマンショックの影響は，徐々に同社の業績に負の影響をもたらし始めることになる。2008年12月になると，その影響が甚大なものであることに気がついた。売上が半分にまで落ち込む状況に直面したのである。そのため，賞与をほぼゼロに減らし，経費節約にも徹底的に取り組んだ。しかし，2009年になると，大幅な人員削減をせざるを得ない状況にまで陥った。

その当時，250名いた従業員を100人にまで絞るために，希望退職者を募った。開発にかかわる同社の中核となる人材には，前もって同社の状況を理解してもらい，次の景気の波に備えて開発に打ち込むよう説得して残ってもらった。金融機関には，「それでもまだ追加で50名の人員整理が必要である」と言われたという[23]。ただし，またしても九州にある地方銀行だけは，この時，支店長決裁で5億円の融資をしてくれたという。

11）新たな均衡　その5「事業の拡大」

　苦しい状況の中で，幸島氏や開発の中核となった技術者らに，暗い長いトンネルの中に明かりがポツンと灯る出来事があった。それは，リーマンショックが訪れる前から営業をかけていた半導体製造の前工程の上流にあたる工程で露光装置やステッパーを扱うメーカーからのシグナルであった。露光装置メーカーからの開発依頼が舞い込んだのである。そして，2009年の秋，この新たに開発した装置がリリースされることになった。また，これらの新たな取引先から寄せられる設計変更などの要望にきめ細やかな対応をスピーディーに行っていることで，新たな顧客層の開拓と信頼を勝ち取ったのである。

5-4 「組織とレジリエンス」の事例の共通点とは？
―本章のまとめ―

　本章では，外部環境の変化やニーズをいち早く察知して，対応すべきであると自らが判断して，ゆでガエルになる前に対応しようとした組織に着目している。事例の記述に際しては，第4章と同様に，それまで組織が蓄積してきた「備えの段階」と，外部環境の変化への対応や組織が自ら選択した「転機の段階」，そして，その転機をマネジメントして達成された新たなフェーズである「新たな均衡」の3つの段階に区別して事例を取り上げてきた。

　それぞれの事例における「備えの段階」を確認すると，それぞれが問題認識を持ちながら業務に携わってきたことを確認することができた。例えば，HILLOPは，大手自動車会社のサプライヤーの量産の仕事に対して懐疑的に

---

[23] 金融機関の言いなりになって追加のリストラをしなかったというのには理由があった。それは，やはり，半導体業界で事業を営むライバルメーカーで，半導体業務を副業として営んでいる企業が，いよいよこの業界から撤退するという情報を入手したからである。この企業がこの事業から撤退するということで，同事業に対する市場の需要が同社に残ると判断して，この50名の人員をこの工程に再配置したのである。

捉えており，付加価値の低いルーティン業務を止めて単品ものの加工でも生産性の高い業務の展開可能性を問題認識として持っていた。守谷刃物研究所は，高品質の難削材「ヤスキハガネ」を製造する技術を持つ日立金属製の素材の加工を通して，技術力を磨き，顧客の難しい要求を着実に実現することが同社の競争力であると認識し，同社はこのようにあり続けなければならないとの認識を抱いていた。伸和コントロールズは，医療用電磁弁という比較的安定した受注を獲得していたものの，それだけでは企業の発展を望むことは難しいという問題認識を持って，新たな事業の柱を立てようと模索していた。それぞれの事例企業が持つ問題認識が，自社で自ら転機を創り出す企業行動に結びつくことも少なくなかった。

　それぞれの事例における「転機の段階」では，不景気などの事業環境の大きな変化に直面して対応せざるを得ないという場合と，そうではなく，自らが転機を創り出す，すなわち，事態を打開し，新たなことに挑戦する意思決定をしている場合の両方を確認することができた。例えば，HILLTOPは，量産加工の仕事に将来はないと量産の仕事を止める意思決定を行って，事態を打開しようとした。また，工場で火事が起こった不幸に対しても，新社屋を自分たちで創り上げる原動力に変えていった。リーマンショックが訪れた際には，仕事量が少ない今だからこそできることがあると意識を切り替え，システムのリニューアルの期間として位置付けた。さらに，国内のみならず，海外に目を向け，同社の資源を最大限に活用するための仕組みを整備して，アメリカでの事業で大きな成功を収めている。守谷刃物研究所は，顧客からの難しい要求を同社の技術力や対応力を磨く転機として理解し，大変な思いをしながらもそれを実現させていくプロセスを自社の能力の成長に結びつけている。リーマンショックが訪れた時には，確かに受注が18％にまで下落し，存続の危機に直面しながらも，新たな独自の展開を目指したり，ステークホルダーである取引のある専門商社と同行営業に行くなどして，自ら道を切り開いた。伸和コントロールズは，新事業として半導体業界にターゲットを絞り，体当たりともいえる営業活動の結果，新たに開拓したステークホルダーが抱える課題を解決する装置を開発することで，半導体事業の展開を同社の新たな事業の柱とした。確かに，同社が半導体事業に進出した後も，売上の1社依存を高めたり，変化の激しい半導体の業界の景気の動向に大きく振り回されることも少なくなかったものの，このような環境の変化が，同社の新たな装置の開発に結びつき，そのような状況があったからこそ開発できたという装置

も少なくなかった。

　それぞれの事例における「新たな均衡」の段階を確認すると，転機をうまくマネジメントした結果として，組織的レベルや対応能力を高めてきていることが確認されている。また，時には外部のステークホルダーの力を活用しながらも，お互いにWin-Winの関係を構築できる状況を創り出していることを確認することができる。例えば，HILLTOPでは，ヒルトップ・システムを開発することで，重複作業を省力化し，顧客に対して，短納期の実現を，そして従業員に対しては新しいことに注力できる社内体制を創り上げて，結果的に企業価値を高めていることが確認された。守谷刃物研究所は，ステークホルダーから寄せられる難しい要望に鍛えられることで，組織の技術力や対応力が上がって，自社の成長に結びついていることが確認された。伸和コントロールズは，開発型企業として，転機をマネジメントすることで，手掛ける半導体業界の事業領域を拡大したり，10倍の精度を出す装置を創り上げて同社の半導体業界における温調装置の製造メーカーとしての知名度を高めてきた。その背景には，半導体製造前工程の装置メーカーで大手のＡ社や露光装置メーカーなどのステークホルダーとの関係や，そこからもたらされる情報が結果的に同社の「新たな均衡」につながっていた。

　以上のことから，「新たな均衡」の段階において，事例となっている組織は，第４章で取り上げた事例組織と同様に，外部のステークホルダーが大きな役割を果たした，あるいは，新たな展開へのきっかけを与える存在であること，そして，事例企業が，ステークホルダーとの関係から，自社の能力の向上に結びつけてしまう底力があることが，改めて確認された。こうして，自らのさまざまな体験を通して，組織内部に吸収して再配置するという吸収能力やダイナミック・ケイパビリティの議論を超えて，組織そのものの変態である組織のレジリエンスとも呼べる現象が改めて確認されるのである。

　さらに，第４章の事例企業の行動からも確認されたように，自ら作り出した転機も含めて新たな均衡にたどり着いた経験を持つ組織は，自らの内部で新たな課題を見つけ出し，自走して適応する行動がとれるようになり，自らの組織でさえも自発的に変える原動力を創り出して意思決定する組織であることが明らかになったことである。

　これらの議論を踏まえて，転機のマネジメントの状況や確認された現象，新たな均衡とともにどのような能力が実現されたのかをまとめたものが図表5-1である。図表5-1を確認すると，いかに自ら転機を創り出して自走する意

思決定をして，そこでのマネジメントによって新たな均衡にたどり着く企業行動をとっているのかが明らかとなるのである。

図表5-1　事例組織における転機と新たな均衡の整理

組織	転機（現象）	転機	新たな均衡
HILLTOP	量産の仕事を止める	＜内部要因＞ 挑戦	工場の無人化
	工場の移転	＜内部要因＞ 挑戦	夢工場の建設
	リーマンショック	＜外部要因＞ 逆境	新たなシステムの構築
	事業の失敗	＜内部要因＞ 挑戦	アメリカでの事業展開
守谷刃物研究所	顧客からの技術的に厳しい要求	＜外部要因＞ ステークホルダー	技術能力の向上
	リーマンショック	＜外部要因＞ 逆境	新たな事業展開
伸和コントロールズ	新事業開拓	＜内部要因＞ 挑戦	半導体業界に進出
	バブル経済の崩壊	＜外部要因＞ 逆境	原点回帰（本業に集中）
	1社への売上依存度が高い	＜内部要因＞ 危機感	取引企業の拡大（リスク分散）
	ITバブルの崩壊	＜外部要因＞ 逆境	開発体制の再構築 半導体微細化に対応した装置の開発
	新たな顧客開拓 リーマンショック	＜内部要因＞ 挑戦 ＜外部要因＞ 逆境	新たな顧客開拓

出所：筆者作成。

第6章
個人とレジリエンス

6-1 避難所(階上中学校)のリーダーとしての守屋守武氏

1) 個人の経験

　守屋氏は,以前,ラグビー部に所属していた。ラグビーは紳士のスポーツとして知られている。また,スポーツ・競技全般に共通することではあるが,常に目標を持って練習に励むことで,精神力が鍛えられるという一面もある。守屋氏は,そのような環境で育ってきたという。このような経験を通して,「大変なことが起こっても,何とかしないといけない」「誰が何を言っても,自分たちがやってきたことは,すべて自分の責任だと受け止めなければならない。たとえ,それが失敗したとしても,成功しても…」と認識してきたという。

　そのような経験を持つ守屋氏が就職したのは,地元の建設業者であった。当初は資材関連の業務を担当していた。その傍ら,PTAや地域の活動には積極的に参画してきた。このような活動を通して,地域住民とのネットワークが広がっていった。そして,「将来の地域づくりにかかわりたい」と,2001年には,気仙沼市の市議選に立候補した。

　気仙沼市の市議会議員として,地域住民に話を聞いたり相談に乗るほか,気仙沼市の問題の解決,街づくりや祭りの支援など,市議会議員としてできることを1つひとつ進めていった。また,ラグビー経験者でもあるため,地域の少年団や地域のスポーツの活性化,スポーツ指導者の育成にも携わった。さらに,気仙沼市のプレゼンスを高めるために,地域の魅力づくりを発信することにも力を注いだ。気仙沼では秋刀魚が捕れることもあり,目黒の秋刀魚祭りに参画する活動も行った。こうして,地域の振興に尽力し,さまざまな活動を通して人的ネットワークも拡大していた。

2) リーダーとして

　2011年3月11日14時46分,東日本大震災が発生した時,気仙沼市役所では,予算委員会が開かれていた。地震の発生を受けて予算委員会は中止となった。そのため,守屋氏は自宅に向かった。家族の安否確認と被害状況の確認のためであった。自宅に着いたのは,津波の第1波が引いた後であった。家族は避難所に向かったとの情報を得たため,守屋氏も避難所であった階上中学校に向かった。

　家族の安否確認をした後,消防団らと被災状況の確認に向かった。そして,避難所の受け入れ体制の整備と事態の収拾にあたった。震災後3日目には,避難所の事態の収拾にあたった中心的人々の間で,現場の指揮と統括をする責任者として,守屋氏が抜擢された。その仲間からは「頼むよ」と言われたという。避難所での数々の情報も守屋氏のもとに集められた。支援にあたっていた看護師から感染症とインフルエンザの蔓延が心配だという情報がもたらされた時に,避難場所となっていた体育館を土足禁止とする決定をしたのも守屋氏だった。避難所に訪れたボランティアへの作業指示も行った。時には,避難所で力仕事などを手伝っていた中学生や高校生への指導も行った。

　避難所での事態の収拾が一段落すると,守屋氏は,「地域住民が仕事をする場を確保しないと,本当の意味での地域の再生ができない」との信念を強く持つようになる。その第一弾として,復興のための作業を有償化して,作業者に日当を渡すことができるよう関係者に働きかけた。被災者が現金を手にする機会を創出しようとしたためである。その際,震災から地域が復興するためのさまざまな制度を使って,地域住民のための雇用を確保することに努めた。復興屋台村 気仙沼横丁は,その1つの手段であった。たとえ仮設で時限付きの場所であったとしても,地域住民に少しでも経済的に自立するチャンスをつかむ場を提供することが必要だと認識していたのである。実際の運営に関しては,小野寺雄志氏を事務局長に指名し,そのすべてを任せた。その時のことを小野寺氏は,「物心がついた時から地元の建設会社の従業員であった守屋さんは兄みたいな存在だったし,意思決定は間違わない人だと思っていたから,『屋台村をやるよ』と言われたら,説明を聞かなくても間違うことはないと思っていた。自分に任されたことに対して即答で『はい』と答えた」と振り返っている。その後,復興屋台村 気仙沼横丁は,被災地の再生・再建のためのステップを提供する場となり,役割を終えて閉村した。

6-2　森松工業取締役の西村今日子氏

1) 個人の経験

　西村氏は，体操部に所属していた経験を持つ。大学時代は，日本史を専攻し，歴史の教師になるつもりで大学生活を送っていた。直接，シルクロードなどの歴史に触れるためにも，そして，教師として強いメンタルを身につけるためにも，中国に留学することを決めた。留学中，教員採用試験の手続きをしようとしたら，願書出願期限の日程を勘違いしていたことが発覚し，その年の受験を断念せざるを得なくなった。そんな時，知人から「森松工業が中国語を話すことができる人材を探している」という情報がもたらされ，1年間の社会勉強のためにと森松工業に入社することになる。

　採用面接を行った当時の社長であった松久信夫氏（2018年8月現在は会長）は，「彼女が大学で何を勉強していたのかには興味がなかった。でも，彼女を採用しようと強く思った理由は，彼女の強い意志と強烈なキャラクターの持ち主だったから」と語っている[1]。こうして，西村氏は，森松工業の商社機能を担う子会社の従業員第1号として配属されることとなった。当時，西村氏は社長から「中国貿易を，利益を上げながら勉強しなさい」と指示されていた。その一方で，社長が中国に出張しては，金属部品や繊維，革製品などを次々に輸入してくるものの，西村氏が販路先に苦慮することも少なくなった。西村氏は，「この頃は，中国からは，とんでもない輸入ものばかりが入ってきて，毎日，1つひとつ検品していた」「毎日毎日トラブル処理ばかり。中国の関係者にクレームすると開き直ったり，たらいまわしにして責任転嫁しようとしたり，発注した寸法と異なる部品が納品されたりした」と，当時を振り返っている。そして，森松工業が中国で生産拠点を持つために，ローカル企業と合弁企業を設立することになると，それ以後の中国でのパートナー企業（中方）との折衝等は，中国語が堪能な西村氏に託された。

2) リーダーとして

　こうして上海森松が設立されたものの，西村氏を待ち受けていたのは，地獄の日々であった。中方からさまざまな嫌がらせを受けたのである。その根底には，森松工業と中方の経営陣との経営方針に対する意見の相違と対立が

1　http://bs.doshisha.ac.jp/attach/page/BUSINESS-PAGE-JA-24/26577/file/1051208004-65.pdf　（2018年3月11日検索）より。

あった。森松工業としては，当初のFS通り，「工場建設当初から，2年間は赤字で，3年目から黒字を達成する。それに伴い溶接工を25名雇用し，増産体制を整備する」という予定を立てていた。この経営方針に中方の経営陣が猛反発しだした。2年目の赤字の状況で新たに人を雇用することに大きな抵抗感を示したのである。「赤字が膨らむばかりだ」と。

また，中方は，上海森松の出資比率が30％であったにもかかわらず，中方の経営陣からすると，森松工業に経営の主導権が握られることを快く思っていなかった。西村氏がどれほど中方の経営陣らに説得を試みても，彼らは全く聞く耳を持たなかった。それどころか，むしろ，要求は徐々にエスカレートしていった。「契約書に毎年利益率を10％以上にすると盛り込め」「出資金の一部に充てていた土地の評価額が上がったので，値上がり分を返せ」[2]と，要求されたこともあったという。また，合弁企業は中方の敷地の隣に隣接し，自家発電設備は合弁企業と共用することで合意していたものの，停電になっても電気を供給しないこともあったという[3]。こうして，森松工業と中方の溝は，修復できないほど深まっていく。

当初の計画通り，溶接工を増員するための面接の日にも「事件」が起こった。中方の経営陣らが陣頭指揮をとり，正門を封鎖して採用試験に来た人材を威嚇し，ロックアウト状態にして面接させないようにしたのである。この状況に直面した西村は，拡声器を手にして「面接を受けたい人は，脚立を用意するので，この塀を乗り越えてこちらに来てください」と対応した修羅場もあったという[4]。そして，西村氏はロックアウトされた時の採用試験終了後に，封鎖されていた門を乗り越え，バスに乗って上海市役所に赴き「これが中国国家レベルの経済開発特区で実際に起こっていることなのだ」と実情をぶちまけた。さらに，上海市長に公式的な書簡を送り，「事態の収拾に手を貸してくれるように」と陳情する行為に出ることになる。

西村氏は，この頃のことを振り返って，「中国では孤独で，飼い犬だけが友達という状態だった」「日本はバブル経済絶頂期で経済も潤っているというのに，地元でもある岐阜の柳瀬[5]では数万円のワインが，毎日何本もの注文が入るという話も聞くのに，どうして私だけ…と。大失敗の決断をしたと何度も

---

2 『日経ビジネス』1996年12月23・30日号，pp.26-27 より。
3 同上。
4 この時採用した溶接工の3名は，2018年3月現在でも，上海森松で溶接工として働いているという。
5 岐阜市の繁華街のことである。

後悔した」「この頃は1つも成功経験がなく，後悔に後悔を重ねていた時だった」と実感を込めて語っている。しかし，西村氏は，直面した困難を1つひとつ解決していった。上海森松の取締役会議には，森松工業と中方関係者のほか，それぞれの弁護士，さらには政府関係者までもが同席して行われるようになり，「今後，中方は一切経営に関与しない」という確約まで取り付けた。また，元工場長が森松工業のステンレス製パネルタンク技術の特許を中国で無断で申請していた際には，裁判所に申し立てを行った時のことを振り返って「（この申し立ては）屈辱的である」と強調しつつも，最終的に元工場長の出願した特許の撤回が認められた。そして，上海森松では（日本国内の森松工業の主力製品であるステンレス製のタンクではなく）圧力タンクの事業が軌道に乗ってグローバル企業との取引が拡大していくようになると，西村氏は「2002年頃から『報われたな』と思うようになった」と語っている。そして，「中国で事業を進めてきて，初めて物事の仕組みを知るとかリスクをどう勘案するのかとか，物事の交渉の持って行き方とか，クレームの交渉とか，いろいろやったから経験が積めた」と振り返っている。

その後，2010年10月1日に岐阜市で開催されたAPECの第1回女性起業家サミットでのパネリストに指名されたのを機に，西村氏は，企業の女性人材登用のための取り組みにもまい進するようになっていく。その後も，大学での講義や講演会でも，女性の社会進出の重要性を強く主張し，女性が社会でキャリアを蓄積することを後押ししている。

6-3 石渡商店専務の石渡久師氏

1) 個人の経験

石渡久師氏は，もともと陸上選手で，高校進学の際にはスポーツ推薦で故郷の気仙沼を離れて寮生活をしていた経験を持つ。その後，スノーボードの選手としてプロを目指していた時もあったという。しかし，怪我でその道を断たれ，2003年に父親が経営する石渡商店に入社することになる。入社する前に迷ったのは，いきなり同社に入社するか，それとも，同社の家業であるふかひれや海産物にかかわる企業に丁稚奉公するかという選択であった。しかし，ふかひれは，素材としてのふかひれだけでも8種類の部位があり，そ

---

6 筆者が，国士舘大学経営学部で開講されている授業「優良中堅・中小企業研究」での講演を依頼したところ，快く引き受けていただいた。

の加工工程や手法も異なっており，技術的に覚えることが多くあるということで，ふかひれを早いタイミングで極めようと同社に入社することに決めたという。

　入社後は，同社のB2C商品のギフトラッピングから始めた。10年間，同社の工場で修行を積んだ後に工場長となり，ふかひれの加工等，ふかひれ取り扱いのエキスパートを目指した。その後，営業の責任者となり，国内外の顧客開拓業務を担っていたところ，東日本大震災が発生した。この時，津波が気仙沼に押し寄せ，本社や工場，そして，自宅までもが全壊することになる。この状況を目の当たりにした父親である社長が，被災したことによって気落ちしてしまい同社の経営に対する士気が下がってしまった。そのため，石渡氏が「経営の最前線に出る！」と同社の経営の中枢を担うこととなった。

2）リーダーとして

　石渡商店の経営の中枢を担い，次期経営者として鍛えられた場は主に2つあったという。1つは，日本商工会議所青年部である。ここでは，代表理事を任されたこともあった。経営学やマネジメントを体系的に学んだことがないものの，商工会議所の先輩からは「実践しかない」と背中を押され，日々，経営者としてどうするのかを考えながら過ごしてきたという。この時の人的資源が石渡氏の経営に対する考え方に大きな影響を与えた。「自分たちの会社をどうしたいのか，そして，従業員にどうしてあげたいのか」を考えて形にしていくことを目指して経営にあたっているという。

　もう1つの場が，東日本大震災後に経済同友会が特別協力して開催していた「東北未来創造イニシアティブ」[7]のプログラムの1つであった未来創造塾であった。参加者1人ひとりにメンターがつき，宿題も多く出されたものの，それらに対して1つひとつ真摯に取り組むことで，経営者として，また，地域のリーダーとして意識改革する場となったという。

　また，東日本大震災後は，全壊した自宅にかけていた保険から下りた資金

---

[7] 2012年からの5年間プロジェクトとして発足し，東日本大震災の被災地の自律的かつ創造的復興を目指してスタートしたものである。その活動の柱の1つに「人材育成道場」があり，地域のリーダーを育成していたのである。未来創造塾は，6か月にわたる濃密なカリキュラムが組まれ，プロジェクトの終了までに9期開催され，計153人の地域リーダーを輩出した。このプロジェクトの詳細や活動報告については，『Keizaidoyu』2017年3月号の特集（記事は，https://www.doyukai.or.jp/publish/2016/pdf/2017_03_01.pdf からダウンロードすることができる [2018年11月3日現在]）を参照されたい。

を元手に仮工場を建ててふかひれを商品に加工し，工場の本格的な再建に乗り出した。工場の再建に関しては，補助金やクラウドファンディングを活用するなどして，同社の再建に尽力した。

さらに，出資者への返礼品として，アンケートを募り，オイスターソースの開発も行った。このオイスターソースの開発に関しては，多くの協力者の力を借りた。原料となる牡蠣の生産者に対しては，自身の経験から，契約した期間の牡蠣を大きさにかかわらず，すべてのサイズを購入する約束をすることで「身がしまっていて一番おいしい」といわれる時期の牡蠣を仕入れることを実現させた。また，食品工場内で牡蠣エキスを製造するとノロウイルスの発生源になる可能性が否定できないことから，牡蠣エキスの製造方法を開発すると，牡蠣エキスの製造に関しては以前から取引のあった協力企業に依頼した。さらに，復興屋台村 気仙沼横丁を通して交流があった阿部夫妻からの紹介を受けたデザイナーに商品のデザインを依頼して「気仙沼完熟牡蠣のオイスターソース」が完成した。このように，複数の関係者を巻き込んで同社の新たな看板商品を育て上げた。

そして，2018年8月現在，偶然がきっかけとなってオイスターソースを3年間熟成したところ，味がまろやかになっていたことから，そのメカニズムと数値の最適化を行った。こうして，新たなオイスターソースの商品化を目指し，日々取り組んでいる。それのみならず，将来の同社の発展のために，事業の周辺領域の多角化を目指して新たな商品開発にも注力している。このように，次々と新たな取り組みを行っている専務の石渡氏にその理由を問うと「何もしないと怖いから」「新しいことをすればするほど，新しい人・情報が舞い込んでくる。そういうつながりが楽しい」と筆者に答えた。

6-4　HILLTOP副社長の山本昌作氏

1) 個人の経験　その1

山本昌作氏は，HILLTOPの副社長であるものの，代表権を持っている。その理由の1つは，同社の社長であり兄でもある山本正範氏が幼い頃肺炎を発症した際に投与された薬の副作用で聴覚に障害が残り，全聾となったため，兄を支えること，また，同社の意思決定を早く進めることにあった。山本氏の幼い時から兄が障害者であったため，「兄を守る」という使命感を常に抱いていたという。「私にとっては年上だけれど，兄を馬鹿にする兄の同級生に対

して，常に戦っていた。こういう人には屈することなく歯向かっていた」と幼い時期を振り返っているほどである。一方で，兄である正範氏の将来の就職先を心配して，両親は会社を興して事業を始めた。この企業がHILLTOPの前身の山本精工である。また，学校から帰ってくると，山本氏は，工場や内職業務を手伝ったり，夕飯の準備をしたりもしていた。しかし，自動車部品加工の下請け業務の仕事は，それほど儲かるものではなかったようである。「貧乏だった」「いつまで経っても生活が楽にならない」ということを実感して育ったと山本氏は語る。この頃の体験が，山本氏の「付加価値の低い業務嫌い・繰り返し作業嫌い」，そして，「知的作業による付加価値の追求」というその後の同社の事業戦略の原体験になっていたといえよう。

　油まみれの付加価値の低い繰り返し作業にほとほと嫌気がさしていた山本氏は，大学卒業後，他社への就職を試みた。ところが，やはり，両親に，特に母親に猛反対され，最後には同社に入社することを決めた。しかし，家業の業務を毛嫌いしていたこともあり，入社後も，業務に対してやる気になることはなかったという。当時，工場の責任者であった叔父にもしばしば注意されていた。そのような昌作氏の姿を見かねた弟の山本昌治氏（2018年8月現在は，専務取締役）が，山本氏に対して「まともに働け」と注意したことで，取っ組み合いのけんかになった。しかし，山本氏は，このことをきっかけに自身の業務への姿勢を反省した。山本氏は，この時のことを「弟に言われたので，よけいに目が覚めた」と振り返る。

2) リーダーとして　その1

　そして，（油まみれの量産業務ではないものの）同社の売上の2割を占めていた単品業務の売上比率を高めようと，新たな業務の受注に注力するようになる。そんな中，同社が新たな生産ラインの部品加工業務を引き受けることとなり，山本氏は大手自動車会社のサプライヤーに6か月間の研修に行くことになった。連日，ロボットのような加工作業が苦で仕方がなかった山本氏は，「考えたらあかん。ただ，無意識で身体だけが動いている状態で仕事をするんだ」と研修の指導員に言われたことが決め手となって，1つの大きな決断をする。「（自動車部品の付加価値の低い）量産の仕事は止めよう」と。1981年のことであった。

　こうして，山本氏がリーダーとなって，売上の8割を占めていた業務の代替業務を得るべく，日々，奔走することとなる。「この時は無我夢中で働いた」

と山本氏は振り返る。「仕事を奪ってくるつもりで営業もしたし，職人の技をできるだけ早く盗もうと職人の作業にへばりついたりもした」と語る。こうして，職人の作業で自動化し，省力化できる部分はないかと探った。そのプロセスで，山本氏は，「踊る鉄工所」という工場の無人化への実現に向けて試行錯誤を繰り返した。作業工程や加工に関するプログラムの開発とオンライン化を実現するためである。しかし，開発は一筋縄ではいかなかった。実際にテストすると，トラブルや損害もたくさん発生した。自動化のプログラミングに失敗して1本5万円の冶具が4本折れて20万円の損害が発生したり，機械の重要なパーツの一部がボルトを引きちぎって大破し，その機械の修理に400万円を要したりもした。このような様子を連日，目の当たりにしている従業員からはプロジェクトを継続する反対運動も起こった。しかし，山本氏は絶対にあきらめなかった。「いずれ，この損失は取り戻すことができる」「知的労働こそが付加価値，そして，企業の利益を生み出すのだ」という強い信念を持っていたためである。

　そして，山本氏が「踊る鉄工所」を実現させていくプロセスで重視したのは，山本氏が1人で開発して，開発したものを作業員に押し付けるという形ではなく，合議制で進めることであった。なぜなら，不満や言いたいことがあったとしても，自分たちで決めたことであれば忠実にルールを守って新たなシステムを活用するであろうと考えたためである。そして，1984年に着手したデータベースの整備とオンライン化の試みは，翌年に「ヒルトップ・システム」として構築され，1986年には本格的運用が開始されたのである。

3) 個人の経験　その2

　「ヒルトップ・システム」が軌道に乗り，加工工程をプログラミングして，夜に材料を加工機にセットすれば翌朝には加工ができあがっていること，そして，一度，作成したプログラミングはリピート注文がきたら材料を加工機にセットするだけで部品加工が終了するシステムの実現，すなわち，「踊る鉄工所」が実現して，同社の事業も順調に展開していた。そのような時に，1つの不幸が山本氏を襲った。それは，2003年12月22日のことである。工場内で火事が発生し，そこから引火して爆発の原因となっていた有機溶剤の入ったペール缶をとっさに素手でつかんで工場の外に出そうとしたところ，消火剤に足を取られ有機溶剤を頭からかぶってしまったのである。全身に火が回り，皮膚が焼けただれて救急車で緊急搬送された。病院に着くとすぐに意

識を失ったという（山本，2018：23）。皮膚が焼け落ちていたため，入院中は全身を包帯でぐるぐる巻きにされていた。しかし，その後，合併症を起こして内臓に障害を併発して危篤状態に陥ったために，集中治療室に運び込まれることとなる（同）。

　1か月後に意識を取り戻したものの，喉には人工呼吸器がつけられ，体温も40度と高く，少しでも動くと身体に激痛が走る状態でリハビリを開始するまでには至っていなかった。リハビリを開始することができる目安である37度まで体温が下がるのに，さらに2か月を要した。リハビリは，人工呼吸器を外して自力で呼吸することから始められた。自分で呼吸するために肺を大きくする必要があったのである。また，寝たきりの状態が3か月近くも続いていたことから身体の筋力が弱まっており，身体を起こすことや手を握るという基本的な動作の回復から求められた。

　厳しいリハビリに耐えながら，最低限の基本的生活ができるようになった2003年4月に退院することになる。しかし，自力ではまだ歩くこともできず，退院後も炎症による発熱は続き，焼けただれた皮膚は，なかなか回復しなかった。「退院してからは，毎日，近所のスーパーに行って，2リットル入りの水2本をリフィルして，火傷の傷跡を冷やすための氷を調達に行くのが自宅でのリハビリとなった。酷い火傷をしたところは，いつまで経っても患部が乾かず，熱を取るためにずっと氷水につけておかなければならなかったし，太陽の直射日光があたるだけでも火傷の傷が疼く状態だった」と，山本氏が振り返るほどである。

　「5月から出社する」と従業員に伝え，実際に出社してはみた。しかし，身体のみならず感情もついてこなかった。その上，従業員に気ばかり遣われるのにも精神的に耐えられず，「社会復帰」までにはさらに時間を要したという。

　そんな状況で，山本氏が再起を決めた，2つの出来事が立て続けに起こった。

4）リーダーとして　その2

　第1の出来事は，自宅療養していた時に，山本氏の長男から就職活動の報告を受けたことだった。山本氏はこの息子の就職活動の様子を，火傷した皮膚を冷やしながら聞いていた。多くの就職希望者の中から採用する人材を選考するために何度も何度も面接が行われ，その上，面接の内容は毎回趣向を凝らしていて，ありとあらゆる角度から人材の選考を行っていることを知っ

たのである。そして，山本氏が驚いたのは，このようにして面接を8回行って，最終的に採用したのは，勇輝氏1人であるということだった。このことから，山本氏は，「この面接は，新卒採用だけが目的ではなく，従業員に面接を通してさまざまな経験を積ませる場として使っているに違いない」と実感したという。そして，このエピソードから従業員自らが人材の採用に関与することの重要性を悟ったのである。山本氏は「このような採用方針をぜひわが社でも採用したい」と心に決めた。この出来事で，一気に社会復帰へのボルテージが上がったという。

　第2の出来事は，第1の出来事とおおよそ同時期の出来事で，京都フェニックスパークの土地がほぼ完売したという新聞記事を読んだことである。山本氏は，その途端，京都フェニックスパークの新社屋で，従業員らが自ら選んだ新卒採用者が働く様子が目に浮かんだという。そして，「この場所が欲しい」と，早速担当者に連絡して，1区画の購入を即断したのである。実は，この時，この区画は商談中であった。しかし，契約がまだであったことから，山本氏がこの土地の購入を即決し，購入価格も30分で提示して契約に結びつけたという。「ここからは時間との勝負だった」と，当時を振り返る山本氏は，従業員を「夢工場プロジェクト」に巻き込んで，着々と新社屋建設の手続きを進めていったのである。新社屋の契約から建設に関して，代表権を持った副社長としてやるべきことは山ほどあった。こうして山本氏は，日に日に経営者としての勢いを取り戻し，どんどん復活していった。

　火傷による瀕死の重傷を負いながら，社会復帰のみならず経営者としての勢いを取り戻した山本氏に，この経験から実感していることを確認すると「時間に対する意識が変わった。これまでは『ちょっと考えさせて』ということも多かったけれど，『それ面白そう。やってみたら』という方針に転換した。考えている（迷っている）時間が惜しい」「『わくわくする，そして，楽しい仕事をしよう』と，それまで以上に思うようになっていった」という。この姿勢が，2008年9月に訪れたリーマンショックの影響で業務量が減少した際にも「ヒルトップ・システム」のリニューアルをするという意思決定，またアメリカ市場の開拓に乗り出す意思決定に結びついているのだといえよう。

6-5 守谷刃物研究所社長の守谷光広氏

1) 個人の経験

　守谷光広氏は，大学卒業後，家業と取引関係が深かった日立金属で修行することに決めた。それは，日立金属の取引の在り方や，同社以外の協力工場との関係，そして，それぞれの企業の強みや差別化された技術などを学ぶためでもあった。配属された部署では，加工業務も行う一方で，協力工場に注文を発注する業務も行っていたため，日立金属の協力企業の保有技術や得意分野などがよく理解できたという。

　そして，日立金属から戻ってきて，同社に就職すると，弟である守谷吉弘氏（2018年9月現在は取締役研究開発部部長）と二人三脚で家業を経営し，発展させてきた。同社は，日立金属のグループ企業でもあるため，「ヤスキハガネ」の高い性能を求める顧客からさまざまな要望の仕事が寄せられる状況にあった。それを1つひとつ丁寧に仕上げていった。新規で加工等が難しい業務に関しては，日立金属の技術者が派遣されたり，逆に，日立金属に赴くなどして，品質の高い難削材を高い精度で正確に加工する技術を磨いてきた。

2) リーダーとして

　このように，1つひとつ業務を遂行することで，日立金属との取引関係を強化し，また，守谷刃物研究所の企業としてのブランド力を高めてきた。また，難しい加工にこそ価値があり，同社の技術力を向上させる機会であると認識している守谷氏は，多くの企業であれば面倒くさくて請けないという類の業務も積極的に引き受ける経営方針を打ち出していた。

　また，このような姿勢を貫く同社であるため，時代の要請に応じて製品構成や主力商品は大きく変化してきている。量産加工が難しいといわれていたVHSのモーターシャフトを高い精度で量産することを可能にした時期には，家電関連の売上が同社の売上の多くを占めていた。しかし，製品のライフサイクルにおける成熟期に突入したり，ライバルメーカーが技術のキャッチアップをして製造単価が下がるタイミングでは苦労することがあるものの，加工技術をコアにして多くの事業領域にわたってさまざまな業務を受けることで生き残りを図り，事業のリスクヘッジを行っている。

　さらに，大手企業は小ロットの部品加工を引き受けないところに着目して，このような小回りの利く仕事こそが差別化になり得ると考え，量産のみならず，

試作や小ロットの部品加工も受け入れることができる生産ラインを構築してきた。その一方で，やはり，個別受注業務がメインの仕事であるために，景気の動向に大きく左右される。特に，1990年代半ば頃から同社は自動車関連の部品加工の占める割合が大きくなり，自動車業界の業績の落ち込みは，同社の業績に直接影響を与えるようになった。そのため，リーマンショック時には，売上が月商で18％にまで下落して，海外の生産工場を閉鎖するなどした。しかし，取引のある専門商社と同行営業させてもらったり，顧客の課題を解決するソリューションを提供し続けるなどして，苦境を乗り越えて，新たな活路を切り開いてきた。

また，同社の社長として守谷氏は，顧客から学ぶ，Win-Winの関係を構築できる顧客との関係構築を行うという姿勢を重要視している。そのため，守谷氏は「付き合うステークホルダーは，はっきり言って選んでいる。お互いにWin-Winの関係を築くことができるステークホルダーと付き合うことが大事」「お互いに存在価値を認めて，切磋琢磨できること」「仕事に意義を持たせて，それを理解できること」「仕事に付加価値をつけること」と語っているのである。また，逆に，同社は，そのようなステークホルダーに選んでもらえるような存在であり続けるべく，日々，切磋琢磨を続けているということをうかがい知ることができる。

6-6 伸和コントロールズ社長の幸島邦弘氏

1）個人の経験

幸島氏は，同族経営の同社に入社して，営業からキャリアのスタートを切った。いつも営業では，顧客に対してプラスワン，すなわち，顧客の要望の一歩先を実現するような提案をすること，そして，その提案によって，顧客がさらなる付加価値を達成することができるよう心掛けていた。その努力が実り，営業成績はトップとなった。

本業，すなわち，伸和コントロールズが強みを持つバルブ事業の展開に注力していたものの，幸島氏とはいとこ関係にあった当時の社長は，事業のリスクヘッジも考え，本業以外，すなわち，株や土地など，有形無形資産への投資も手広く手掛けていた。ある意味，当然のことと思われるが，そのような両者は，資源配分や事業方針をめぐって，対立することも少なくなかったという。本業のバルブで稼いだ利益を有形無形財産への投資の原資として使

うことや，不動産業者ではないにもかかわらず，土地を転売して得た利益を次の有形無形資産に投資することに対して，両者が対立するのは想像に難くない。その当時，同社の本社は新橋に，工場兼事務所は世田谷の地にあった。そのため，自然と当時の社長は新橋に拠点を置き，幸島氏は工場と事務所がある世田谷に拠点を置いてそれぞれ業務を行うようになっていった。そして，当時の社長の息子が入社すると，当時の社長の有形無形財産への投資とその事業への偏重がさらに加速し，当時の社長と幸島氏との立場の違いが鮮明となった。

　幸島氏が，責任者となって同社が新たに仕掛ける事業展開を進めるよう指示されたのには，このような背景もあった。しかし，幸島氏は，この機会を同社のモノづくりの事業を発展させるためのチャンスとして捉え，本業を重視してバルブに関する技術を熟知していた当時の専務と二人三脚で，新たな事業を模索した。その事業こそが，今の同社の事業の成長を支えている半導体事業だったのである。体当たりの営業で，半導体製造前工程装置のトップメーカーであったA社にアポイントを取り，試作品を売り込む時に後発企業であったことを知っても，先方から提示された新たな未知数であった挑戦に取り組んだ。その結果，半導体製造装置用の温調装置の製造に成功し，同社が半導体業界で事業を展開する糸口をつかむことができたのである。その後も，A社をはじめとして半導体業界が課題とする開発に取り組み，その課題を解決するソリューションを実現して顧客に価値を提供する企業として認められるようになっていったのである。

2）リーダーとして

　こうして，幸島氏は，同社の半導体事業における実質的なトップになった。売上に占める半導体事業の比率が高まり，顧客からの要望も増えていく状況下で，同社の事業の柱の1つとしても位置付けられるようになるのにそれほど多くの時間はかからなかった。そのような折，半導体事業の主要顧客であるA社が熊本に新たな半導体製造工場を設立したのを機に，この工場の要求に応えるために，同社も同じ九州にある長崎県に事業所を立ち上げることになる。それが1992年のことであった。A社からの増産を見込んで，設備投資を行い，新たに人材も採用した。

　しかし，このタイミングで，崩壊した日本のバブル経済の影響が半導体業界を直撃するという不運に見舞われた。さらに，本業とは別に行っていた有

形無形資産への投資事業に関しても，同社の本業とは比べ物にならないほどの損失を抱えることになる。さらに追い打ちをかけるように，このタイミングで当時の社長が急死した。社内は混乱を極めた。本業のモノづくりが苦境に陥り，副業の投資事業は日本のバブル経済崩壊の影響によりそれ以上に大変な状況に陥り，急激な資産価値の減少で本体に大きな負の影響を与えていたのである。事態打開のため，そして，次の社長を選出するために緊急取締役会議が開かれた。この場では，本業のモノづくりに回帰するという同意が得られた。そして，社長として任命されたのが，本業の中核人物であった幸島氏だったのである。幸島氏は，この当時のことを振り返って「『わざわざ火中の栗を拾いに行って大変だね』とか『貧乏くじを引いたね』とか言われたことも少なくなかったけれど，私はそう思ってはいなかった。『やってやろう！』という気でいた。それは，赤字だからこそ，膿を出し切るちょうどいいタイミングだと考えたためである。そして，この出来事を組織をまとめ上げる良いタイミングだったと捉えなおした。『こういう時だからこそ，従業員が団結していこう』と考えた」と語っている。

　社長のバトンを引き継いだ幸島氏は，自身が考えたように，不動産や株式といった有形無形資産に投資する業務からは手を引くという意思決定を行った。同時に，この業務にかかわっていた人々には辞めてもらうこととした。こうして，本業であるモノづくり，すなわち，バルブの製造と半導体業務に集中する事業体制に構築しなおしたのである。「開発型企業になる」という目標を掲げたのもこのタイミングである。そして，「ここからが第2の人生の第一歩になった」と幸島氏は語っている。以後，同社の代表取締役として，半導体サイクルの好況不況の波に直面しながらも，それをチャンスにして荒波を乗り越え，同社が直面した「転機」をうまくマネジメントしながら，半導体製造装置用温調装置メーカーとしてトップ企業にまで成長してきたのである。

　幸島氏のリーダーとしての行動や意思決定，そして，同社の半導体での事業展開を考える上で，重要な要素の1つは，顧客や装置開発に協力する企業との関係を構築し，これらのステークホルダーの意見を尊重し，課題を解決するソリューションを提供する価値を実現している点である。幸島氏は，「顧客に育てられた」という表現をしているが，これは，すなわち，顧客が直面する課題を解決する開発を行っているからにほかならない。その解決方法には，スピードが備わっていることも1つの鍵である。

　一方で，協力企業との関係に関しては，自社だけで開発を一からするので

はなく，パートナーとなる協力企業を選び抜き，一緒に開発していくという姿勢，すなわち，協力企業を巻き込んで開発を進めていくことが開発の鍵になっている。一番最初に温調装置の試作を行った時の協力企業には，幸島氏が「こちらから夢を語って，『こんな仕事をしよう！』と，仕事の未来を語った」という。協力企業の社長は，それに応えて「協力しましょう」ということから共同のプロジェクトが始まったと想起しているのである。協力企業を巻き込んで開発していくということは，同社が顧客に提供するソリューションにスピードという付加価値をつけるためには必要不可欠であり，また，それがステークホルダーすべてに対して価値を提供しており，結果としてWin-Winの関係を構築することになっているといえるのである。同社の経営が厳しかった1992年に，半導体のエッチング時に熱を除去する装置を開発して販売することができたのも，大手化学メーカーが雇用整理するということで，その人材を5〜6名雇ったことに始まる。彼らからの知識や技術の移転やアドバイスが，同社の温調装置のプロセス技術の向上や技術力の底上げに結びつき，実際にこの装置の開発を成功へと導いたことが確認されている。

　同社の事業展開を見ても，ステークホルダーが果たす役割が決して小さいものではないことが改めて確認されるのである。この点を物語るように，幸島氏は，社内に次のようなメッセージを掲げている。「経営の本質は，一期一会のおもてなしの心」「今の目の前のお客様に全力を尽くすこと。求められるものを，求められる時に」と。そして，「出会いは大事」と強調している。

6-7 「個人とレジリエンス」の事例の共通点とは？
　　　―本章のまとめ―

　本章では，第4章から5章で事例として取り上げた企業（組織）が，外部環境の変化に対応する，あるいは，その変化を察知して自らが判断して対応するプロセスで，主体となって逆境を転機としてマネジメントする個人（リーダー）に焦点を当てている。また，事例の記述に際しては，リーダーシップを発揮する個性の特徴を導き出すために「個人の経験」の項と，リーダーシップを発揮する要素を探るために「リーダーとして」の項に分類して記述してきた。

　復興屋台村 気仙沼横丁を作る直接のきっかけを与えることとなった避難所のリーダーであった守屋氏は，スポーツ経験を生かして，自分自身の責任で

やり遂げ，受け止めることの重要性を認識していた。また，日頃から，地域住民の1人として，そして，その後は市議会議員の1人として，地域内外の人的ネットワークを構築し，地域の振興にも尽力していた。避難所では，事態の混乱を収拾したり，さまざまな指示を出して避難所の円滑な運営に力を注いでいた。また，「地域住民が仕事をする場を確保しないと，本当の意味での地域の再生ができない」との信念に基づいて，避難民に雇用を確保するために知恵を絞った。その1つの手段が屋台村であった。また，屋台村建設や運営に関しては，避難所に支援物資を届けていた阿部夫妻らの協力のもと，飲食店経営経験を持つ上に地元の情報にも詳しい小野寺氏に事務局長を任せるなどして地域の住民の雇用の確保を目指した。

　森松工業の取締役である西村氏は，教師を目指して後学のためにと中国に留学するも試験の日程を勘違いしていたということで森松工業に入社した。当時の社長（現会長）が「彼女の強い意志と強烈なキャラクターの持ち主」と表現するように，同社入社後は，その能力を存分に発揮した（西村氏自身は，とんでもない日々であったと振り返っているものの）。そして，中国でのパートナー企業と合弁で上海森松が設立されてからは，さらにその力が発揮されることとなる。不条理な条件の提示や嫌がらせ，抵抗にも屈することなく，時には，中国政府関係者までをも巻き込んで事態の収拾を図っていく。そして，同社が当初想定していたステンレス製タンク市場ではなく，グローバル企業を顧客ターゲットとした圧力タンク市場での地位を確立した。こうして上海森松は，日本の森松工業の売上と利益を抜き去るまでに成長したのである。その後，西村氏は，女性起業家に関する国際会議のパネリストとして選出されたのをきっかけにして，女性人材登用のための取り組みにも尽力するようになった。

　石渡商店の石渡氏は，プロスポーツ選手を目指すも，怪我でその道を断たれ，同社に入社した。入社してからは，一から同社の主力原料であるふかひれの知識を学び，加工技術，そして，工場の管理業務などを学んでいった。しかし，東日本大震災時には，本社や工場，倉庫が被災し，この状況に落胆した父親である社長の同社の経営に対する士気が下がってしまった。そのため，石渡氏が覚悟を決めて，以後，同社の経営の中枢を担うようになっていった。その際，商工会議所や未来創造塾といった，経営者としての能力を磨く場にも積極的に参加して，ここで人的ネットワークを構築することができた。また，工場を再建するために，補助金制度を申請したり，クラウドファ

ンディングなどの手法を活用することも行った。数あるクラウドファンディングのプロジェクトの中から同社の工場再建に出資してくれた出資者に対しての返礼品にするために，そして，同社の新たな商品を開発するために，地元の食材である牡蠣に目をつけて，開発を成功させた。その際，すべて同社で手掛けるのではなく，協力者，すなわち，ステークホルダーの協力を得ながら進めていった。その後も，次々と新たな取り組みを行っており，その理由を「何もしないと怖いから」「新しいことをすればするほど，新しい人・情報が舞い込んでくる。そういうつながりが楽しい」と，答えている。

　HILLTOPの山本氏は，小さい頃から障害を持つ兄を支えるという使命感を持っていた。また，同時に，幼い頃は「貧乏だった」「いつまで経っても生活が楽にならない」ということを実感しており，油まみれの部品加工業務や量産業務，付加価値の低い業務を毛嫌いする原体験となっていた。大学卒業後，同社に入社するも，依然として付加価値の低い繰り返しの量産業務を手掛け続けている家業を毛嫌いして，やる気を起こさないでいた。しかし，弟との取っ組み合いのけんかをしたことで目が覚め，量産業務ではなく，単品の加工業務に注力することとなる。そして，自動車メーカーのサプライヤーのもとに研修に行ったことをきっかけに「量産の仕事は止めよう」と宣言した。ここから同社の挑戦が始まっていく。「踊る鉄工所」という工場無人化を実現するために，試行錯誤を繰り返しながら，そして，損失が出る失敗を繰り返しながらも，確固たる信念を曲げることなくそのシステムを実現させる。また，工場が火事になるという不幸に直面しながらも，そして，山本氏自身が大火傷をして危篤状態に陥るものの，2つの出来事が療養中の山本氏の心に新たな火をつけることとなる。それが，息子が新卒で就職した企業の採用面接の方法と，新たな工場用地に関する情報であった。これらの出来事が，山本氏に，同社の代表権を持つ経営者としての勢いを取り戻させたのである。

　守谷刃物研究所の守谷氏は，大学卒業後，家業と取引のあった日立金属に入社し，同社の将来の経営者として，日立金属の技術や情報，経営方法などの経験を積んだ。同社に入社後は，弟と二人三脚で，家業を支えた。日立金属が製造する高品質の素材を，高い精度で加工することで，できあがった部品の付加価値を高めてきたことが，同社のブランドとして確立されるようになる。また，難題を抱え，同社を頼ってきた顧客に対して何らかのソリューションを提供することが，他社との差別化となり，同社の競争力の源泉とな

っている。そのため，同社では加工の種類が多く，事業領域も広範にわたっている。このような競争力を発揮することができたのも，ある信念が根底にあったためである。それは，Win-Winの関係を構築できる顧客と付き合うということである。守谷氏は「付き合うステークホルダーは，はっきり言って選んでいる」「お互いに存在価値を認めて，切磋琢磨できること」「仕事に意義を持たせて，それを理解できるステークホルダーであること」を強調していた。

伸和コントロールズの幸島氏は，入社後，当時の経営者と経営方針に関する対立がありながらも，命じられた新規事業開拓をチャンスとして捉え，本業を重視してバルブに関する技術を熟知していた当時の専務と二人三脚で，半導体という新たな業界に着目した。体当たり営業で半導体大手企業であるA社に営業にたどり着くも，自社の試作が後発であることを知る。しかし，幸島氏は，その場でもたらされた新たな情報をもとに，半導体業界に参入することを即決した。A社がどこからも断られて困っていた装置の開発を手掛けることをその場で約束したのである。当時の同社は装置メーカーではなく，その部品のバルブを手掛けていたため，取引関係のあったパートナー企業に協力を依頼して，共同で新たな装置を造り上げた。パートナー企業には「こちらから夢を語って，『こんな仕事をしよう！』と仕事の未来を語った」ことによって口説き落とした。こうして，半導体業界への参入を遂げ，顧客の要望に応える装置製造を行ってきたことから，半導体製造用温調装置の分野では一躍高い知名度を誇るようになっていた。しかし，その一方で，半導体業界は，景気変動の大きい業界であり，業界不況に陥ると，同社の業績は深刻な影響を被ってきた。しかし，そのような不況に苦しみながら，それをチャンス，あるいは，「良いタイミング」であると捉えなおし，事業構造を転換したり，半導体のエッジング時に熱を除去する装置やそれまでの10倍の精度で温度および湿度管理ができる半導体製造用温調装置などといった，より高いスペックの装置を造り上げる原動力にしていたのである。

1）個人の特徴

まず，これらの事例の記述に鑑みると，後にリーダーシップを発揮することになる個人の個性の特徴として確認される点は，大きく3つあるといえよう。

第1に，リーダーとしての力量を発揮するようになるまでに，多様な経験や場への参加を通して，人的ネットワークを拡大していることである。すなわち，日常的にステークホルダーを探索している行動を行っていることが確

認されるのである。このようなステークホルダーが，後に当該個人や所属企業に成長の機会をもたらしたり，問題解決の糸口となる情報を提供してくれる「筋が良いステークホルダー」（水野，2015）となっていることも少なくない。避難所のリーダーであった守屋氏が個人の経験で蓄積してきた地域住民とのネットワークが，避難所での役割分担や情報共有に役立ってきたことは間違いないし，石渡商店の石渡氏が培ってきたネットワークのステークホルダーは同社の新商品開発の際に協力してくれていた。また，守谷刃物研究所の守谷氏には，日立金属という「筋が良いステークホルダー」（水野，2015）によって，新たな業務の要望が次々と寄せられているし，同社自身，このような関係が構築できるステークホルダーとしか付き合わないという明確な方針を打ち出している。伸和コントロールズの幸島氏も，半導体製造前工程装置メーカーの大手企業として名高いA社という「筋が良いステークホルダー」（水野，2015）を得ることで，同社が半導体産業への参入を果たし，半導体製造用の温調装置の領域では，高いシェアと知名度を誇るまでになっている。このように，リーダーとなる個人は，（意図しているか意図せずしてなのかにかかわらず）日頃からネットワークを拡大してステークホルダーを探索する行動を行っていることが確認されるのである。

　第2に，どんな状況下に置かれたとしても，あきらめない不屈の精神を持ち合わせ，それを行動力に結びつけていることである。避難所のリーダーであった守屋氏は，自身のラグビー選手経験をもとに「大変なことが起こっても，何とかしないといけない」と強調しているし，森松工業の西村氏は，中方からいかなる嫌がらせを受けようとも，決してひるむことなく立ち向かい，時には問題解決するタイミングを待ちながら，同社の中国事業の発展を支えてきた。石渡商店の石渡氏は，津波で全壊した本社や工場，倉庫，自宅を，そして，経営の士気が下がってしまった経営者である父親を目にして，自身が「経営の最前線に出る」と決意して，工場の再建と同社の経営の中枢を担うようになった。HILLTOPの山本氏も，幼い頃の経験をばねに付加価値の低い業務からの脱却を試み，その信念を貫いて加工工程のオンライン・システムを構築したし，工場の火事により瀕死の重傷を負うも，息子の就職活動の報告と新たな工場建設地の情報を目にしたことで，「復活」を遂げた。守谷刃物研究所の守谷氏と伸和コントロールズの幸島氏も，顧客からの業務に対するハードルがいかに高かったとしても，それをいかにして実現するのかを考え抜き，そのような業務こそが自社の競争力を高めるきっかけとなっていると

の信念を持っていた。

　第3に,やはり日頃の経験の蓄積が,「いざ」という時,すなわち,逆境や危機が訪れた時の原動力になっていることである。個人を分析対象にした学術研究で取り上げたSeery, Holman and Silver（2010）では,高い（高すぎる）レベルの逆境はかえってストレスをマネジメントする個人の能力を阻害してしまうこと,そして,逆境の積み重ねはトラウマを生んでしまうことを指摘しているが,本研究における定性的調査からは,この経験,そして,逆境の克服体験こそが,個人を強くしているということをうかがい知ることができるのである。特に,第4章の事例では,(偶然直面したのか,自らの判断で行動して結果的にそのような状況に陥ったのかは別にして)外部要因の影響があまりにも大きすぎて,対応しなければ組織が崩壊する状況に陥ってしまい,対応せざるを得ない状況に直面し,その状況を克服してきたという事例である。これらの組織をマネジメントすることになる個人は,このような苦難や逆境に対応しているうちに,Seery, Holman and Silver（2010）が主張する個人の能力を阻害するというよりもむしろ,さらに個人としての強さに結びつけていることを同時に確認することができるのである。まさにBonanno（2004；2005）の基本的主張である「人は思っているほど弱くなく,直面するさまざまな障害から立ち直ることができる」ということを表しているといえよう。また,藤本（1997）は,自動車メーカーであるトヨタの生産システムがなぜ強力であるのか,その結論を「日頃の心構え」にあると主張しているが,本研究の定性的調査からも,このような心構えが,日頃から経験を蓄積してそれを自身の力や能力に変えていくのであるとの主張が成り立つといえるのである。

2）リーダーの資質

　次に,逆境や危機を転機としてマネジメントするリーダーの資質として確認される点は,状況や現実を正確に把握して転機の意味付けをしていること,それによって組織構成員をやる気にさせていること,やる気を高めた組織構成員に対して積極的に権限移譲をしていること,戦略を実現するプロセスで組織に柔軟性を持たせて対応していること,ステークホルダーをうまく巻き込んでいることが挙げられる。

　状況や現実を正確に把握して転機を意味付けしていることに関しては,Coutu（2002）でも指摘されている。同論文では,"three building blocks"として,

「現実を直視する」「意義を見出す／意味付けする」「工夫することを儀式にする」という3つのステップを示している。同論文の主張のように，現実を直視して，直面している逆境や危機に対して意味付けすることが，逆境や危機に直面した時には特に重要であることを再確認することができよう。例えば，伸和コントロールズの幸島氏は，バブル経済が崩壊し，業績が悪化した時点で社長を継承した時に「赤字だからこそ，膿を出し切るちょうどいいタイミングだ」と考えて，本業以外の事業から撤退することができたということが象徴的な事例といえよう。

　（抜擢した）組織構成員をやる気にさせていること，また，やる気を高めた組織構成員に対して積極的に権限委譲していることについては，Collins（2001）においても強調されている。バスに乗せる人を適切に選び，その適切な人材に対してしかるべき座席を与えるという議論，すなわち，企業が採用する人材を選び抜き，その人材に対して，適切な組織内でのポジションを与える議論がまさしく該当するといえよう。また，その人材に対して，やる気を行動に結びつけることのできる仕組みを構築することも極めて重要となる。例えば，HILLTOPの「ヒルトップ・システム」を構築する時や新社屋の設計等に関して，山本氏は従業員の合議制によって最終的に決定している。この仕組みも，選び抜いた人材[8]が企業内でパフォーマンスを最大限に発揮するための権限移譲の仕組みの1つであるといえよう。

　戦略を実現するプロセスで組織に柔軟性を持たせて対応していることについては，創発戦略の論理で確認されたこと（水野，2018a），そして，Eisenhardt and Martin（2000）が主張していることとも共通している。創発戦略とは，環境が複雑であるため，戦略をはじめから計画的かつ予定調和なものとして打ち出すことが不可能であるため，組織が適応あるいは学習し，それをもとにフィードバックするプロセスで修正を繰り返していく戦略のことである（水野，2018a）。創発戦略の特徴として，組織の学習が強調されていて，現場で行われる環境との相互作用を通して発生する組織的学習のプロセスをマネジメントすることになる点が指摘されている（Mintzberg, Ahlstrand and Lampel, 1998；沼上，2009）。例えば，森松工業の中国の上海での事業展開は，もともとステンレス製タンクの市場を目指していたものの，現地ではさまざまな逆境に直面しながらも西村氏をはじめとした上海森松のスタッフらが1つひと

---

[8] 同社がどれほど採用に時間と労力をかけているのかに関しては，山本（2018）を参照されたい。

つ課題を解決していった。そして，そのプロセスで，ステンレス製タンクではなく，もともと森松工業が保有していた圧力タンクの技術に活路を見出し，中国に進出してくる日系企業およびグローバル企業の圧力タンク製造のニーズをしっかりつかみ，同社の事業の発展に結びつけた。石渡商店の創業者は，チリの地震で津波が押し寄せたことで気仙沼の山側に土地を買ってゴルフの練習場にしていたが，おおよそその50年後に，同社の海に近かった本社や工場，倉庫までが津波によって流されてその地に本社工場を移転させることになるとは，決して予見していたわけではなかった。HILLTOPは，山本氏が火傷を負って自宅療養していた時に，その後の同社の人材採用方法，および，新社屋の移転を意思決定し，同社の新たな展開に結びついた。これも予見されていたわけではない。伸和コントロールズの幸島氏がA社に営業に行った時には，エアオペレートバルブの試作を持って行った。しかし，A社が提示したのは，半導体製造装置用の温調装置製造であり，同社はそれを作り上げて，A社に営業に行った当初は想定していなかった事業領域を開拓することにつながった。このことも，事前に予見していたわけではなく，起こっている状況に修正を重ねて対応しながら達成できたものであった。

　また，Eisenhardt and Martin（2000）は，ダイナミック・ケイパビリティの議論の中で，組織構造を緩やかにしておくことで，環境への適応を図る点を指摘しているが，それがあるからこそ，権限移譲した際にも組織の混乱を招くことなく，状況に対応することができるようになるともいえよう。

　ステークホルダーをうまく巻き込む，そして，ステークホルダーに育てられ鍛えられるという逸話的出来事は事例でもしばしば確認されている。例えば，避難所のリーダーであった守屋氏は，PTAでの活動や地域の活動で培った地域住民とのネットワークが避難所のマネジメントや屋台村の運営に役立っていた。守谷刃物研究所の守谷氏は，日立金属との取引関係を通して品質の高い難削材を高い精度で正確に加工する技術を磨き，それが同社の競争力の源泉となっている。また，守谷氏は，代表権を持つ社長として「付き合うステークホルダーは選んでいる」と断言している。伸和コントロールズの幸島氏は，A社との情報のやり取りや取引関係を通して，半導体製造用温調装置においては，抜群の知名度を誇るまでになった。これらの逸話的出来事からも，水野（2015）や水野（2018a）において指摘している「筋が良いステークホルダー」の存在が，組織が逆境や危機に直面した時，そして，組織の転機をマネジメントする上で，極めて重要であることを確認することができるといえよう。

第3部
理論と事例の融合編

　第3部となる理論と事例の融合編は，第7章のみで構成されている。第3部は，第1部の理論編で確認したレジリエンス研究と，それを踏まえて第2部の事例編で検証した結論に該当する部分となっている。

　第7章では，これまでの研究を踏まえ，経営学における鍵概念の論理構造と，経営学におけるレジリエンス研究が，その論理構造において，どのように位置付けられるのかについてのまとめを行う。

第7章
経営学における鍵概念間の論理構造

7-1　新たな均衡までの3つの段階

　国連やOECDなどの公的機関の取り組みでは，変化する環境への適応や予防という観点から危機に対して3つの段階（予防や備えの段階と危機に直面している段階，危機を克服した段階）に区別されていた。そこで，本研究の事例の記述においても，それに則って「備えの段階」「転機の段階」「新たな均衡」に区別した。危機に直面している段階のことを事例では「転機の段階」と捉えなおした理由は，逆境や危機が（事後的に）実際の転機となっている場合もあれば，自ら機会を創出したり，挑戦したりして現状を打開していくという場合もあるためである。第4章と第5章の事例，および，それぞれの事例におけるリーダーに関する記述を通して，それぞれの段階で確認されたことは次の通りである。

7-1-1　備えの段階
　「備えの段階」において改めて確認されたのは，日常的に準備をしておくことの重要性である。経験や体験がいつ訪れるか事前にはわからないタイミングに対する準備の積み重ねは組織に蓄積されていく。すなわち，この蓄積が，いざという時の組織の対応能力を高めるよう作用するのである。この点については，既存研究でも確認されていることであるといえよう。
　例えば，Cohen and Levinthal（1990）は，吸収能力という鍵概念の文脈においてであるが，企業が多くの経験を積むことによって，それだけ技術的機会に対する認知能力が高くなり，それゆえ，気づきが高まって熱意も高まり，技術的環境において自ら機会を探し出す行為を実践するようになる点を指摘している。また，Todorova and Durisin（2007）でも吸収能力という鍵概念

の文脈においてであるが，組織は既存の認知的構造に引っ張られる傾向があるがゆえに，多くの経験を積んで既存の認知的構造の枠組みをブレークスルーする状況を維持することが肝要である点を指摘している。さらに，Ortiz-De-Mandojana and Bansal（2016）では，レジリエンスの文脈で，組織が過去に蓄積した経験や学習が組織のレジリエンスの決定要因となっていると主張している。この点からも社会的・環境的実践を積んだ組織は，そのプロセスで見えざる資産や能力を蓄積していることが強調されている。これらはいずれも，資源ベースの視点が前提にあるといえよう。

一方で，Eisenhardt and Martin（2000）では，急激な変化が訪れた環境下では，これまでの経験の蓄積は役に立たないという指摘がなされている。しかし，事例の中には，東日本大震災のような極めて壊滅的な状況に直面していたにもかかわらず，その後の新たな均衡にたどり着くプロセスでは，備えの段階での蓄積が意図せざる形で寄与していたことも確認されていた。これらの点に鑑みると，やはり，組織がいかなる経験を積んできたのか，また，逆境や危機を克服した経験を蓄積すること，そして，挑戦に常に挑む組織こそが，いつ訪れるかわからない転機のタイミングをマネジメントする鍵となっているといえよう。さらに言えば，備えを怠っている組織は，訪れた転機に対応できない事態を招きかねないといえよう。

また，Mizuno（2013）では，環境の変化や事業拡大による組織的課題が表面化する前に対策することで，来るべき状況に耐え得る「備え（provision）」をしておくことの重要性を指摘しているが，この主張が改めて支持されたといえよう。

7-1-2 転機の段階

「転機の段階」は，大きく2つのタイプに分類される。環境の劇的かつ突発的な変化が起こり，組織がこの事態に対応しなければ壊滅的な状態に陥る転機と，組織自らが危機感を持ち，先手を打った挑戦をすることで自発的に起こす転機である。森松工業の事例のように，組織自らが新たに仕掛けたものの，蓋を開けてみたら，思いの外，大きな逆境や危機であったことが後に判明して，組織がその適応に苦慮するということもある。

環境の劇的かつ突発的な変化には，やはり自然災害や経済状況の悪化，業界の構造変革など，組織が避けて通ることができない現象が少なくなかった。その際，重要であったのは，Wooten（2012）が指摘しているように，すべて

は基本的に危機や困難に直面した当事者が中心となり，当事者が自立して取り組むことが前提となっていることであった。また，事例を通してしばしば確認された重要な点は，組織がこの状態をマネジメントするプロセスにおいて，組織外部のステークホルダーの果たす役割が少なくないということである。さらに，環境の劇的かつ突発的な状況は，組織に壊滅的な負の影響を与えるものの，結果的にではあるものの，その後の組織にそれまでの延長線上とは異なる発展・展開，すなわち，非線形の新たな均衡をもたらしているといっても過言ではない事例も確認されている。

　非線形の新たな均衡をもたらした，あるいはそのきっかけとしては，例えば，復興屋台村 気仙沼横丁は，避難民の経済的自立を促す場を確保するという目的で新たに作られた施設であった。石渡商店は，東日本大震災で本社や工場，倉庫までが津波の被害にあったにもかかわらず，創業者が「山側にも土地を持っておく必要がある」と判断してはるか以前に購入し，ゴルフの練習場として活用していた土地を新たな本社と工場の建設の地とした。また，放射能汚染に関する風評被害で海外にふかひれの輸出ができなくなったことや大きな輸出先である中国でぜいたく物禁止令が発令されたことでふかひれの需要が低迷する状況に直面して，後の新たな看板商品となるオイスターソースを開発して同社の主力商品にまで成長させた。HILLTOPは，リーマンショックに直面した際，「仕事がないこのタイミングだからこそシステムのリニューアルをする」と意思決定して，新たなシステムを作り上げた。この新たなシステムが，同社の今を支える基幹システムとして機能し，アメリカへの事業展開をスムーズに行うことを可能にした。伸和コントロールズは，バブル経済の崩壊やITバブルの崩壊，リーマンショックなどが同社の業績に壊滅的な影響を与えるものの，この状況を克服するタイミングは，結果的にみると次の主力製品を創り出す直接的なきっかけとなっていた。

　環境に劇的かつ突発的な状況が起こり，組織がこの事態に対応しなければ壊滅的な状態に陥る転機であっても，組織自らが危機感を持ち先手を打った挑戦をすることで自発的に起こす転機であっても，組織が転機をマネジメントするプロセスで，結果的にであるが，新たな活路を切り開いたということも少なくない。森松工業は，新たなステンレス製タンクの開発に成功してステンレスタンクという市場を切り開き，その事業で得た利益を中国に投資をすることで，さまざまな困難や苦境に直面するものの，結果的にではあるが，中国での圧力タンク市場で確固たる地位を確立し，中国に進出するグローバ

ル企業の支持を得ることに成功した。そして，日本の森松工業の売上と利益を超える事業にまで成長した。HILLTOPは，自らの判断で「量産の仕事は止める」と意思決定したことが，モノづくりの工程の標準化によるプログラミングとオンライン化の構想に到達し，「踊る鉄工所」を実現させた。仲和コントロールズは，新たな事業の柱を模索するという意思決定が，新たな半導体という成長市場に参入するきっかけとなり，A社という顧客と結びついたことで，半導体製造用温調装置製造のパイオニアとなった。

　これらの事例に鑑みると，結果的にではあるが，転機をマネジメントするプロセスで，それまでの経験や学習の蓄積をもとに組織が鍛えられているといっても過言ではない。すなわち，事例研究からは転機を組織が乗り越えるべき壁と認識していることがわかるのである。換言すると，いかなる転機であったとしても，組織がこの転機に対して何らかの意味付けをして，新たな均衡に向けて取り組んでいるとの解釈ができるのである。すなわち，Coutu (2002) が指摘している「現実を直視」して，「意義を見出す／意味付ける」「工夫することを儀式にする」プロセスを体現しているように思われるのである。このような点は，レジリエンスに関する一般書においても確認されたことである。起きてしまった事実そのものを変えることはできないが，その事実をどのように捉えるのか，位置付けるのか，あるいはどのように解釈するのかが重要であるという指摘である。

　転機をマネジメントする段階で興味深い点は，第6章で確認したように，その組織の転機をマネジメントするリーダーの果たす役割が極めて大きいということである。組織のマネジメントを担うリーダーとしての資質が求められているともいえよう。より具体的には，状況や現実を正確に把握して転機の意味付けをしていること，それによって組織構成員をやる気にさせていること，やる気を高めた組織構成員に対して積極的に権限移譲していること，戦略を実現するプロセスで組織に柔軟性を持たせて対応していること，ステークホルダーをうまく巻き込んでいること，であった。また，その背後には，個人が経験してきたことの蓄積が重要であるということも確認された。

　さらに興味深い点は，備えの段階を経て転機をマネジメントして，新たな均衡にたどり着く組織の中には，自ら挑戦するという自走する行動をとるようになる組織が少なくないことである。そして，自ら転機を創り出して，組織を新たな均衡に導いて成長させるという姿も確認されるのである。森松工業は，鉄製タンク需要の減少によって，ステンレス製タンクを開発して，市

場環境の変化に適応して新たな活路を見出したが，その次の挑戦として，中国に進出するという転機を創り出した。石渡商店は，オイスターソースを同社の看板商品として上市した後も，3年間熟成させたオイスターソースの開発や，新たな事業化を見据えた挑戦を行っている。そして，その原動力を石渡氏は「何もしないと怖いから」「新しいことをすればするほど，新しい人・情報が舞い込んでくる。そういうつながりが楽しい」と答えていることからも，経験の蓄積が次の挑戦に結びついていることを確認することができるのである。このような姿勢は，石渡商店に限らない。HILLTOPは，京都フェニックスパークに「夢工場」を完成させた後，次なる事業の展開先としてアメリカ市場を見据えて，同社のシステムをうまく活用しながら，アメリカでの事業を軌道に乗せた。また，伸和コントロールズは，組織がゆでガエル化していることに危機感を持ち，1996年の時点で「新規顧客開拓」と「開発型企業として生まれ変わる」との方針を打ち出した。そして，これをきっかけにして結果的に，半導体製造の後工程に進出する機会へと転換することに成功したのである。ただし，事例企業のように，次の転機を自ら作り出す自走する組織は自動的に発生するわけではない。組織のリーダーの覚悟や意思決定，組織構成に対する意図的な働きかけがなければ，発生することはない点には，注意が必要である。

　転機をマネジメントして次の「新たな均衡」にたどり着く際に，看過してはならない点は，組織外部のステークホルダーの存在である。復興屋台村 気仙沼横丁の事例では，仙台からボランティアに訪れ，地元の被災者の声に耳を傾けていた阿部夫妻が果たした役割は決して少なくはない。森松工業が中国で圧力タンク市場を切り開くことになった直接のきっかけは日本で取引のあったゼネコンからの情報であった。石渡商店がオイスターソースを開発した時にデザインを引き受けてくれたのは，復興屋台村 気仙沼横丁で出会った阿部夫妻に紹介されたデザイナーであった。水野（2015；2018a）では，当該組織に有益な情報や飛躍の機会をもたらす利害関係者を「筋が良いステークホルダー」と名付けているが，転機をマネジメントし，新たな均衡にたどり着くプロセスにおいても，まさしく，この「筋が良いステークホルダー」の果たす役割も少なくないことが改めて確認されたのである。

7-1-3 新たな均衡の段階

　「新たな均衡」の段階には，経営学の鍵概念である組織能力や吸収能力，ダ

イナミック・ケイパビリティの議論で強調されてきたような，組織外部の資源や知識などを組織内部に取り込んで，再構成したり再配置したりするという線形的な新たな均衡と，それまでとは異なる新たな組織形態や組織構造に再建したり再生させたりする非線形的な新たな均衡が確認されている。前者の事例には，例えば，森松工業はそれまで手掛けていた鉄そのものの加工や鉄製のタンクを製造していたが，FRP（繊維強化プラスチック）という新たな素材のタンクが鉄製のタンクに代わって普及するに伴い，素材をステンレスに換えて，安価かつ製造コストを抑えたステンレス製のタンクを開発した。石渡商店は，リーマンショックによって，ぜいたく品であったふかひれのB2Bの需要が減ったことに対し，新たな販路として，テレビショッピングに焦点を当てて，新たに直接最終消費者に販売するというB2Cの市場を開拓した。守谷刃物研究所は，顧客の難題に応えてソリューションを提供し続けているプロセスで，高品質の難削材を高い精度で加工するという技術力の向上に結びつけていた。伸和コントロールズもまた，顧客であるA社からもたらされる要望をもとに，高い精度で温度や湿度をコントロールする半導体装置用の温調装置を開発した。これらは，いずれも，転機をマネジメントするプロセスで組織内部の再構成や再編成を行い，線形的な均衡に到達した事例であるといえよう。

　一方で，組織が転機をマネジメントした結果，後者のような全く新たな非線形的な均衡にたどり着いた事例も確認される。例えば，復興屋台村 気仙沼横丁は，避難民に働く機会を提供するという目的と「亡くした家族を想いながら，その気持ちを吐き出し，共有することができる飲食の場所」を提供するという目的から作られた全く新たな組織であった。森松工業が中国の上海に進出した当初は，圧力タンクを製造することを目的にしていたわけではなかった。しかし，同社が特異としていたステンレス製タンクの製造事業はさまざまな困難に直面して現地で軌道に乗せることができなかったことに加えて，そのようなタイミングで同社がもともと日本で培っていた圧力タンクの製造技術に着目して発注する顧客がいたために，こちらの製造にシフトさせたことが重なった。こうして，上海森松は，事業の中心をステンレス製のタンクの製造工場から圧力タンクの製造工場へと転換させ，大きな変貌を遂げた。石渡商店についても，本社や工場，倉庫が東日本大震災の津波の影響で被害を被り，資金調達を工夫するなどして，新たな製造機能を備えた工場を再建した。HILLTOPは，「量産の仕事は止める」と決意をして，モノづく

りの作業工程を標準化させてプログラムを組み，オンライン化させることで単品モノを効率よく加工する仕組みを作り上げた。こうして，工場の無人化，すなわち，「踊る鉄工所」を作り上げた。これらは，いずれも，それまでの組織の形態や構造そのものが変革を遂げている。非線形的な新たな均衡を実現したということは，経営学におけるレジリエンスの理論的展開可能性を検討した際に提示していたように，組織のレジリエンスであると判断することができよう。

ただし，事例の中には，どこまでが組織内部に再構成したり再配置したりという線形的な均衡なのか，あるいは，全く異なる非線形的な均衡なのかの判断があいまいなものもある。ある側面から判断すると線形的な均衡であっても，異なる側面から判断すると，非線形的な均衡である事象も確認されるのである。

例えば，石渡商店は，もともとふかひれを加工して商品を製造していたが，震災による放射能汚染の影響でふかひれを主な輸出先である中国に輸出することができなくなり，また，中国でのぜいたく物禁止令が発令されたことによって，ふかひれ需要が低迷した。そこで，新たな商品としてオイスターソースの開発に乗り出し，成功を収めた。確かに，オイスターソースの生産工程は，ふかひれのそれとは大差ないとは言われるものの，扱う素材は，ふかひれから牡蠣へと全く異なった素材である。ふかひれは素材を調達して，自社工場で加工できるが，牡蠣の加工については，別途，ノロウイルス等の対策も必要になる。この文脈では非線形の均衡と解釈することも可能となる。また，HILLTOPは，京都フェニックスパークに土地を購入したことによって，新たな工場「夢工場」を作り上げ，新たな機械も導入した。しかし，その詳細を確認すると，従業員がプロジェクトに参加して，同社のモノづくりの作業工程を踏まえた工場を設計したり，合議制のもとでアイディアを実現している。これらの点を考慮すると，ハード面では製造拠点の立地が異なり，購入した製造装置も異なるものの，その組織構造の内部は，それほど大きな変革がもたらされたわけではないようにも思われる。

これらの点に鑑みると，組織が到達したところが線形的な均衡なのか，あるいは，非線形的な均衡なのかの明確な判断を下すことは容易ではない。それゆえ，「吸収能力とダイナミック・ケイパビリティ，あるいは，組織のレジリエンスは，連続変数である可能性が高い」という議論（図表3-2）に結びついているのである。また，それゆえ，海外のトップジャーナルに掲載されて

図表7-1 備えの段階から新たな均衡までの時系列的展開

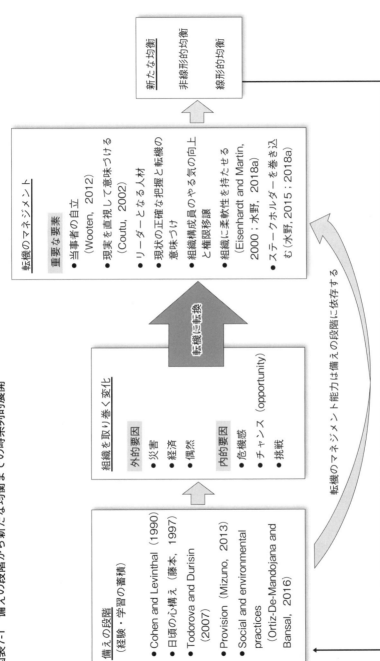

出所：筆者作成。

第7章 経営学における鍵概念間の論理構造 179

いるレジリエンス研究の論点では，これまで経営学で提示されてきた鍵概念と類似するという一見，矛盾していると思われている可能性もある。次節では，この点について改めて整理することとする。

　組織が備えの段階から，環境や経済環境の変化といった外的要因，あるいは，危機感や自発的な挑戦によって変化を自ら起こす内的要因が発生し，これらを転機としてマネジメントして新たな均衡にたどり着く時系列的な流れを，既存研究や本研究で明らかになったことを位置付けて示したものが図表7-1である。矢印は，時系列の流れを示している。同図表で重要な点は，1) 備えの段階で蓄積された経験知や学習が，危機や逆境に直面した時，あるいは挑戦そのものを転機に転換してマネジメントする上で極めて重要であること，すなわち，転機のマネジメント能力は備えの段階での経験・学習の蓄積に大きく依存すること，2) 新たな均衡に到達した後は，それが組織の経験や学習の蓄積，すなわち，組織の次の「備えの段階」となり，次に来るべき変化を転機に転換するための能力として蓄積されることを示していることである。換言すると，組織が転機をマネジメントして新たな均衡にたどり着くプロセスで得た経験や知見をもとに組織が自走する企業行動をとるようになることを表している。しかし，先にも指摘したように，この循環は自動的に機能するものではない。組織リーダーの意図や覚悟，意思決定に基づく組織的実践が伴わなければ，この循環はすぐにでも止まる。

　これらのことから，日頃から経験や学習を蓄積しておくこと，そして，その姿勢を保ちつづけることが組織の長期的存続にとって極めて肝要であることをうかがい知ることができよう。また，これらの点を鑑みると，組織のゆでガエル現象化や内向きの重たい組織（沼上他，2007）化は，備えの段階での経験の蓄積を自ら阻害することになりかねず，組織にとって危機的状況を招きかねないことが改めて確認できるのである。

7-2　鍵概念間の論理構造

　第3章において，経営学でこれまで提示されてきた複数の鍵概念の整理を行い，論理構造を確認したのが図表3-1であった。また，第1章と2章でのこれまでのレジリエンスに関する研究の系譜と経営学におけるレジリエンス研究を踏まえた上で示した論理構造が図表3-2であった。これらの図表では，吸収能力とダイナミック・ケイパビリティの概念が極めて似通った概念である

こと，また，吸収能力とダイナミック・ケイパビリティは組織の内部適応要素と組織の外部適応要素を含んでいること，内部適応要素は従来より組織能力として理解されてきていること，さらには，この組織能力を構成する要素，すなわち，下位概念としてコア・コンピタンスとオーディナリー・ケイパビリティが含まれている構造であること，そして，組織のレジリエンスは非線形の環境への適応能力を含んでいるという特徴があるものの，吸収能力とダイナミック・ケイパビリティとは連続変数であること，といった論理構造が示されている。

　組織の内部適応要素に関しては，Cohen and Levinthal（1990）や Todorova and Durisin（2007），Ortiz-De-Mandojana and Bansal（2016）を確認すると，いずれも，日常的な経験の蓄積や実践が，組織の長期的発展，そして，既存の認知構造の枠組みを超えた成長を遂げるために不可欠であることを指摘している。これは，事例における組織の「備えの段階」の記述から，そして，組織の転機をマネジメントするリーダーの「個人の経験」の記述からも確認することができる。このことは，組織の内部適応要素である組織能力は，日頃から鍛えておくべきことであり，日常は，組織能力を磨く機会として捉えるべきであろうということを示している。

　また，「転機の段階」で転機をマネジメントするプロセスと，転機をマネジメントするリーダーの「個人の経験」を確認すると，日頃から人的ネットワークを拡大して「筋が良いステークホルダー」（水野，2015；2018a）との関係構築を行っていたことが明らかとなった。この点から，組織の外部適応要素に関しても日頃から鍛えておくべきことであり，日常は，外部適応要素を磨く機会としても捉えるべきであろうということを意味している。すなわち，危機や逆境など，環境の劇的かつ突発的な状況にも耐え得る組織を構築するためには，日常的には内部適応要素と外部適応要素を同時に鍛えておく必要があると言えよう。

　さらに，転機の段階で，転機をマネジメントして組織的危機や逆境を乗り切るプロセスで初めてその蓄積された能力が発揮される，すなわち，線形的な適応でいえば吸収能力やダイナミック・ケイパビリティ，そして，非線形的な適応でいえば組織のレジリエンスが発揮される。

　そして，これらの日常的な行動の蓄積，すなわち，組織が培ってきた経験，逆境や危機を克服した経験を蓄積すること，そして，自ら自走して挑戦し続ける組織こそが，いつ訪れるかわからない逆境や危機をマネジメントする「備

図表7-2 鍵概念間の論理構造と能力が求められる段階

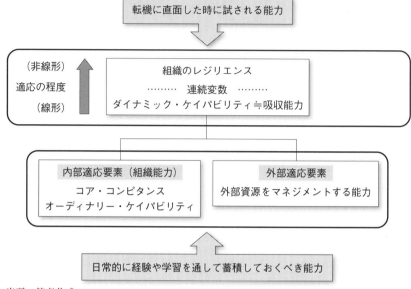

出所:筆者作成。

え (provision)」(Mizuno, 2013) となることが明らかとなったのである。

さらに,吸収能力やダイナミック・ケイパビリティに関する従来の議論では,ダイナミックという言葉が持つニュアンスとは裏腹に,組織外部の資源を内部に適応させながら組織を再配置することに焦点が当てられてきていた。しかし,事例からも確認されたように,組織が到達する新たな均衡には,それまでの組織とは非線形となるタイプの均衡も含まれている。このようなタイプの均衡をもたらす組織の能力を,本研究では「組織のレジリエンス」と考えてきた。しかし,組織の再配置や再建・再生の境界は,その判断があいまいであることもあるために,吸収能力とダイナミック・ケイパビリティ,そして,組織のレジリエンスは連続変数であるとの結論に達したのである。

以上から,経営学において組織のレジリエンスを議論することの意義は,それまで,吸収能力やダイナミック・ケイパビリティの議論では,捉えきれていなかった組織の再建や再生の議論を包含することの必要性を提示したことにあるといえよう。そして,日頃からの活動や経験の蓄積,挑戦の実践こそが,組織が逆境や危機に直面した時にその能力が発揮される機会となるということが改めて確認されたのである。また,内部適応要素と外部適応要素は,

「備えの段階」でその能力を鍛えておく必要があり，平時の積み重ねなくしては，転機をマネジメントするとは難しいことが明らかとなったのである。さらに，このような組織に蓄積されてきた備えによって実際に転機が起こった時に発揮される力こそが，吸収能力やダイナミック・ケイパビリティ，組織のレジリエンスの議論の本質であるということが確認されるのである（図表7-2）。

終章

経営学におけるレジリエンスとは？
― 結論とインプリケーション ―

1．本書のまとめ

　本書には，大きく2つの目的があった。第1の目的は，多領域で研究されてきたレジリエンスについて時系列で整理し（第1章），社会科学領域にまで拡大したレジリエンス研究の系譜を追った上で（第2章），経営学におけるこれまでのレジリエンス研究を確認する（第3章）ことであった。

　これらの研究の整理と分析を通して，物理学や工学研究のような学問領域や素材を分析対象とする研究では，レジリエンスを元の状態に戻る，すなわち，元の均衡に戻るという性質を持つ用語として使われていたことがわかった。その一方で，社会科学領域におけるレジリエンス研究では，それとは異なる性質を持つ用語として説明されるようになっていった。その方向性を見出したのが生態学研究から展開した社会生態学研究である。経済学の進化論的視点，すなわち，動的視点を導入して，レジリエンスが（元の地点に戻るという均衡を意味する用語から）これまでとは異なる新たな均衡に移行するという視点を提供したのである。

　この視点は，精神病理学や心理学，教育学といった個人を分析対象とした学問領域での理論的な展開可能性をもたらした。すなわち，「これまでとは異なる新たな均衡への移行」を「現状を乗り越える」「直面している困難を克服する」という文脈で解釈することを可能にしたからである。このような文脈で解釈されるようになると，一般的な啓蒙書においても「現状を乗り越える」「直面している困難を克服する」ための方法やノウハウが示されるようになる。これらの一般的な啓蒙書の特徴の1つは，逆境や直面しているストレス，それまでの失敗を事実として捉え，この事実を踏まえた上で事実をどのように解釈し，自分なりに意味付けして乗り越えるのかという点が強調され

ていることであった。

　第2の目的は，1980年代の日本企業の強みとして強調されていた創発戦略が機能しなくなったという論調に端を発する。かつては，新たに発生した状況や制約条件に適応するプロセスで，事前に意図していなかった結果がもたらされた，すなわち，結果的に成功した，あるいは，結果的に合理的であったという議論が日本企業の研究で展開されていた。それにもかかわらず，1990年代から2000年代にかけて日本の大企業では機能しなくなっていたという主張が展開されるようになる（三枝，1991；1994；2003；沼上他，2007；軽部，2017）[1]。しかし，依然として，限られた資源や逆境下において資源ベースでの立場での創発戦略を実践して市場競争力を発揮している組織の存在も確認されている（水野，2018a）。そのため，「直面した危機や逆境，制約を転機にしてマネジメントすることができる，すなわち，創発戦略を実践することができている組織と，そうではない組織との違いはどこにあるのか」を検証することに第2の真の目的があった。この問題認識の背景には，逆境をうまく捉えて，解釈しなおして，組織をマネジメントすることができる組織が，組織のレジリエンスが高い組織であると判断できるのではないかという仮説があった。

　本書の第2の目的を検証するために，まず，経営学におけるトップジャーナルに掲載されたレジリエンス研究についてレビューを行っている（第3章）。すると，レジリエンスという言葉の表す意味が，これまで経営学で用いられてきた複数の鍵概念と重複する概念である可能性が確認されたのである。そのため，経営学における鍵概念の論理構造を改めて確認するために，「コア・コンピタンス」「オーディナリー・ケイパビリティ」「組織能力」「吸収能力」「ダイナミック・ケイパビリティ」の概念の確認と整理を行った。こうして導出された鍵概念の論理構造が図表3-1であった。この鍵概念の論理構造か

---

[1] ただし，三枝氏は，より早いタイミングでこの点に気がついていたことが記されている。例えば，三枝（1991）の文庫版（三枝，2003）のあとがきの中で，「私が多くの日本企業で経営者的人材が枯渇し，組織の経営力すなわち「経営パワー」が低下していることに気づいたのは，80年代の中頃である。強い危機感を抱いた。…（中略）…私は世の中に不振事業を抱えて困っている日本企業が驚くほど増えていることに気づいた。その不振の多くが経営的人材の力量不足から生まれており，日本的経営がこの一角から大きく破綻し始めていると感じたのである。…（中略）…国際的に取り上げられていた日本的経営の表層的な華やかさとは対照的な，日本の経営現場でのお粗末極まりない実体だった。…（中略）…日本人の経営的力量を上げなければ，日本が危ないと思った」（三枝，2003：499-500）と指摘しているのである。

ら，1つのことが明らかとなった。それは，吸収能力やダイナミック・ケイパビリティのような組織の外部の適応要素も取り込んで組織を再構成するプロセスを論じる際に，ダイナミックという言葉が持つ動的なニュアンスとは裏腹に，組織への適応プロセスで組織そのものが変態する，すなわち，非線形的に組織が適応するということについてほとんど説明していないことが明らかになったのである。そのため，経営学におけるこのようなニュアンスを持つ概念としてのレジリエンスの理論的展開可能性を指摘したのである（図表3-2）。

この点を検証するために，事例研究を3つのタイプに分別して確認した。第1のタイプは，外部要因の影響があまりにも大きすぎて，対応しなければ組織が崩壊する状況に陥ってしまうため対応せざるを得なかった組織，あるいは，それによって発生した組織に着目した（第4章）。これらの事例は，特に組織が非線形的な均衡にどのようにしてたどり着くのかについて検証しようとした，すなわち，組織のレジリエンスについて確認するためでもあった。第2のタイプは，外部環境の変化やニーズをいち早く察知して，対応しないといけないと自らが判断して対応した組織に着目している（第5章）。もちろん，このタイプの組織といえども，市場環境の影響を受けるため，その点についても整理している。第3のタイプは，第4章と第5章で取り上げたそれぞれの事例において，リーダーシップを発揮して，実際に転機をマネジメントした個人に着目している。その際，個人が蓄積してきた経験に裏付けられた個性の特徴と，リーダーの資質を確認することを目的としている。そのため，リーダーとして転機をどのようにマネジメントしたのかをこの2つに分けて記述している（第6章）。

それを踏まえた上で，第7章で改めて経営学における鍵概念の整理とレジリエンス研究の位置付けを確認してきたのである。

2. 本書の結論

本書の結論は，2つある。1つ目の結論は，これまで経営学でレジリエンスについての議論が定着してはいない状況で，経営学で取り上げられてきた鍵概念である吸収能力とダイナミック・ケイパビリティの延長線上の概念として位置付けられることを示したことである。すなわち，吸収能力とダイナミック・ケイパビリティの概念が組織外部の適応要素を組織内部に取り込ん

で再配置するという線形的な均衡を実現するという議論を展開しているのに対し，組織のレジリエンスの概念は，組織そのものが変態するという非線形的な均衡を実現する議論を展開している論理構造を明らかにしたことである。また，組織のレジリエンスと，吸収能力およびダイナミック・ケイパビリティは，連続変数の関係であることも確認することができた。

　2つ目の結論は，直面した危機や逆境，制約を転機にしてマネジメントすることができる組織に関するものである。転機のきっかけには，環境の劇的かつ突発的な状況が起こり，組織がこの事態に対応しなければ壊滅的な状態に陥る転機（外的要因）と，組織自らが危機感を持ち，先手を打った挑戦をすることで自発的に起こす転機（内的要因）がある。1つの発見事実は，転機が外部要因によってもたらされる場合の中には，組織に壊滅的な負の影響を与えるものがあるということである。このタイプの転機の場合，結果的にではあるものの，その後の組織にそれまでの延長線上とは異なる発展・展開，すなわち，非線形の新たな均衡をもたらしている事例が確認されたためである。また，転機のきっかけが外的要因であろうと，内的要因であろうと，転機をマネジメントするプロセスで，結果的にではあるが，新たな活路を切り開いた組織も少なくなかった。すなわち，転機をマネジメントするプロセスで組織が鍛えられているといっても過言ではないのである。この転機のマネジメントをめぐって，以下の4つの重要な点（転機のマネジメントの4つの結論）が明らかとなった。

　それは，まず，この転機をマネジメントして組織が新たな均衡にたどり着くためには，実は，「備えの段階」でどのような経験を蓄積したのかが決定的に重要になっているということであった。すなわち，「備えの段階」での蓄積が，いざという時の組織の対応能力を高めるよう作用しているのである（図表7-1）。これが，転機のマネジメントの結論における第1に重要な点である。この点を鑑みると，この結論はCohen and Levinthal（1990）やTodorova and Durisin（2007），Ortiz-De-Mandojana and Bansal（2016）の主張を支持していることになる。すなわち，日常的な経験や体験，実践の積み重ねこそが，いつ訪れるかわからない転機に対する備えとなるという指摘である。ただし，組織が転機をうまくマネジメントして新たな均衡にたどり着いた後，次の備えの段階に移行していくということは自動的に発生するものではない。組織のリーダーの覚悟と意思決定，そして，それに伴う組織構成員の組織的実践が伴わなければ，その循環は止まってしまうのである。

そのため，これに関連する転機のマネジメントにおける第2の結論は，その組織の転機をマネジメントするリーダーの果たす役割が極めて大きいということである。転機をマネジメントする際には，特に組織を担うリーダーの資質が問われているということである。事例におけるリーダーらが実際に行っていたことは，状況や現実を正確に把握して転機の意味付けをしていること，それによって組織構成員をやる気にさせていること，やる気を高めた組織構成員に対して積極的に権限移譲していること，戦略を実現するプロセスで組織に柔軟性を持たせて対応していること，ステークホルダーをうまく巻き込んでいること，であった。また，その背後には，個人が経験してきたことの蓄積が重要であったことも確認された。

そして，転機のマネジメントの第3の結論は，「備えの段階」を経て転機をマネジメントして，新たな均衡にたどり着く組織の中には，自ら挑戦するという自走する行動をとっている組織が少なくないことであった。すなわち，自ら転機を創り出して，組織を新たな均衡に導いて成長させるという姿が確認されたのである。

転機のマネジメントの第4の結論は，組織外部のステークホルダーの存在が肝要であるということである。水野（2015；2018a）では，当該組織に情報や飛躍の機会をもたらす利害関係者を「筋が良いステークホルダー」と名付けているが，転機をマネジメントし，新たな均衡にたどり着くプロセスにおいても，まさしく，この「筋が良いステークホルダー」の果たす役割も少なくないことが改めて確認されたのである。

3. 本書のインプリケーション

本書における学術的インプリケーションは大きく2つある。第1に，経営学におけるレジリエンス研究の位置付けを明らかにしたことである。これまで経営学で組織的なレジリエンスについての議論が定着してはいない状況で，これまで経営学で取り上げられてきた鍵概念である吸収能力とダイナミック・ケイパビリティの延長線上の概念として位置付けられることを示した。また，組織のレジリエンスの概念がもたらした1つの貢献は，（吸収能力とダイナミック・ケイパビリティの概念が組織外部の適応要素を組織内部に取り込んで再配置するという線形的な均衡を実現するという範疇での議論を展開しているのに対し）外部環境に適応するプロセスにおいて，組織そのものが変態す

るという非線形的な均衡を実現する議論が重要であることを指摘していることであった。

　第2に，かつて日本企業の強みであった創発戦略が機能しなくなった要因に関して，解決の糸口となる情報を提供したことである。それは，直面した危機や逆境，制約を転機にしてマネジメントすることができる組織の分析を通じて，「新たに発生した状況や制約条件に適応するプロセスで，事前に意図していなかった結果がもたらされた，すなわち，結果的に成功した，あるいは，結果的に合理的であったという議論が日本企業の研究で展開されていたにもかかわらず，それが機能しなくなっていた」理由を逆説的ではあるものの，示したことである。すなわち，創発戦略を機能させるためには，直面した危機や逆境，制約を転機にしてマネジメントする力を鍛えなければならないこと，そのためには，日常的な「備えの段階」でどのような経験を蓄積したのかが決定的に重要になっているということ（Cohen and Levinthal, 1990；Todorova and Durisin, 2007；Ortiz-De-Mandojana and Bansal, 2016），組織の転機をマネジメントするリーダーの果たす役割が極めて大きいこと，それまでの転機のマネジメントを踏まえて自ら挑戦するという自走する行動をとること，「筋が良いステークホルダー」（水野，2015；2018a）との関係を日常的に構築しておくこと，なのである。また，組織の次世代に訪れる転機をマネジメントするリーダーを育成するためには，創発戦略で指摘されている現場において指揮を執るミドルのイニシアティブを重要視して学習を促し（沼上，2009），ミドルに現場で行われる環境との相互関係を通して発生する組織的学習のプロセスをマネジメントする経験を積ませることが極めて重要である（Mintzberg, Ahlstrand & Lampel, 1998；沼上，2009）ということが，改めて確認されたのである。

　以上から，創発戦略が機能しなくなった日本企業は，自らこの循環を止めてしまったということが明らかとなるのである。すなわち，創発戦略が機能しなくなった企業では日常的な「備えの段階」での経験や学習の蓄積の流れを止め，転機をマネジメントすべき存在のリーダーが自らの役割を果たせず，組織が自走する行動をも止めてしまったとの解釈が成立するのである。また，このような企業は，さらにこのプロセスで創発戦略を機能する機会を提供してくれていた「筋が良いステークホルダー」（水野，2015；2018a）に見切りをつけられて離れていってしまうのみならず，権限委譲されたことのないミドルが増殖して，経営機能を担う，いわゆるマネジメントを担うことのでき

ない人材がそのような企業の組織内に増えてしまうという論理が成立してしまうのである。

　この点を鑑みると，水野（2018a）で指摘した，日本企業の創発戦略がなぜ機能しなくなったのかという問いに対する答えが奇しくも支持されてしまったことが明らかとなるのである。その論理とは，第1段階では，企業経営のトップは戦略立案したものの，立案した戦略を実践するプロセスで，経営幹部らが組織の下部から上がってきた戦術プランを実行するかどうか決定できないでいるために，1) 組織が立案した戦略を実行するために，組織下部が戦術プランを上げたにもかかわらず，それが否定されることによって，組織のミドルやロワーの人材が組織内で積極的に活動して相互作用を引き起こそうとするインセンティブが急速に低下してしまったこと，2) ミドルやロワーが提案したプランがプロジェクト化されなかったために，プロジェクト責任者としてプロジェクト運営を行っていく中で培われたであろう（管理機能ではなく）戦略策定や意思決定を行う経営機能を担う機会をも奪ってしまうという状況を作り出してしまったこと，である。すなわち，経営幹部自らが自走する組織の循環を断ち切ってしまったと言えるのである。さらに，第2段階では，その経営幹部が企業経営のトップに立った時には，管理機能に長けてはいるものの，経営機能を担う機会が決定的に欠如しているために，戦略すら立案できなくなってしまう可能性が高まるのである。その結果として，組織が戦略不全の事態に陥ってしまったという不幸な論理である。

　このような論理は「備えの段階」での経験や学習の流れを止めてしまえば，どの組織にも容易に起こり得る現象である。したがって，逆説的ではあるものの，日本企業が復活を遂げるためのヒントがここに隠されているといえよう。

参考文献

Achor, S., & Gielan, M.(2016). Resilience is about how you recharge, not how you endure. In *Resilience: HBR Emotional Intelligence Series.* (2017). Harvard Business Review Press, 109-121.

Adams, R. M.(1978). Strategies of maximization, stability, and resilience in Mesopotamian society, settlement, and agriculture. *Proceedings of the American Philosophical Society*, 122(5), 329-335.

Adger, W. N.(2000). Social and Ecological Resilience: Are They Related?. *Progress in Human Geography*, 24(3), 347-364.

Adger, W. N., Hughes, T. P., Folke, C., Carpenter, S. R., & Rockstrom, J.(2005). Social-Ecological Resilience to Coastal Disasters. *Science*, 309, iss. 5357, 1036-1039.

Ahmad, F., Rai, N., Petrovic, B., Erickson, P. E., & Stewart, D. E.(2013). Resilience and Resources Among South Asian Immigrant Women as Survivors of Partner Violence. *Journal of Immigrant and Minority Health/ Center of Ministry Public Health*, 15(6), 1057-64.

Aiginger, K.(2009). Strengthening the Resilience of an Economy. *Intereconomics*, 44(5), 309-316.

Allan, J., McKeena, J., & Dominey, S.(2014). Degree of Resilience: Profiling Psychological Resilience and Prospective Academic Achievement in University Inductees. *British Journal of Guidance & Consulting*, 42(1), 9-25.

Angeler, D. G., Trigal, C., Drakare, S., Johnson, R. K., & Goedkoop, W.(2010). Identifying resilience mechanisms to recurrent ecosystem perturbations. *Oecologia*, 16481), 231-241.

Anthony, J. D.(1982). Increased maturity and resilience despite problems :Mining industry in Australia. *Mining Review*, 10, 6-8.

Arnetz, B. B., & Nevedal, D. C.(2009). Trauma Resilience Training for Police: Psychophysiological and Performance Effects. *Journal of Police and Criminal Psychology: The Official Journal of the Society for Police and Criminal Psychology*, 24(1), 1-9.

Aroson, E.(1973). The Rationalizing Animal. *Psychology Today Magazine*, May, 46-51.

Audric, J.(1948). The amazing resilience of children. *Medical World*, Nov.5, 69 (11), 329-331.

Balsam, K. F.(2008). Trauma, Stress and Resilience among Sexual Minority

Women: Rising Like the Phoenix. *Journal of Lesbian Studies,* 7(4), 1-8.

Barney, J. B. (1991). Firm resources and sustained competitive advantage. *Journal of Management,* 17(1), 99-120.

Bebbington, P. E., Sturt, E., Tennant, C., & Hurry, J. (1984). Misfortune and resilience: A community study of women. *Psychological Medicine,* 14(2), 347-363.

Bee, J. N., Kunstler, G., & Coomes, D. A. (2007). Resistance and Resilience of New Zealand Tree Species to Browsing. *Journal of Ecology,* 95(5), 1014-1026.

Boardman, J. D., Blalock, C. L., & Button, T. M. M. (2008). Sex Differences in the Heritability of Resilience. *Twin Research and Human Genetics: The Official Journal of the International Society for Twin Studies,* 11(1), 12-27.

Boccardy, J. A., & Cooper, E. L. (1961). Resilience of a fish population in a stream in Pennsylvania. *The Progressive Fish-Culturist,* 23(1), 26-29.

Bonanno, G. A. (2004). Loss, trauma, and human resilience: Have we underestimated the human capacity to thrive after extremely aversive events?. *American Psychologist,* 59, 20-28.

Bonanno, G. A. (2005). Resilience in the face of potential trauma. *Current Directions in Psychological Science,* 14(3), 135-138.

Bonanno, G. A., Rennicke, C., & Dekel, S. (2005). Self-enhancement among high-exposure survivors of the September 11th terrorist attack: Resilience or social maladjustment?. *Journal of Personality and Social Psychology,* 88, 984-998.

Bonanno, G. A., Galea, S., Bucciarelli, A., & Vlahov, D. (2006). Psychological resilience after disaster: New York city in the aftermath of the September 11th terrorist attack. *Psychological Science,* 17(3), 181-186.

Bowleg, L., Huang, J., Brooks, K., Black, A., & Burkholder, G. (2003). Triple Jeopardy and Beyond: Multiple Minority Stress and Resilience Among Black Lesbians. *Journal of Lesbian Studies,* 7(4), 87-108.

Branscomb, L. M., & Gazis, D. C. (1977). Resilience, hypotheticality and computers-designing social systems under uncertainty. *Proceedings of the American Philosophical Society,* 121(5), 346-349.

Brown, J. C., & Goodman, J. (1980). Women and industry in Florence. *The Journal of Economic History,* 40(1), 73-80.

Buchmann, C. (2009). Cuban home gardens and their role in social-ecological resilience. *Human Ecology,* 37(6), 705-721.

Bulgin, D. (1944). Errors arising in the pendulum test for resilience of rubber. *Rubber Chemistry and Technology,* 17(4), 1002-1007.

Burgelman, R. A. (2002a). Strategy as Vector and the Inertia of Coevolutionary

Lock-in. *Administrative Science Quarterly*, vol.47, 325-357.

Burgelman, R. A.(2002b). *Strategy is Density: How Strategy-Making Shapes a Company's Future*. New York : The Free Press.

Busapathumrong, P.(2013). Disaster Management: Vulnerability and Resilience in Disaster Recovery in Thailand. *Journal of Social Work in Disability & Rehabilitation*, 12(1-2), 67-83.

Carmeli, A., & Markman, G. D.(2011). Capture, Governance, and Resilience: Strategy Implications from the History of Rome. *Strategic Management Journal*, 32(3), 322-341.

Carson, J.(1820). On the elasticity of the lungs. *Philosophical Transactions of the Royal Society of London*, 110, 29-44.

Carlson, Jr., P. R., Yarbro, L. A., Kaufman, K. A., & Mattson, R. A.(2010). Vulnerability and Resilience of Seagrasses to Hurricane and Runoff Impacts along Florida's West Coast. *Hydrobiologia : The International Journal of Aquatic Sciences*, 649(1), 39-53.

Chandler, Jr., A. D.(1962). *Strategy and Structure: Chapters in the History of the Industrial Enterprise*. Cambridge, MA : MIY Press.

Clarke, A. D. B., & Clarke, A. M.(1958). Cognitive and social changes in the feebleminded : Three future studies. *British Journal of Psychology*, 49(2), 144-157.

Clark, C. W.(1974). Possible effects of schooling on the dynamics of exploited fish populations. *ICES Journal of Marine Science*, 36(1), 7-14.

Clark, G. L., Kabler, M., Blanker, E., & Ball, J.M.(1940). Hysteresis in Crystallization of Stretched Vulcanized Rubber from X-Ray Data Correlation with Stress-Strain Behavior and Resilience. *Industrial & Engineering Chemistry*, 32(11), 1474-1477.

Clark, G. L., Kabler, M., Blaker, E., & Ball, J.M.(1941). Hysteresis in crystallization of stretched vulcanized rubber from x-ray data. Correlation with stress-strain behavior and resilience. *Rubber Chemistry and Technology*, 14(1), 27-34.

Clinton, J.(2008). Resilience and Recovery. *International Journal of Children's Spirituality*, 13(3), 213-222.

Cohen, W. M., & Levinthal, D. A.(1990). Absorptive capacity: A new perspective on learning and innovation. *Administrative Science Quarterly*, 35(1), 128-152.

Colberg, R. D., Morari, M., & Townsend, D. W.(1989). A resilience target for heat exchanger network synthesis. *Computers & Chemical Engineering*, 13(7), 821-837.

Collis, D. J.(1994). Research note: How valuable are organizational capabilities?.

Strategic Management Journal, 15, 143-152.

Collins, J.(2001). *Good to Great: Why Some Companies Make the Leap...and Others Don't*. HarperBusiness.(コリンズ著, 山岡洋一訳(2001)『ビジョナリー・カンパニー2 飛躍の法則』日経BP社.)

Colson, E.(1980). The resilience of matrilineality: Gwembe and Plateau Tonga adaptions. *Versatility of Kinship*, S, 359-374.

Coutu, D.(2002). How resilience works. In *Resilience: HBR Emotional Intelligence Series*.(2017). Harvard Business Review Press, 1-30.

Crittenden, P. M.(1985). Maltreated infants: Vulnerability and resilience. *Journal of Child Psychology and Psychiatry*, 26(1), 85-96.

Dai, L., Eden, L., & Beamish, P. W.(2017). Caught in the crossfire: Dimensions of vulnerability and foreign multinationals' exit from war-afflicted countries. *Strategic Management Journal*, 38, 1478-1498.

Darwin, C.(1859). *On the Origin of Species by Means of Natural Selection or the Preservation of Favoured Races in the Struggle of Life* (reprinted 1964). Cambridge, MA: Harvard University Press.

Dearnley, P. A.(1976). An investigation into database resilience. *Computer Journal*, 19(2), 117-121.

Duckworth, A.(2016). *Grit: The Power of Passion and Perseverance*. London, UK: Vermilion. (ダックワース著, 神崎朗子訳(2016)『やり抜く力——人生のあらゆる成功を決める「究極の能力」を身につける』ダイヤモンド社.)

Duke, J.(1819). LXIX. Observations on larch; together with two experiments of the strength and resilience of the timber, and size of largest tree cut in 1817, or growing in 1819. *Philosophical Magazine Series 1*, 53(254), 419-424.

Edmond, T., Auslander, W., Elze, D., & Bowland, S.(2006). Signs of Resilience in Sexually Abused Adolescent Girls in the Foster Care System. *Journal of Child Sexual Abuse*, 15(1), 1-28.

Eisenhardt, K. M., & Martin, J. A.(2000). Dynamic capabilities: What are they?. *Strategic Management Journal*, 21, 1105-1121.

Elmqvist, T., Folke, C., Nystrom, M., Perterson, G., Bengtsson, J., Walker, B., & Norberg, J.(2003). Response Diversity, Ecosystem Change, and Resilience. *Frontiers in Ecology and the Environment*, 1(9) 488-494.

Emsley, H. H.(1943). Plastic Spectacle Lenses. *Proceedings of the Physical Society*, 55(4), 314-321.

Festinger, L.(1957). *A Theory of Cognitive Dissonance*. Stnford, CA: Stanford University Press.

Fielding, J. H.(1937). Impact resilience in testing channel black. *Rubber Chemistry and Technology*, 10(4), 807-819.

Fiering, M. B. (1982a). A screening model to quantify resilience. *Water Resources Research*, 18(1), 27-32.

Fiering, M. B. (1982b). Alternative indices of resilience. *Water Resources Research*, 18(1), 33-39.

Fiering, M. B. (1982c). Estimates of resilience indices by simulation. *Water Resources Research*, 18(1), 41-50.

Fischer, J., Lindenmayer, D. B., Blomberg, S. P., Montague-Drake, R., Felton, A., & Stein, J. A. (2007). Functional Richness and Relative Resilience of Bird Communities in Regions with Different Land Use Intensities. *Ecosystems*, 10 (6), 964-974.

Flach, F. (1980). Psychobiologic resilience, psychotherapy, and the creative process. *Comprehensive Psychiatry*, 21(6), 510-518.

Folke, C. (2006). Resilience: The emergence of a perspective for social-ecological system analyses. *Global Environmental Change*, 16, 253-267.

Folke, C., Carpenter, S., Elmqvist, T., Gunderson, L., Holling, C. S., & Walker, B. (2002). Resilience and Sustainable Development: Building adaptive capacity in a world of transformations. *A Journal of Human Environment*, 31 (5), 437-440.

Frances, C. (1982). The financial resilience of American colleges and universities. *New Directions for Higher Education*, 1982(38), 111-120.

Furukawa, S. (1999). Political authority and bureaucratic resilience. *Public Management: An International Journal of Research and Theory*, 1(3), 439-448.

Gao, C., Zuzul, T., James, G., & Khanna, T. (2017). Overcoming institutional voids: A reputation-based view of long-run survival. *Strategic Management Journal*, 38, 2147-2167.

Garcia-Romeo, A., Oropeza-Orozco, O., & Galicia-Sarmiento, L. (2004). Land-Use System and Resilience of Tropical Rain Forests in the Tehuantepec Isthmus, Mexico. *Environmental Management: An International Journal for Decision Makers, Scientists and Environmental Auditors*, 34(6), 768-785.

Garmezy, N. (1971). Vulnerability research and the issue of primary prevention. *American Journal of Orthopsychiatry*, 41, 101-116.

Goleman, D. (2016). Resilience for the rest of us. In *Resilience: HBR Emotional Intelligence Series*. (2017). Harvard Business Review Press, 31-38.

Gonzalez-Lopez, M. J., Perez-Lopez, M. C., & Rodriguez-Ariza, L. Clearing the hurdles in the entrepreneurial race: The role of resilience in entrepreneurship education. *Academy of Mangement Learning and Education*.

Granovetter, M.(1973). The strength of the weak tie. *American Journal of Sociology*, 6, 1360-1380.

Gratton, R.(2014). *The Key: How Corporations Succeed by Solving the World's Toughest Problems*. McGraw-Hill Education.(グラットン著, 吉田晋治訳(2014)『未来企業　レジリエンスの経営とリーダーシップ』プレジデント社.)

Greeff, A. P., & Du Toit, C.(2009). Resilience in Remarried Families. *The American Journal of Family Therapy*, 37(2), 114-126.

Greeff, A. P., & Van der Merwe, S.(2004). Variables Associated with Resilience in Divorced Families. *Social Indicators Research: An International and Interdisciplinary Journal for Quality-of-Life Measurement*, 68(1), 59-75.

Greenhill, J., King, D., Lane, A., & MacDougall, C.(2009). Understanding Resilience in South Australian Farm Families. *Rural Society*, 19(4), 318-325.

Hamel, G., & Prahalad, C. K.(1993). Strategy as stretch and leverage. *Harvard Business Review*, March-April, reprint number 93204.

Hamel, G., & Prahalad, C. K.(1994). *Competing for the Future*. Boston, MA: Harvard Business School Press.(ハメル, プラハラード著, 一條和生訳(1995)『コア・コンピタンス経営　大競争時代を勝ち抜く戦略』日本経済出版社.／ハメル, プラハラード著, 一條和生訳(2001)『コア・コンピタンス経営　未来への競争戦略(日経ビジネス人文庫)』日本経済新聞社.)

Harwood, J.(1978). The effect of management policies on the stability and resilience of British grey seal populations. *Journal of Applied Ecology*, 15(2), 413-421.

Hauser, S. T., Vieyra, M. A. B., Jacobson, A. M., & Wertlieb, D.(1985). Vulnerability and resilience in adolescence: Views from the family. *The Journal of Early Adolescence*, 5(1), 81-100.

Healey, C. J.(1985). New Guinea inland trade: Transformation and resilience in the context of capitalist penetration. *Recent Studies in the Political Economy of Papua New Guinea Societies*, 15, S, 127-144.

Heen, S., & Stone, D.(2014). Find the coaching in criticism. In *Resilience: HBR Emotional Intelligence Series*.(2017). Harvard Business Review Press, 49-67.

Henderson, R., & Cockburn, I.(1994). Measuring Competence?: Exploring firm effects in pharmaceutical research. *Strategic Management Journal*, 15, 63-84.

Herrmann, D., Scherg, H., verres, R., Von Hagens, C., Strowitzki, T., & Wischmann, T.(2011). Resilience in Infertile Couples Acts as a Protective Factor Against Infertility-Specific Distress and Impaired Quality of Life. *Journal of Assisted Reproduction and Genetics*, 28(11), 1111-1117.

Hill, L., & Flack, M.(1913). The Effect of the Liability(Resilience) of the Arterial Wall on the Blood Pressure and Pulse Curve.-II. *Proceedings of the Royal*

Society B: Biological Sciences, 86(588), 365-371.

Hill, E., Wial, H., & Wolman, H.(2008). Exploring Regional Economic Resilience. *IURD Working Paper Series*, Working Paper 2008-04.

Holling, C. S.(1961). Principles of insect predation. *Annual Review of Entomology*, 6, 163-182.

Holling, C., S.(1973a). Resilience and stability of ecological systems. *Annual Review of Ecology and Systematics*, 4, 1-23.

Holling, C. S.(1973b). System Resilience and Its Policy Consequences: Proposal for Work at IIASA. *IIASA Working Paper*, IIASA, Laxenburg, Austria, WP-73-001.

Holling, C. S.(1996). Engineering Resilience Versus Ecological Resilience. In Schulze, P. ed., *Engineering within Ecological Constraints*, Washington, D.C.: National Academy, 31-44.

Holling, C. S., & Chambers, A. D.(1973). Resource science: The nurture of an infant. *BioSience*, 23, 13-20.

Hollnagel, E., Woods, D. D., & Leveson, N., eds.(2006). *Resilience Engineering: Concepts and Precepts*. Ashgate Publishing.(ホルナゲル, ウッズ, レベソン編著, 北村正晴訳(2012)『レジリエンスエンジニアリング　概念と指針』日科技連出版社.)

Hollnagel, E., Paries, J., Woods, D. D., & Wreathall, J., eds.(2010). *Resilience Engineering in Practice: A Guidebook*. Ashgate Publishing.(ホルナゲル, パリス, ウッズ, ウレアサル編著, 北村正晴・小松原明哲監訳『実践レジリエンスエンジニアリング　社会・技術システムおよび重安全システムへの実装の手引き』日科技連出版社.)

Hollnagel, E., Braitwaite, J., & Wears, R. L., eds.(2013). *Resilient Health Care*. Ashgate Publishing.(ホルナゲル, プレスウエイト, ウィアーズ編著, 中島和江訳『レジリエント・ヘルスケア　複雑適応システムを制御する』大阪大学出版会.)

Hughes, T. P., Bellwood, D. R., Folke, C., Steneck, R. S., & Widson, J.(2005). New Paradigms for Supporting the Resilience of Marine Ecosystem. *Trends in Ecology & Evolution*, 20(7), 380-386.

Hunter, S. L.(1963). Scottish education: Changes in the examination structure in secondary schools. *International Review of Education: Journal of Lifelong Learning*, 9(3), 310-324.

Ibelings, B. W., Portielje, R., Lammens, E. H. R. R., Noordhuis, R., Van den Berg, M. S., Joosse, W., & Meijer, M. L.(2007). Resilience of Alternative Stable States during Recovery of Shallow Lakes from Eutrophication: Lake Veluwe as a Case Study. *Ecosystems*, 10(1), 4-16.

Inbar, E.(2005). The resilience of Israeli-Turkish relations. *Israel Affairs*, 11(4),

591-607.

Ivanoff, S. S.(1954). Measuring shipping qualities of watermelons. *The Journal of Heredity*, 45(4), 155-158.

Jansen, J. J. P., Van Den Bosch, F. A. J., & Volberda, H. W.(2005). Managing potential and realized absorptive capacity: How do organizational antecedents matter?. *Academy of Management Journal*, 48(6), 999-1015.

Jordan, L. P., & Graham, E.(2012). Resilience and Well-Being Among Children of Migrant Parents in South-East Asia. *Child Development*, 83(5), 1672-1688.

Kahn, W. A., Barton, M. A., & Fellows, B.(2013). Organizational crisis and the disturbance of relational systems. *Academy of Management Review*, 38(3), 377-396.

Kahn, W. A., Fisher, C. M., Heaphy, E. D., Reid, E. M., & Rouse, E. D.(2018). The geography of strain: Organizational resilience as a function of intergroup relations. *Academy of Management Review*, 43(3), 509-529.

Kane, M. N., & Green, D.(2009). Perceptions of Elders' Substance Abuse and Resilience. *Gerontology & Geriatrics Education*, 30(2), 164-183.

Keogh, D. U., Apan, A., Mushtaq, S., King, D., & Thomas, M.(2011). Resilience, vulnerability and adaptive capacity of an inland rural town prone to flooding: A climate change adaptation case study of Charleville, Queensland, Australia. *Natural Hazards: Journal of the International Society for the Prevention and Mitigation of Natural Hazards*, 59(2), 699-723.

Kopans, D.(2016). How to evaluate, manage, and strengthen your resilience. In *Resilience: HBR Emotional Intelligence Series.* (2017). Harvard Business Review Press, 39-48.

Kossek, E. E., & Perrigino, M. B.(2016). Resilience: A review using a grounded integrated occupational approach. *Academy of Managemnt Annals*, 10(1), 729-797.

Lane, P. J., & Lubatkin, M. (1998). Relative absorptive capacity and interorganizational learning. *Strategic Management Journal*, 19(5), 461-477.

Lane, P. J., Salk, J. E., & Lyles, M. A.(2001). Absorptive capacity, learning and performance in international joint venture. *Strategic Management Journal*, 22(12), 1139-1161.

Lawrence, T. B., & Maitlis, S.(2012). Care and possibility: Enacting an ethic of care through narrative practice. *Academy of Management Review*, 37(4), 641-663.

Lee, T. R.(1980). The resilience of social networks to changes in mobility and propinquity. *Social Networks*, 2(4), 423-435.

Lee, H., Brown, S. L., Mitchell, M. M., & Schiraldi, G. R.(2008). Correlates of

Resilience in the Face of Adversity for Korean Women Immigrating to the US. *Journal of Immigrant and Minority Health*, 10(5), 415-422.

Levin, S. A., & Lubchenco, J. (2008). Resilience, Robustness, and Marine Ecosystem-Based Management. *BioScience*, 58(1), 27-32.

Levinthal, D., & March, J. G. (1993). The myopia of learning. *Strategic Management Journal*, 14, 95-112.

London, M. (1983). Toward a theory of career motivation. *Academy of Management Review*, 8(4), 620-630.

Luthar, S. S. (1991). Vulnerability and Resilience: A Study of High-Risk Adolescents. *Child Development*, 62(3), 600-616.

Maddi, S. R., & Khoshaba, D. M. (2005). *Resilience at Work: How to Succeed No Matter What Life Throws At You*. Amacon Books.(マッディ, コシャバ著, 山崎康司訳(2006)『ストレスで伸びる人の心理学』ダイヤモンド社.)

Martinez-Toeteya, C., Bogat, G. A., Von Eye, A., & Levendosky, A. A. (2009). Resilience Among Children Exposed to Domestic Violence: The Role of Risk and Protective Factors. *Child Development*, 80(2), 562-577.

Masten, A. S. (2013). Competence, Risk, and Resilience in Military Families: Conceptual Commentary. *Clinical Child and Family Psychology Review*, 16(3), 278-281.

Masten, A. S., Best, K. M., & Garmezy, N. (1990). Resilience and development: Contributions from the study of children who overcome adversity. *Development and Psychopathology*, 2, 425-444.

Masten, A. S., & Cicchetti, D. (2012). Risk and resilience in development and psychopathology: The legacy of Norman Garmezy. *Development and Psychopathology*, 24, 333-334.

Mathes, K. N., & Stewart, H. J. (1939). Asbestos and Glass-fiber Magnet-wire Insulation. *Electrical Engineering*, 58(6), 290-294.

Mayer, R. E. (1974). Acquisition process and resilience under varying testing conditions for structurally different problem-solving procedures. *Journal of Educational Psychology*, 66(5), 644-656.

Maynard, J. A., Marshall, P. A., Johnson, J. E., & Harman, S. (2010). Building Resilience into Practical Conversation: Identifying Local Management Responses to Global Climate Change in the Southern Great Barrier Reef. *Coral Reefs: Journal of International Society of Reef Studies*, 29(2), 381-391.

McClure, F. H., & Chavez, D. V. (2008). Resilience in Sexually Abused Women: Risk and Perspective Factors. *Journal of Family Violence*, 23(2), 81-88.

McGonigal, K. (2015). *The Upside of Stress: Why Stress Is Good for You, and How to Get Good at It*. Avery.(マクゴニカル著, 神崎朗子訳(2015)『スタンフ

ォードのストレスを力に変える教科書』大和書房.)
Mintzberg, H., Ahlstrand, B., & Lampel, J.(1998). *Strategic Safari: A Guided Tour through the Wilds of Strategic Management*. New York: The Free Press.(ミンツバーグ, アルストランド, ランペル著, 齋藤嘉則監訳, 木村充・奥澤明美・山口あけも訳(1999)『戦略サファリ』東洋経済新報社.)
Mitchell, A.(2013). Risk and Resilience: From Good Idea to Good Practice. OECD Development Co-Operation Working Paper, 13/2013.
Mizuno, Y.(2013). Make provision for future growth under adverse circumstances. *Annals of Business Asministrative Science*, 12, 311-326.
Morrison, M.(1983). Ethnicity and Integration: Dynamics of change and resilience in contemporary Ghana. *Comparative Political Studies*, 15(4), 445-468.
Murphy, H. B. M.(1951). The Resettlement of Jewish Refugees in Israel, with Special Reference to Those Known as Displaced Persons. *Population Studies*, 5(2), 153-174.
Najjar, W. A., & Gaudiot, J.(1990). Network resilience: A measure of networkfault tolerance. *IEEE Transactions on Computer*, 39(2), 174-181
Nelson, R. R., & Winter, S. G.(1982). *An Evolutionary Theory of Economic Change*. Cambridge, MA: Harvard University Press.
Nemeth, C. P., & Hollnagel, E., eds.(2014). *Resilience Engineering in Practice Volume 2: Becoming Resilient*. Taylor & Francis Group.(ネメス, ホルナゲル編, 北村正晴監訳『レジリエンスエンジニアリング応用への指針 レジリエントな組織になるために』日科技連出版社.)
Penrose, E. T.(1959). *The Theory of the Growth of the Firm*(3rd ed.). Oxford, UK: Oxford University Press.(ペンローズ著, 日高千景訳, (2010)『企業成長の理論(第3版)』ダイヤモンド社.)
Percy, C. H.(1977). Energy for national resilience. *The Journal of Energy and Development*, 2(2), 201-206.
Perna, L., & Mielck, A.(2012). Socioeconomic position, resilience, and health behavior among elderly people. *International Journal of Public Health*, 57(2), 341-349.
Petchey, O., & Gaston, K. J.(2009). Effects on Ecosystem Resilience of Biodiversity, Extinctions, and the Structure of Regional Species Pools. *Theoretical Ecology*, 2(33), 177-187.
Peterson, G., Allen, C. R., & Holling, C. S.(1998). Ecological Resilience, Biodiversity, and Scale. *Ecosystems*, 1(1), 6-18.
Peters, J., & Pearce, J.(2012). Relationships and Early Career Teacher Resilience: A Role for School Principals. *Teachers and Teaching: Theory and Practice*,

18(2), 249-262.
Philip, A. P. W.(1831). On the sources and nature of the powers on which the circulation of the blood depends. *Philosophical Transactions of the Royal Society of London*, 121, 489-496.
Philips, G.(2008). Resilience in Practice Interventions. *Child Care in Practice*, 14(1), 45-54.
Prahalad, C. K., & Hamel, G.(1990). The core competence of the corporation. *Harvard Business Review*, May-June, 79-91.
Prahalad, C. K., & Hamel, G.(1994). Strategy as a field of study: Why search for a new paradigm?. *Strategic Management Journal*, 15, 5-16.
Prati, G., & Pietrantoni, L.(2010). Risk and Resilience Factors Among Italian Municipal Police Officers Exposed to Critical Incidents. *Journal of Police and Criminal Psychology: The Official Journal of the Society for Police and Criminal Psychology*, 25(1), 27-33.
Rao, H., & Greve, H.(2017). Disasters and Community Resilience: Spanish Flu and the Formation of Retail Cooperatives in Norway. *Academy of Management Journal*, 61(1), 5-25.
Reay, T., Goodrick, E., Waldorff, S. B., & Casebeer, A.(2017). Getting leopards to change their sports: Co-creating a new professional role identity. *Academy of Management Journal*, 60(3), 1043-1070.
Reivich, K., & Shatte, A.(2002). *The Resilience Factor: 7 Keys to Finding Your Inner Strength and Overcoming Life's Hurdles*. Harmony.(ライビッチ, シャテ一著, 宇野カオリ訳(2015)『レジリエンスの教科書　逆境をはね返す世界最強トレーニング』草思社.)
Rennie, E.J.C.(1920). The resilience of columns and the stress produced therein by the sudden application of loading. *Transactions of the Institution of Engineers*, 1, 294-325.
Rouhani, S., & Fiering, M. B.(1986). Resilience of a statistical sampling scheme. *Journal of Hydrology*, 89, 1-11.
Roy, A., Sarchiapone, M., & Carli, V.(2007). Low Resilience in Suicide Attempters. *Archives of Suicide Research*, 11(3), 265-269.
Rutter, M.(1985). Resilience in the face of adversity: Protective factors and resistance to psychiatric disorder. *The British Journal of Psychiatry*, 147(6), 598-611.
Saboo, A. K., Morari, M., & Colberg, R. D.(1987). Resilience analysis of heat exchanger networks-Ⅱ. Stream splits and flowrate variations. *Computers & Chemical Engineering*, 11(5), 457-468.
Saltzman, W. R., Lester, P., Beardsless, W. R., Layne, C. M., Woodward, K.,

& Nash, W. P.(2011). Mechanisms of Risk and Resilience in Military Families: Theoretical and Empirical Basis of a Family-Focused Resilience Enhancement Program. *Clinical Child and Family Psychology Review*, 14(3), 213-230.

Sandberg, S., & Grant, A.(2017). *Option B: Facing Adversity, Building Resilience, and Finding Joy*. Knopf.(サンドバーグ, グラント著, 櫻井祐子訳(2017)『OPTION B 逆境, レジリエンス, そして喜び』日本経済新聞社.)

Schiefer, H. F.(1933). The Compressometer: An Instrument of Evaluating the Thickness, Compressibility and Compressional Resilience of Textiles and Similar Materials. *Textile Research Journal*, 3(10), 505-513.

Schlink, F. J.(1919). The concept of resilience with respect to indicating instruments. *Journal of the Franklin Institute*, 187(2), 147-169.

Schrier, M., Amital, D., Arnson, Y., Rubinow, A., Altaman, A., Nissenabaum, B., & Amital, H.(2012). Association of Fibromyalgia Characteristics in Patients with Non-Metastatic Breast Cancer and Protective Role of Resilience. *Rheumatology International: Clinical and Experimental Investigations*, 32, (10), 3017-3023.

Seery, M. D., Holman, E. A., & Silver, R. C.(2010). Whatever does not kill us: Cumulative lifetime adversity, vulnerability, and resilience. *Journal of Personality and Social Psychology*, 99(6), 1025-1041.

Shattock, M. L.(1979). Retrenchment in U.S. higher education: Some reflections on the resilience of the U.S. and U.K. university systems. *Education Policy Bulletin*, 7(2), 149-168.

Shin, J., Taylor, M. S., & Seo, M.(2012). Resources for Change: The Relationships of Organizational Inducements and Psychological Resilience to Employees' Attitudes and Behaviors towards Organizational Change. *Academy of Management Journal*, 55, 727-748.

Simon, H. A.(1997). *Administrative Behavior: A Study of Decision-Making Processes in Administrative Organizations, Forth Edition*. New York: The Free Press.(サイモン著, 二村敏子・桑田耕太郎・高尾義明・西脇暢子・高柳美香訳(2009)『新版 経営行動―経営組織における意思決定過程の研究―』ダイヤモンド社.)

Snodgrass, R., & Shannon, K.(1990). Fine grained data management to achieve evolution resilience in a software. *SDE 4 Proceedings of the fourth ACM SIGSOFT symposium on Software development environments*, 144-156.

Sonnenfeld, J. A., & Ward, A. J.(2007). Firing back. In *Resilience: HBR Emotional Intelligence Series*.(2017). Harvard Business Review Press, 69-108.

Sossou, M., Craig, C. D., Orgen, H., & Schnak, M.(2008). A Qualitative Study of Resilience Factor of Bosnian Refugee Women Resettled in the Southern United States. *Journal of Ethics & Cultural Diversity in Social Work*, 17(4), 365-385.

Stein, M.(2008). Resilience and Young People Leaving Care. *Child Care in Practice*, 14(1), 35-44.

Stuart, H. C., & Moore, C.(2017). Shady characters: The implications of illicit organizational roles for resilient team performance. *Academy of Management Journal*, 60(5), 1963-1985.

Teece, D. J.(2007). Explicating Dynamic Capabilities: The Nature and Microfoundations of (sustainable) Enterprise Performance. *Strategic Management Journal*, 28, 1319-1350.

Teece, D. J.(2009). *Dynamic Capabilities and Strategic Management.* New York: Oxford University Press.(ティース著, 谷口和弘・蜂巣旭・川西彰弘・ステラ S. チェン訳(2013)『ダイナミック・ケイパビリティ戦略――イノベーションを創発し, 成長を加速させる力』ダイヤモンド社.)

Teece, D. J.(2012). Dynamic Capabilities: Routines versus entrepreneurial action. *Journal of Management Studies*, 49(8), 1395-1401.

Teece, D. J.(2014a). A dynamic capabilities-based entrepreneurial theory of the multinational enterprise. *Journal of International Business Studies*, 45(1), 8-37.

Teece, D. J.(2014b). The foundation of enterprise performance: Dynamic and ordinary capabilities in an (economic) theory of firms. *The Academy of Management Perspectives*, 28(4), 328-352.

Teece, D. J., Pisano, G., & Shuen, A.(1997). Dynamic Capabilities and Strategic Management. *Strategic Management Journal*, 18(7), 509-533.

Thurston, R. H.(1874). On the strength, elasticity, ductility and resilience of materials of machine construction. *Journal of Franklin Institute*, 97(4), 273-288.

Tiet, Q. Q., & Huizinga, D.(2010). Predictors of Resilience Among Inner City Youth. *Journal of Child and Family Studies*, 19(3), 360-378.

Tisseron, S.(2007). *La Résilience.* Paris: Presses Universitaires de France.(ティスロン(2016)『レジリエンス　こころの回復とは何か』白水社.)

Todorova, G., & Durisin, B.(2007). Absorptive capacity: Valuing a reconceptualization. *Academy of Management Review*, 32(3), 774-786.

Tredgold, T.(1818a). XXXVII. On the transverse strength and resilience of timber. *Philosophical Magazine Series 1*, 51(239), 214-216.

Tredgold, T.(1818b) XLVI. On the resilience of materials; with experiments.

Philosophical Magazine Series 1, 51(240), 276-279.

van der Vegt, G. S., Essens., P., Wahlstrom, M., & George, G.(2015). Managing risk and resilience. *Academy of Management Journal*, 58(4), 971-980.

Von Eye, A., & Schuster, C.(2000). The Odds of Resilience. *Child Development*, 71(3), 563-566.

Vough, H. C., & Caza, B. B.(2017). Where do I go from here?: Sensemaking and the construction of growth-based stories in the wake of denied promotions. *Academy of Management Review*, 42(1), 103-128.

Walker, B., Holling, C.S., Carpenter, S. R., & Kinzig, A.(2004). Resilience, adaptability and transformability in social-ecological systems. *Ecology and Society*, 9(2), 5 [online].

Walter, G. G.(1983). Passage time, resilience, and structure of compartmental model. *Mathematical Biosciences*, 63(2), 199-213.

Welles, S. R., & Hill, L.(1913). The Influence of the Resilience of the Arterial Wall on Blood-Pressure and on the Pulse Curve. *Proceedings of the Royal Society B: Biological Sciences*, 86(586), 180-186.

Werner, E. E.(1989). High-risk children in young adulthood: A longitudinal study from birth to 32 years. *American Journal of Orthopsychiatry*, 59, 72-81.

Westman, W. E., & O'Leary, J. F.(1986). Measures of resilience: The response of coastal sage scrub to fire. *Vegetatio*, 65, 179-189.

Williams, D. W., von Fraunhofer, J. A., & Davies, E. H.(1975). Metallurgical characterization of high resilience stainless steel orthodontic wires. *Journal of Applied Chemistry and Biotechnology*, 25(12), 913-934.

Williams, T. A., & Shepherd, D. A.(2016). Building Resilience or Providing Sustenance: Different Path of Emergent Ventures in the Aftermath of the Haiti Earthquake. *Academy of Management Journal*, 59, 2069-2102.

Williams, T. A., Gruber, D. A., Sutcliffe, K. M., Shepherd, D. A., & Zhao, E. Y.(2017). Organizational response to adversity: Fusing crises management and resilience research streams. *Academy of Management Annals*, 11(2), 733-769.

Winter, S. G.(2000). The satisficing principle in capability learning. *Strategic Management Journal*, 21(10/11), 981-996.

Winter, S. G.(2003). Understanding dynamic capabilities. *Strategic Management Journal*, 24(10), 991-995.

Wooten, T.(2012). *We Shall Not Be Moved: Rebuilding Home in the Wake of Katrina*. Beacon Press.(ウッテン著, 保科京子訳(2014)『災害とレジリエンス ニューオリンズの人々はハリケーン・カトリーナの衝撃をどう乗り越えたのか』明石書店.)

Yoo, J., Slack, K. S., & Holl, J. L. (2010). The Impact of Health-Promoting Behaviors on Low-Income Children's Health: A Risk and Resilience Perspective. *Health & Social Work*, 35(2), 133-143.

Young, A., & Green, L. (2008). Resilience and Deaf Children: A Literature Review. *Deafness & Education International*, 10(1), 40-55.

Young, T. (1814). Remarks on the employment of oblique riders, and other alterations in the construction of ships. Being the substance of a report presented to the board of admirality, with additional demonstrations and illustrations. *Philisoplhical Transactions of Royal Society of London*, 104, 303-336.

Zahra, S. A., & George, G. (2002). Absorptive capacity: A review, reconceptualization, and extension. *Academy of Management Review*, 27(2), 185-203.

Zhao, G., Gao, H., Voisin, N., & Naz, B. S. (2018). A modeling framework for evaluating the drought resilience of a surface water supply system under non-stationarity. *Journal of Hydrology*, 563, 22-32.

Zolli, A., & Healy, A. M. (2012). *Resilience: Why Things Bounce Back*. Business Plus.(ゾッリ，ヒーリー(2013)『レジリエンス　復活力―あらゆるシステムの破綻と回復を分けるものは何か』ダイヤモンド社.)

伊丹敬之(1980)『経営戦略の論理』日本経済出版社.
伊丹敬之(2012)『経営戦略の論理(第4版)』日本経済出版社.
伊丹敬之・軽部大(2004)『見えざる資産の戦略と論理』日本経済新聞社.
入山章栄(2015)『ビジネススクールでは学べない　世界最先端の経営学』日経BP社.
占部誠亮(1952)「タイヤコードの動的性質に関する研究」『繊維学会誌』, 8(2), 90-94.
大澤源一郎(1954)「紡績糸の有する撚のレジリエンスについて(撚止めの基礎研究)」『繊維学会誌』, 10(8), 352-356.
軽部大(2017)『関与と越境：日本企業再生の論理』有斐閣.
菊澤研宗(2015)「ダイナミック・ケイパビリティと垂直的統合：取引コスト，ケイパビリティ，そしてダイナミック・ケイパビリティ」『三田商学研究』, 58(2), 75-86.
楠木建(2010)『ストーリーとしての競争戦略』東洋経済新報社.
久世浩司(2014)『「レジリエンス」の鍛え方』実業之日本社.
桑田耕太郎・田尾雅夫(2010)『組織論　補訂版』有斐閣.
コリンズ著, 山岡洋一訳『ビジョナリー・カンパニー2　飛躍の法則』日経BP社.
三枝匡(1991)『戦略プロフェッショナル：競争逆転のドラマ』ダイヤモンド社. 三枝匡(2003)『経営パワーの危機　会社再建の企業変革ドラマ』日本経済新聞社[三枝(1993)の改題文庫版].

三枝匡(1994)『経営パワーの危機』日本経済新聞社.

三枝匡(2003)『経営パワーの危機　会社再建の企業変革ドラマ』日本経済新聞社[三枝(1993)の改題文庫版].

榊原清則(2005)『イノベーションの収益化:技術経営の課題と分析』有斐閣.

榊原清則(2011)「偶然のイノベーション物語　第2回石鹸物語」『一橋ビジネスレビュー』,2011WIN, 59(3), 190-193.

榊原清則(2012a)「偶然のイノベーション物語　第5回偶然・奇遇とセレンディピティ」『一橋ビジネスレビュー』,2012AUT, 60(2), 138-139.

榊原清則(2012b)「偶然のイノベーション物語　第6回(最終回)偶然・奇遇とセレンディピティ(続)」『一橋ビジネスレビュー』,2012WIN, 60(3), 176-177.

坂本義和(2009)「組織能力とは何か？—組織能力向上のメカニズムに関する試論—」『三田商学研究』,51(6), 145-160.

白樫侃・石川欣造・石橋渡(1958)「リジリエンスメータの試作」『繊維学会誌』,14(12), 933-936.

高橋伸夫(2007)「経営学輪講　組織の吸収能力とロックアウト」『赤門マネジメント・レビュー』,6(8), 345-352.

武井健三(1954)「加硫ゴムのリジリエンスに就て(第1報)」『日本ゴム協会誌』,27(7), 426-430.

武井健三・阿部満雄・藤本邦彦(1955)「加硫ゴムのリジリエンスについて(第2報)」『日本ゴム協会誌』,28(5), 282-288.

ティスロン著,阿部又一郎訳(2016)『レジリエンス　こころの回復とはなにか』白水社.

飛石大二・藤本勝也・山本博美(1957)「Dunlop Trlpsometerによるリジリァンス測定について(第2報)加硫ゴムのリジリァンスに及ぼす配合剤の影響(その1)カーボンブラック」『日本ゴム協会誌』,30(2), 103-112.

飛石大二・松井末光・藤本勝也(1957)「Dunlop Trlpsometerによるリジリァンス測定について(第1報)加硫ゴムのリジリァンス試験法およびリジリァンスに及ぼす試験条件の影響」『日本ゴム協会誌』,30(2), 87-103.

内閣官房内閣サイバーセキュリティセンター(2015)「重要インフラ防護に関する諸国の枠組み等に関する調査報告書」,内閣官房内閣サイバーセキュリティセンター.

中竹竜二(2008)『挫折と挑戦　壁をこえて行こう』PHP研究所.

沼上幹(2000)『行為の経営学—経営学における意図せざる結果の探求—』白桃書房.

沼上幹(2009)『経営戦略の思考法』日本経済新聞社.

沼上幹・軽部大・加藤俊彦・田中一弘・島本実(2007)『組織の〈重さ〉』日本経済新聞社.

ピースマインド・イープ株式会社(2014)『レジリエンス ビルディング　「変化に強い」人と組織のつくり方』英治出版.

ピーダーセン,ピーター・D.著(2015)『レジリエント・カンパニー　なぜあの企業は

時代を超えて勝ち残ったのか』東洋経済新報社.

福澤光啓(2013)「ダイナミック・ケイパビリティ」,組織学会編『組織論レビューⅡ—外部環境と経営組織—』所収, 41-84.

藤本勝也(1961a)「ポリエチレンのレジリエンス」『日本ゴム協会誌』, 34(7), 532-537.

藤本勝也(1961b)「ふっ素樹脂のレジリエンス」『日本ゴム協会誌』, 34(7), 542-545.

藤本隆宏(1997)『生産システムの進化論 トヨタ自動車にみる組織能力と創発プロセス』有斐閣.

藤本隆宏(2003)『能力構築競争』中央公論新社.

藤本隆宏(2004)『日本のもの造り哲学』日本経済新聞社.

米国国立標準技術研究所(2014)「重要インフラのサイバーセキュリティを向上させるためのフレームワーク 1.0版」, 米国国立標準技術研究所.

松尾達樹(1960)「ファイバー集合体(毛布ガード上り)の圧縮弾性 第2報 圧縮回復性に関する考察」(英語タイトル:Compressional resilience of blankets and carded fiber mas(Ⅱ) Discussion on compressional recovery)『繊維学会誌』, 16(12), 1009-1013.

松島正信・松尾達樹(1960)「ファイバー集合体(毛布ガード上り)の圧縮弾性 第1報 圧縮特性曲線」(英文タイトル:Compressional resilience of blankets and carded fiber mass(Ⅰ)Pressure-deformation curves)『繊維学会誌』, 16(2), 105-109.

三品和広(2002)「企業戦略の不全症」『一橋ビジネスレビュー』, 50(1), 6-23.

三品和広(2004)『戦略不全の論理』東洋経済新報社.

三品和広(2007)『戦略不全の因果』東洋経済新報社.

水野由香里(2013)「組織のライフステージをたどる組織の成功要因—協立電機の事例から—」『赤門マネジメント・レビュー』, 12(4), 283-325.

水野由香里(2015)『小規模組織の特性を活かすイノベーションのマネジメント』碩学舎.

水野由香里(2017)「Resilienceに関する文献レビュー—経営学研究における理論的展開可能性を探る—」国士舘大学経営学会『経営論叢』, 6(2), 117-153.

水野由香里(2018a)『戦略は「組織の強さ」に従う』中央経済社.

水野由香里(2018b)「復興屋台村 気仙沼横丁をめぐる物語—「あの時」、何が起きていたのか—」日本ケースセンター登録(コンテンツID:CCJB-OTR-18008-01).

水野由香里(2018c)「森松工業の事業展開と中国進出 "大やけど"からの復活の物語—いかにして中国に進出するグローバル企業の信頼を勝ち得たか?—」日本ケースセンター登録(コンテンツID:CCJB-OTR-18020-01).

山本昌作(2018)『ディズニー, NASAが認めた遊ぶ鉄工所』ダイヤモンド社.

索引

欧文

ASME資格 ……………………………………105
B2B ……………………………………………109, 177
B2C ………………………108, 109, 116, 117, 153, 177
FRP ……………………………………………101, 177
HILLTOPシステム ……………………………129
NASA …………………………………………17, 30, 31
NIH症候群 ……………………………………77
OECD ………………1, 18, 22, 24, 26, 29, 43, 47, 172
The New York Times …………………………96
UNISDR ………………………………23, 26, 43, 47

ア行

アジェンダ ……………………………………23
暗黙知 …………………………………………51, 76
意図せざる結果 ………………………………3, 73
意味の洞察 ……………………………………78
インシデント …………………………………30
内向き …………………………………………180
エアオペレートバルブ ………………………138, 170
エコシステム …………………………16, 17, 22, 46
エレミア書（エレミアの予言）………………50
欧州連合 ………………………………………19
オーケストレーション能力 …………82, 83, 87
踊る鉄工所 …………122, 123, 156, 165, 175, 178

カ行

外的 ……………………………………………187
ガイドライン ………………………………25, 26, 47
回復 ……………………………………………14, 34, 66
回復力 …………………………………………32
きずな広場 ……………………………………98
気づき …………………………………75, 78, 121, 172

逆境 ……………2, 3, 4, 33, 35, 39, 40, 41, 42, 44, 59, 67, 117, 163, 168, 169, 172, 173, 180, 181, 184, 185, 187, 189
キャリア ………………………………………51, 52
京都フェニックスパーク …………125, 126, 158, 176, 178
クラウドファンディング …………110, 111, 115, 116, 154, 164, 165
形式知化 ………………………………………51
経路依存性 …………………………………66, 67, 77
経路依存的 …………………………………62, 71, 72, 83
権限委譲 ………………………………………189
権限移譲 …………………………170, 175, 179, 188
限定合理性 ……………………………………65
コインパンチ …………………………………131, 132
コーディネーション能力 ……………………80
コーディング …………………………………56, 57
国連 ………………18, 22, 23, 24, 26, 29, 43, 47, 172
固定思考 ………………………………………42
コミットメント ……………………………54, 55, 82
コミュニティー ………17, 27, 29, 31, 32, 44, 57, 58, 99

サ行

再起 ……………………………………………55, 56, 91
再起力 …………………………………………20, 21, 66
再建 ………21, 56, 58, 97, 99, 109, 149, 167, 177, 182
再構築 …………………………………………38, 39
再生 ……………11, 12, 18, 29, 56, 57, 58, 59, 60, 62, 96, 99, 149, 182
再組織化 ………………………………………18
サイバー・セキュリティ ……………………19, 20
挫折 ……………………………………………41, 52
三角関数 ………………………………………121

自己効力感	33
事後的合理性	73
事後的進化能力	3, 73
自走	116, 146, 175, 176, 180, 181, 188, 189, 190
自尊心	34
実用新案	101, 104
社会的・環境的実践	62, 63, 66, 69, 173
種	16
紐帯	81
掌握	61
食物連鎖	15, 22
シリコンサイクル	140
筋が良いステークホルダー	2, 167, 170, 176, 181, 188, 189
ステークホルダー	115, 116, 117, 136, 145, 146, 160, 162, 163, 165, 166, 167, 168, 170, 174, 175, 176, 179, 188
ステッパー	144
ストックデールの逆説	42
ストレス	17, 25, 33, 35, 39, 40, 41, 42, 48, 53, 55, 70, 168, 184
ストレッチ	74, 85
政策	17, 20, 47
脆弱性	29
ぜいたく物禁止令	111, 117, 174, 178
成長思考	42
静的	16, 75
制約	2, 3, 6, 62, 72, 73, 185, 187, 189
セミ・ストラクチャード・インタビュー	51, 55, 56
セレンディピティ	78
全要素生産性	65
創発戦略	2, 72, 73, 169, 185, 189, 190
素材	1, 10, 11, 12, 13, 14, 102, 108, 131, 152, 165
備え	173, 181, 187
ソリューション	161, 163

タ行

第一種圧力容器	100, 101, 105, 114
大統領令	20
タクトタイム	118
竹	1
多様性	17, 22, 63
弾性	10
弾力	10
弾力性	11, 13, 14
梃の原理	72, 74, 85
電磁弁	137, 138, 139, 145
統治	61
動的	16, 18, 22, 43, 65, 75, 184, 186
トラウマ	34, 35, 36, 38, 39, 168
トレードオフ	63

ナ行

内的	187
日当	96
二人三脚	159, 161, 165, 166
認知的構造	77, 79, 173
ネットワーク	20, 27, 99, 148, 164, 166, 167, 170, 181

ハ行

日頃の心構え	168, 179
標準化	122, 124, 178
ヒルトップ・システム	124, 125, 127, 146, 156, 158, 169
復元	14, 18, 19, 43
復活	16, 37, 158, 167
ブリコラージュ	37
分析の単位	48, 55, 58, 59, 64, 65, 68, 69, 86, 87, 88, 89
ベーン	131, 133, 134, 135

マ行

マインドセット ……………………… 40
マインドフルネス …………………… 37
見えざる資産 ………………………… 62
ミドル ………………………… 2, 189, 190
モーターシャフト ………… 133, 134, 159
モチベーション ………………… 33, 127

ヤ行

ヤスキハガネ ………… 130, 131, 135, 145, 159
誘因 …………………………………… 54
ゆでガエル ………………… 91, 144, 180

ラ行

リスク ………………… 29, 33, 53, 57, 74, 152
リスクヘッジ ……………………… 114, 159
リスクマネジメント ………………… 63
リフレーミング …………………… 40, 51
流通協同組合 ……………………… 57, 58
ルーティン ………… 76, 79, 80, 81, 83, 85,
　　86, 88, 89, 119, 145
連続変数 ………… 90, 178, 181, 182, 187
露光装置 ……………………………… 144

■著者略歴

水野由香里（みずの ゆかり）

国士舘大学　経営学部教授

岐阜県生まれ。聖心女子大学卒業。一橋大学大学院商学研究科修士課程修了，同博士後期課程単位修得退学。東北大学博士（経営学）。
2005年度から独立行政法人中小企業基盤整備機構リサーチャー，2007年度から西武文理大学サービス経営学部専任講師，准教授，2016年度から国士舘大学経営学部准教授，2018年度より現職。
日本経営学会誌編集委員，早稲田大学ビジネス・ファイナンス研究センター招聘研究員，中小企業大学校「高度実践型経営力強化コース」関東校・関西校　講師。
主要業績には，『小規模組織の特性を活かすイノベーションのマネジメント』（碩学叢書・碩学舎，平成28年度中小企業研究奨励賞受賞），『戦略は「組織の強さ」に従う』（中央経済社），「場のメカニズムの変化をもたらした中核企業の役割」（『日本経営学会誌』，平成17年度日本経営学会賞受賞），「利益相反の可能性を内在的に抱える協同体が存続する要件」「高い機能的価値を有している中小企業の技術イノベーション」（以上『日本経営学会誌』），「組織のライフステージをたどる組織の成功要因―協立電機の事例から―」（『赤門マネジメントレビュー』），「平準化による価値創造」（『1からのサービス経営』碩学舎），「産業クラスターのライフ・サイクルと政策的支援の意義」（『産業クラスター戦略による地域創造の新潮流』白桃書房），"Make provision for future growth under adverse circumstances" "Collective strategy for implementing innovation in case of SMFs"（以上，*Annals of Business Administrative Scicnce*）などがある。

■ レジリエンスと経営戦略
　　―レジリエンス研究の系譜と経営学的意義―

■ 発行日―― 2019年 7月26日　初版発行　　　〈検印省略〉

■ 著　者―― 水野由香里

■ 発行者―― 大矢栄一郎

■ 発行所―― 株式会社　白桃書房

　　〒101-0021　東京都千代田区外神田5-1-15
　　☎03-3836-4781　📠03-3836-9370　振替00100-4-20192
　　http://www.hakutou.co.jp/

■ 印刷・製本―― 藤原印刷

©Yukari Mizuno 2019 Printed in Japan　ISBN 978-4-561-26732-4 C3034

本書のコピー，スキャン，デジタル化等の無断複製は著作権法上での例外を除き禁じられています。本書を代行業者等の第三者に依頼してスキャンやデジタル化することは，たとえ個人や家庭内の利用であっても著作権法上認められておりません。

JCOPY　〈出版者著作権管理機構　委託出版物〉
本書の無断複写は著作権法上の例外を除き禁じられています。複写される場合は，そのつど事前に，出版者著作権管理機構（電話 03-5244-5088, FAX 03-5244-5089, e-mail: info@jcopy.or.jp）の許諾を得てください。

落丁本・乱丁本はおとりかえいたします。

好 評 書

マイケル D. スミス/ラフル テラング【著】小林啓倫【訳】
激動の時代の
コンテンツビジネス・サバイバルガイド
本体 2,500 円

磯辺剛彦【著】
世のため人のため，ひいては自分のための経営論
——ミッションコア企業のイノベーション
本体 2,315 円

築達延征【著】
組織人間たちの集合近眼
——忖度と不祥事の体質
本体 2,500 円

安室憲一【監修】古沢昌之・山口隆英【編著】
安室憲一の
国際ビジネス入門
本体 3,200 円

古野　庸一【著】
「働く」ことについての本当に大切なこと
本体 2,315 円

泉　秀明【著】
米国の合理と日本の合理
——建設業における比較制度分析
本体 4,300 円

喜田昌樹【著】
ビジネス・データマイニング入門〔増補改訂版〕
本体 3,200 円

松本雄一【著】
実践共同体の学習
本体 3,500 円

──── 東京　白桃書房　神田 ────

本広告の価格は本体価格です。別途消費税が加算されます。

好評書

樋口晴彦【著】
ベンチャーの経営変革の障害　　本体2,500円
　　——「優れた起業家」が「百年企業の経営者」となるためには……

小橋　勉【著】
組織の環境と組織間関係　　本体3,000円

海老原嗣生・荻野進介【著】
人事の成り立ち　　本体2,315円

栗原道明【著】
経営者と研究開発　　本体3,800円
　　——画期的新薬創出の実証研究

喜田昌樹【著】
新テキストマイニング入門　　本体4,500円
　　——経営研究での「非構造化データ」の扱い方

玄場公規【著】
ファミリービジネスのイノベーション　　本体2,315円

粟屋仁美【著】
再生の経営学　　本体2,800円
　　——自動車静脈産業の資源循環と市場の創造

垰本一雄【著】
総合商社の本質　　本体3,700円
　　——「価値創造」時代のビジネスモデルを探る

東京　白桃書房　神田

本広告の価格は本体価格です。別途消費税が加算されます。

好評書

田中英式【著】
地域産業集積の優位性　　　　　　　　　　　　本体3,300円
　　―ネットワークのメカニズムとダイナミズム

林　祥平【著】
一体感のマネジメント　　　　　　　　　　　　本体3,000円
　　―人事異動のダイナミズム

西脇暢子【編著】浅川和宏・河野英子・清水　剛・服部泰宏・植木　靖・孫　德峰【著】
日系企業の知識と組織のマネジメント　　　　　　本体3,500円
　　―境界線のマネジメントからとらえた知識移転メカニズム

中西善信【著】
知識移転のダイナミズム　　　　　　　　　　　　本体3,300円
　　―実践コミュニティは国境を越えて

樋口晴彦【著】
東芝不正会計事件の研究　　　　　　　　　　　　本体3,300円
　　―不正を正当化する心理と組織

關　智一【著】
イノベーションと内部非効率性　　　　　　　　　本体3,300円
　　―技術変化と企業行動の理論

今道幸夫【著】
ファーウェイの技術と経営　　　　　　　　　　　本体3,300円

安藤史江【代表】浅井秀明・伊藤秀仁・杉原浩志・浦　倫彰【著】
組織変革のレバレッジ　　　　　　　　　　　　　本体3,800円
　　―困難が跳躍に変わるメカニズム

──────── 東京　白桃書房　神田 ────────

本広告の価格は本体価格です。別途消費税が加算されます。